国家出版基金项目
NATIONAL PUBLICATION FOUNDATION

大中华文库

대중화문고

大中华文库

汉韩对照

대중화문고

중한대역

宋词选

송사선집

I

本书编选组　编选

安义运　译

본서 편집팀　정선

안의운　옮김

外文出版社

외문출판사

2017 년 제1판

ISBN 978-7-119-10897-1

(中國北京百萬莊24號)
우편번호 100037
http://www.flp.com.cn
중국 국제 도서무역 본공사 발행
(中國北京車公莊西路35號)
우편번호 100044

중화인민공화국 경내에서 인쇄

总　　序

杨牧之

《大中华文库》终于出版了。我们为之高兴，为之鼓舞，但也倍感压力。

当此之际，我们愿将郁积在我们心底的话，向读者倾诉。

一

中华民族有着悠久的历史和灿烂的文化，系统、准确地将中华民族的文化经典翻译成外文，编辑出版，介绍给全世界，是几代中国人的愿望。早在几十年前，西方一位学者翻译《红楼梦》，将书名译成《一个红楼上的梦》，将林黛玉译为“黑色的玉”。我们一方面对外国学者将中国的名著介绍到世界上去表示由衷的感谢，一方面为祖国的名著还不被完全认识，甚至受到曲解，而感到深深的遗憾。还有西方学者翻译《金瓶梅》，专门摘选其中自然主义描述最为突出的篇章加以译介。一时间，西方学者好像发现了奇迹，掀起了《金瓶梅》热，说中国是“性开放的源头”，公开地在报刊上鼓吹中国要“发扬开放之传统”。还有许多资深、友善的汉学家译介中国古代的哲学著作，在把中华民族文化介绍给全世界的工作方面作出了重大贡献，但或囿于理解有误，或缘于对中国文字认识的局限，质量上乘的并不多，常常是隔靴搔痒，说不到点子上。大哲学家黑格尔曾经说过：中国有最完备的国史。但他认为中国古代没有真正意义上的哲学，还处在哲学史前状态。这么了不起的哲学家竟然作出这样大失水准的评论，何其不幸。正如任何哲学家都要受时间、地点、条件的制约一样，黑格尔也离不开这一规律。当时他也只能从上述水平的汉学家译过去的文字去分析、理解，所以，黑格尔先生对中国古代社会的认识水平是什么状态，也就不难想象了。

中国离不开世界，世界也缺少不了中国。中国文化摄取外域的新成分，丰富了自己，又以自己的新成就输送给别人，贡献于世界。从公元5世纪开始到公元15世纪，大约有一千多年，中国走在世界的前列。在这一千多年的时间里，她的光辉照耀全世界。人类要前进，怎么能不全面认识中国，怎么能不认真研究中国的历史呢?

二

中华民族是伟大的，曾经辉煌过，蓝天、白云、阳光灿烂，和平而兴旺；也有过黑暗的、想起来就让人战栗的日子，但中华民族从来是充满理想，不断追求，不断学习，渴望和平与友谊的。

中国古代伟大的思想家孔子曾经说过：“三人行，必有我师焉。择其善者而从之，其不善者而改之。”孔子的话就是要人们向别人学习。这段话正是概括了整个中华民族与人交往的原则。人与人之间交往如此，在与周边的国家交往中也是如此。

秦始皇第一个统一了中国，可惜在位只有十几年，来不及做更多的事情。汉朝继秦而继续强大，便开始走出去，了解自己周边的世界。公元前138年，汉武帝派张骞出使西域。

他带着一万头牛羊，总值一万万钱的金帛货物，作为礼物，开始西行，最远到过“安息”（即波斯）。公元73年，班超又率36人出使西域。36个人按今天的话说，也只有一个排，显然是为了拜访未曾见过面的邻居，是去交朋友。到了西域，班超派遣甘英作为使者继续西行，往更远处的大秦国（即罗马）去访问，“乃抵条支而历安息，临西海以望大秦”（《后汉书·西域传》）。“条支”在“安息”以西，即今天的伊拉克、叙利亚一带，“西海”应是今天的地中海。也就是说甘英已经到达地中海边上，与罗马帝国隔海相望，“临大海欲渡”，却被人劝阻而未成行，这在历史上留下了遗恨。可以想见班超、甘英沟通友谊的无比勇气和强烈愿望。接下来是唐代的玄奘，历经千难万险，到“西天”印度取经，带回了南亚国家的古老文化。归国后，他把带回的佛教经典组织人翻译，到后来很多经典印度失传了，但中国却保存完好，以至于今天，没有玄奘的《大唐西域记》，印度人很难编写印度古代史。明代郑和“七下西洋”，把中华文化传到东南亚一带。鸦片战争以后，一代又一代先进的中国人，为了振兴中华，又前赴后继，向西方国家学习先进的科学思想和文明成果。这中间有我们的国家领导人朱德、周恩来、邓小平；有许许多多大科学家、文学家、艺术家，如郭沫若、李四光、钱学森、冼星海、徐悲鸿等。他们的追求、奋斗，他们的博大胸怀，兼收并蓄的精神，为人类社会增添了光彩。

中国文化的形成和发展过程，就是一个以众为师、以各国人民为师，不断学习和创造的过程。中华民族曾经向周边国家和民族学习过许多东西，假如没有这些学习，中华民族绝不可能创造出昔日的辉煌。回顾历史，我们怎么能够不对伟大的古埃及文明、古希腊文明、古印度文明满怀深深的感激？怎么能够不对伟大的欧洲文明、非洲文明、美洲文明、澳洲文明，以及中国周围的亚洲文明充满温情与敬意？

中华民族为人类社会曾经作出过独特的贡献。在15世纪以前，中国的科学技术一直处于世界遥遥领先的地位。英国科学家李约瑟说："中国在公元3世纪到13世纪之间，保持着一个西方所望尘莫及的科学知识水平。"美国耶鲁大学教授、《大国的兴衰》的作者保罗·肯尼迪坦言："在近代以前时期的所有文明中，没有一个国家的文明比中国更发达，更先进。"

世界各国的有识之士千里迢迢来中国观光、学习。在这个过程中，中国唐朝的长安城渐渐发展成为国际大都市。西方的波斯、东罗马，东亚的高丽、新罗、百济、南天竺、北天竺，频繁前来。外国的王侯、留学生，在长安供职的外国官员，商贾、乐工和舞士，总有几十个国家，几万人之多。日本派出的"遣唐使"更是一批接一批。传为美谈的日本人阿部仲麻吕（晁衡）在长安留学的故事，很能说明外国人与中国的交往。晁衡学成仕于唐朝，前后历时五十余年。晁衡与中国的知识分子结下了深厚的友情。他归国时，传说在海中遇难身亡。大诗人李白作诗哭悼："日本晁卿辞帝都，征帆一片绕蓬壶。明月不归沉碧海，白云愁色满苍梧。"晁衡遇险是误传，但由此可见中外学者之间在中国长安交往的情谊。

后来，不断有外国人到中国来探寻秘密，所见所闻，常常让他们目瞪口呆。《希腊纪事》（希腊人波桑尼阿著）记载公元2世纪时，希腊人在中国的见闻。书中写道："赛里斯人用小米和青芦喂一种类似蜘蛛的昆虫，喂到第五年，虫肚子胀裂开，便从里面取出丝来。"从这段对中国古代养蚕技术的描述，可见当时欧洲人与中国人的差距。公元9世纪中叶，阿拉伯人来到中国。一位阿拉伯作家在他所著的《中国印度闻见录》中记载了曾旅居中国的阿拉伯商人的见闻：

——一天，一个外商去拜见驻守广州的中国官吏。会见时，外商总盯着官吏的胸部，官吏很奇怪，便问："你好像总盯着我的胸，这是怎么回事?"那位外商回答说："透过你穿的丝绸衣服，我隐约看到你胸口上长着一个黑痣，这是什么丝绸，我感到十分惊奇。"官吏听后，失声大笑，伸出胳膊，说："请你数数吧，看我穿了几件衣服。"那商人数过，竟然穿了五件之多，黑痣正是透过这五层丝绸衣服显现出来的。外商惊得目瞪口呆，官吏说："我穿的丝绸还不算是最好的，总督穿的要更精美。"

——书中关于茶（他们叫干草叶子）的记载，可见阿拉伯国家当时还没有喝茶的习惯。书中记述："中国国王本人的收入主要靠盐税和泡开水喝的一种干草税。在各个城市里，这种干草叶售价都很高，中国人称这种草叶叫'茶'，这种干草叶比苜蓿的叶子还多，也略比它香，稍有苦味，用开水冲喝，治百病。"

——他们对中国的医疗条件十分羡慕，书中记载道："中国人医疗条件很好，穷人可以从国库中得到药费。"还说："城市里，很多地方立一石碑，高10肘，上面刻有各种疾病和药物，写明某种病用某种药医治。"

——关于当时中国的京城，书中作了生动的描述：中国的京城很大，人口众多，一条宽阔的长街把全城分为两半，大街右边的东区，住着皇帝、宰相、禁军及皇家的总管、奴婢。在这个区域，沿街开凿了小河，流水潺潺；路旁，葱茏的树木整然有序，一幢幢宅邸鳞次栉比。大街左边的西区，住着庶民和商人。这里有货栈和商店，每当清晨，人们可以看到，皇室的总管、宫廷的仆役，或骑马或步行，到这里来采购。

此后的史籍对西人来华的记载，渐渐多了起来。13世纪意大利旅行家马可·波罗，尽管有人对他是否真的到过中国持怀疑态度，但他留下一部记述元代事件的《马可·波罗游记》却是确凿无疑的。这部游记中的一些关于当时中国的描述使得西方人认为是“天方夜谭”。总之，从中西文化交流史来说，这以前的时期还是一个想象和臆测的时代，相互之间充满了好奇与幻想。

从16世纪末开始，由于航海技术的发展，东西方航路的开通，随着一批批传教士来华，中国与西方开始了直接的交流。沟通中西的使命在意大利传教士利玛窦那里有了充分的体现。利玛窦于1582年来华，1610年病逝于北京，在华二十余年。他把科学作为传教的工具，激起中国一些读书人对西方科学的兴趣。除了传教以外，他还做了两件具有历史象征意义的事，一是1594年前后在韶州用拉丁文翻译《四书》，并作了注释；二是与明代学者徐光启合作，用中文翻译了《几何原本》。

西方传教士对《四书》等中国经典的粗略翻译，以及杜赫德的《中华帝国志》等书对中国的介绍，在西方读者的眼前展现了一个异域文明，在当时及稍后一段时期引起了一场“中国热”，许多西方大思想家都曾注目于中国文化。有的推崇中华文明，如莱布尼兹、伏尔泰、魁奈等，有的对中华文明持批评态度，如孟德斯鸠、黑格尔等。莱布尼兹认识到中国文化的某些思想与他的观念相近，如周易的卦象与他发明的二进制相契合，对中国文化给予了热情的礼赞；黑格尔则从他整个哲学体系的推演出发，认为中国没有真正意义上的哲学，还处在哲学史前的状态。但是，不论是推崇还是批评，是吸纳还是排斥，都对中西文化的交流产生了巨大的影响。随着先进的中国科学技术的西传，特别是中国的造纸、火药、印刷术和指南针四大发明的问世，大大改变了世界的面貌。马克思说：“中国的火药把骑士阶层炸得粉碎，指南针打开了世界市场并建立了殖民地，而印刷术则变成了新教的工具，变成对精神发展创造必要前提的最强大的杠杆。”英国的哲学家培根说：中国的四大发明“改变了全世界的面貌和一切事物的状态”。

三

大千世界，潮起潮落。云散云聚，万象更新。中国古代产生了无数伟大的科学家：祖冲之、李时珍、孙思邈、张衡、沈括、毕昇……产生了无数科技成果：《齐民要术》、《九章算术》、《伤寒杂病论》、《本草纲目》……以及保存至今的世界奇迹：浑天仪、地动仪、都江堰、敦煌石窟、大运河、万里长城……但从15世纪下半叶起，风水似乎从东方转到了西方，落后的欧洲只经过400年便成为世界瞩目的文明中心。英国的牛顿、波兰的哥白尼、德国的伦琴、法国的居里、德国的爱因斯坦、意大利的伽利略、俄国的门捷列夫、美国的费米和爱迪生……光芒四射，令人敬仰。

中华民族开始思考了。潮起潮落究竟是什么原因？中国人发明的火药，传到欧洲，转眼之间反成为欧洲列强轰击中国大门的炮弹，又是因为什么？

鸦片战争终于催醒了中国人沉睡的迷梦，最先“睁眼看世界”的一代精英林则徐、魏源迈出了威武雄壮的一步。曾国藩、李鸿章搞起了洋务运动。中国的知识分子喊出“民主与科学”的口号。中国是落后了，中国的志士仁人在苦苦探索。但落后中饱含着变革的动力，探索中孕育着崛起的希望。“向科学进军”，中华民族终于又迎来了科学的春天。

今天，世界已经跨入21世纪。分散隔绝的世界，逐渐变成联系为一体的世界。现在，经济全球化趋势日益明显，一个民族、一个国家的历史也就在愈来愈大的程度上成为全世界的历史。当今，任何一种文化的发展都离不开对其它优秀文化的汲取，都以其它优秀文化的发展为前提。在近现代，西方文化汲取中国文化，不仅是中国文化的传播，更是西方文化自身的创新和发展；正如中国文化对西方文化的汲取一样，既是西方文化在中国的传播，同时也是中国文化在近代的转型和发展。地球上所有的人类文化，都是我们共同的宝贵遗产。既然我们生活的各个大陆，在地球史上曾经是连成一气的“泛大陆”，或者说是一个完整的“地球村”，那么，我们同样可以在这个以知识和学习为特征的网络时代，走上相互学习、共同发展的大路，建设和开拓我们人类崭新的“地球村”。

西学仍在东渐，中学也将西传。各国人民的优秀文化正日益迅速地为中国文化所汲取，而无论西方和东方，也都需要从中国文化中汲取养分。正是基于这一认识，我们组织出版汉英、汉法、汉西、汉俄、汉阿、汉德、汉日和汉韩等对照版《大中华文库》，以九种文字，全面系统地翻译介绍中国传统文化典籍。我们试图通过《大中华文库》，向全世界展示，中华民族五千年的追求，五千年的梦想，正在新的历史时期重放光芒。中国人民就像火后的凤凰，万众一心，迎接新世纪文明的太阳。

1999年8月《大中华文库》付印前

2008年9月多语种文版付印时修改

《대중화문고》를 펴내며

양목지

《대중화문고(大中華文庫)》가 드디어 출간하게 되었다. 우리는 기쁨과 흥분으로 가슴이 벅차오르는 한편 무거운 사명감을 곱절 느끼게 된다.

이 기회에 나는 우리가 품고 있던 속심을 독자 여러 분께 기탄없이 털어놓고자 한다.

1

중화민족은 유구한 역사와 더불어 찬란한 문화를 꽃피워 온 민족이다. 중화민족의 문화경전을 계통적으로 정확하게 외국문으로 번역, 편집, 출판하여 전세계에 알리는 것은 중국 사람들이 여러 세대에 걸쳐 품어온 소망이었다.

일찌기 수십 년 전에 서양의 한 학자는 《홍루몽(紅樓夢)》을 번역하면서 책 이름을 《붉은 누각에서의 꿈》이라고 번역하였고 여기에 나오는 임대옥(林黛玉)을 '검은 옥' 이라고 번역했다.

우리는 중국의 명작들을 세계에 소개하려는 외국 학자들의 노력에 깊은 사의를 표하는 한편 중국의 명작을 제대로 알지 못하거나 심지어 왜곡하고 있는 점에 대해서는 그야말로 유감스럽게 생각하고 있다.

또 어떤 서양 학자는 《금병매(金瓶梅)》를 번역하면서 자연주의 묘사가 가장 두드러지고 선정(扇情)적인 장절만 골라 번역, 소개했다. 따라서 서양 학자들 가운데서는 마치 무슨 기적이라도 발견한 듯이 일시에 《금병매》 붐이 일어났다. 그들은 중국을 '성 개방의 발원지' 라고 하면서 중국은 이 '개방의 전통을 살려야 한다' 고 신문 잡지에 버젓이 떠들어댔다.

물론 많은 우호적인 경력 한학자(汉学家)들이 중국 고대의 철학 저서를 번역하여 중화민족의 문화를 세계에 알리는데 큰 기여를 한 것은 사실이다. 그러나 한자에 대한 인식이 제한되고 원문에 대한 이해가 부족하여 수준 높은 번역 작품이 그리 많지 못하고, 원작의 세부적인 의미들이 애매 모호하게 번역된 것을 자주 보게 되는 것도 또한 현실이다.

저명한 철학자인 헤겔은, 중국에는 가장 완벽한 국사가 있지만 중국의 고대에는 진정한 의미에서의 철학이 없었고 그들의 철학은 철학사 이전의 상태에 미물러 있었다고 말했다. 헤겔과 같은 명성 높은 석학마저 이처럼 수준 미달의 견해를 가지고 있었으니 얼마나 불행한 일인가?

물론 어떤 철학자이든 모두 시간, 장소, 여건의 제약을 받기 마련인 만큼 헤겔 역시 그 한계를 벗어날 수 없었다. 헤겔도 다만 위에서 언급한 그런 수준의 한학자들이 번역한 글들을 보고 중국의 철학을 분석하고 이해하였을 것이니 중국 고대사회에 대한 헤겔의 인식 수준이 어느 정도였겠는가를 우리는 가히 짐작할 수 있다.

중국은 세계를 떠날 수 없고 세계도 중국이 없어서는 안 된다. 중국 문화는 외국의 새로운 자양분을 섭취하여 자신을 풍부히 하였고 또 자신의 새로운 성과로 세계에 기여해 왔다. 서기 5세기부터 15세기에 이르는 1천여 년 동안에 중국은 세계의 앞장에 서있었다. 이 1천 년이 넘는 기간에 중국 문화는 자기의 눈부신 빛발로 세계를 비쳐주었다. 인류가 계속 전진하려 하는 한 어찌 중국을 전면적으로 인식하지 않을 수 있으며 또 어찌 중국의 역사를 진지하게 연구하지 않을 수 있겠는가?

2

위대한 중화민족은 지난날, 푸른 하늘에 흰 구름 떠돌고 햇볕이 따사로운 평화롭고 휘황찬란한 시기를 지낸 적이 있고 또 어둡고 캄캄한 나날, 생각만 해도 소름이 끼치는 세월을 보낸 적도 있었다. 하지만 중화민족은 예로부터 원대한 이상을 품고 끊임없이 진취하며 꾸준히 배우면서 평화와 친선을 갈망해 왔다.

중국 고대의 위대한 사상가 공자(孔子)는 “여럿이 함께 길을 가면 그 중에는 내 스승이 될만한 사람이 꼭 있기 마련이니 그의 장점을 가려서 따라 배우고 단점은 거울로 삼아 고쳐야 한다.” 라고 말했다. 공자의 이 말은 남을 따라 배워야 한다는, 중화민족의 교제원칙을 개괄한 것이다. 사람과 사람간의 교제에서 이렇게 해야 할 뿐만 아니라 주변 나라들과의 관계에서도 역시 이렇게 해야 한다.

진시황(秦始皇)은 처음으로 중국을 통일한 황제였지만 재위 기간이 십여 년밖에 안되어 미처 더 많은 일을 할 수가 없었다.

진(秦)나라를 이어받아 강대해진 한(漢)나라는 밖으로 눈길을 돌리고 주변 국가들을 살펴보기 시작했다. 기원전 138년, 한무제는 장건(張騫)을 서역에 사신으로 파견했다. 장건은 1만여 마리의 소와 양, 그리고 총 가치가 억대에 달하는 금은보화와 실크를 선물로 가지고 서행했으며 가장 멀리로는 안식(安息, 오늘의 페르시아)에까지 이르렀다. 서기 73년에는 반초(班超)가 또 수행원 36명을 거느리고 서역으로 출사했다. 36명 이라면 오늘의 군사 편제로 한 개 소대에 불과했지만 분명한 것은 전혀 만나 본 적이 없는 이웃을 방문하여 벗을 사귀기 위해서였다. 서역에 이른 반초는 감영(甘英)을 사신으로 계속 서행하여 더 멀리 떨어져 있는 대진국(大秦國, 로마)을 방문케 했다. 《후한서・서역전(後漢書・西域傳)》에는 "안식을 지나 조지(條支)에 이르러 서해 기슭에서 대진을 바라보았다."라고 기록되어 있는데 여기에서 '조지'는 안식 서쪽에 있는 오늘의 이라크나 시리아 일대를 말하고 '서해'는 오늘의 지중해를 지칭한 것이다. 말하자면 지중해 기슭에 이른 감영은 '바다를 건너려고 했으나' 수하들의 권고로 건너 가지 못하고 바다를 사이 두고 로마제국을 바라보기만 했으니 이는 역사적으로 매우 아쉬운 일이었다. 여기서 우리는 친선을 도모하려는 반초와 감영의 남다른 용기와 뜨거운 염원을 엿볼 수 있다.

그 후 당(唐)나라의 현장(玄奘)은 천신만고를 겪으며 불경을 구하러 '서천' 인도에 가서 남아시아 국가들의 오래된 문화를 받아왔다. 귀국 후 그는 사람들을 모아서 자기가 가져온 불교 경전을 번역하였다. 후에 인도에서는 많은 경전들이 실전되었으나 중국에는 그 경전들이 완전하게 보존되어 왔다. 현장의 《대당서역기(大唐西域記)》가 없었다면 인도 사람들은 아마 자기들의 고대사를 집필하기도 어려웠을 것이다.

그리고 명(明)나라 때 '일곱 번 서양(西洋, 여기서는 구미가 아니라 동남아, 남아, 중동, 아프리카 서해안 등 지역을 두루 말함—역자 주)을 다녀온' 정화(鄭和)의 해외 원정은 중화의 문화를 동남아일대에 전파하는 데 크게 기여했다.

아편전쟁 이후, 중국의 선각자들은 중화의 진흥을 위해 서방의 선진적인 과학사상과 문명성과를 대를 이어가며 끊임없이 배웠다. 그 중에는 주덕(朱德), 주은래(周恩來), 등소평(鄧小平)과 같은 중국의 국가 지도자들이 있는가 하면 곽말약(郭沫若), 이사광(李四廣), 전학삼(錢學森), 선성해(冼星海), 서비홍(徐悲鴻)과 같은 걸출한 과학가, 문학가, 예술가들이 많다. 그들의 끊임없는 추구와 분투, 그리고 선진적인 것을 널리 받아들이려는 드넓은 흉금과 고매한 정신은 인류사회를 더욱 빛나게 했다.

중국의 문화는 대중을 스승으로 삼고 각국 국민을 스승으로 삼아 끊임없이 배우고 창조하는 과정에서 형성되고 발전하였다. 중화민족은 주변 나라와 민족들로부터 많은 것을 배웠다. 이러한 배움이 없었다면 중화민족은 지난날의 번영을 이루지 못했을 것이다. 역사를 돌이켜 보면서 우리는 위대한 고대 이집트의 문명, 고대 그리스의 문명, 고대 인도의 문명에 뜨거운 감사를 표하지 않을 수 없으며 또한 위대한 유럽문명, 아프리카문명, 아메리카문명, 그리고 호주문명 및 중국 주변의 아시아문명에 깊은 경의를 표하지 않을 수 없다.

중화민족은 일찍부터 인류사회에 독특한 기여를 하여 왔다. 15세기 이전만 해도 중국의 과학기술은 줄곧 세계의 앞장에 서있었다. 영국의 과학자 조셉은 "서기 3세기부터 13세기에 이르는 기간, 중국은 서방 나라들이 미치지 못하는 선진적인 과학기술수준을 지니고 있었다" 고 말한 바 있고 미국 예일대학의 교수이며 《강대국의 흥망》의 저자인 폴 케네디도 "근대 이전의 모든 문명 중에서 중국보다 더 발달하고 더 선진적인 문명은 어느 나라에서도 찾아 볼 수 없었다" 고 솔직하게 말했다.

당시 세계 각국의 식견있는 사람들은 불원천리하고 중국에 관광을 오거나 유학을 왔었다. 그 과정에 중국 당(唐)나라의 장안(長安)은 점차 국제 대도시로 발전했다. 서방의 페르시아나 동로마, 동아시아의 고구려, 신라, 백제, 남천축(南天竺), 북천축(北天竺) 등지의 외국인들이 빈번히 장안을 찾아왔다. 외국의 왕공 귀족과 유학생들, 장안에서 임직하고 있는 외국인 관원들과 상인, 악공(樂工)과 무사(舞士)들을 모두 합치면 수십 개 나라의 수만 명에 달하였다. 일본에서는 해마다 '견당사(遣唐使)' 를 파견하였는데 일본인 아베노나카마로[중국 이름은 조형(晁衡)]가 장안에 와서 유학한 이야기는 외국인의 중국 내왕을 미담으로 전해주고 있다. 조형은 중국에서 공부하고 당나라 조정에서 근무하는 50여 년 동안에 중국 지식인들과 두터운 우정을 쌓았다. 그런데 불행하게도 귀국하는 도중에 배가 바다에 침몰하여 목숨을 잃었다고 한다. 이 소식에 접한 당나라의 저명한 시인 이백(李白)은 눈물을 흘리며 애도의 시를 지었다. "장안을 떠나 귀국 길에 오른 일본인 조형씨가 / 돛배에 몸을 싣고 먼 바다를 건너니 / 가물거리는 돛배가 봉래산(蓬莱山)과 방호산(方壶山)을 에도누나 / 맑고 밝은 저 달이 푸른 바다에 잠겼으니 / 슬픔에 잠긴 흰 구름이 울주산(郁州山)에 드리웠네." 조형이 조난 당한 소식은 잘못 전해진 것이었으나 이로부터 우리는 국내외 학자들이 장안에서 사권 정분을 엿볼 수 있다.

그 후에도 중국의 실정을 알려고 찾아 오는 외국인들의 발길은 끊이지 않았고 그들은 보고 듣는 중국의 실정에 놀라움과 감탄을 금치 못했다. 그리스인 파우사니아스가 쓴 《그리스 서술》에는 서기 2세기 그리스인들이 중국에 와서 보고 들은 견문을 이렇게 적었다. "세레스(중국)인들은 거미와 비슷한 벌레를 좁쌀과 푸른 갈잎을 먹여 기르는데 5년이 되면 벌레의 배가 부풀어 터지므로 그 속에서 실고치를 꺼냈다." 고대 중국의 양잠기술에 대한 이 서술에서도 당시 유럽인과 중국인 사이의 격차를 볼 수 있다. 서기 9세기 중엽에는 아랍사람들이 중국에 왔다. 아랍의 한 작가는 그의 저서 《중국 인도 견문록》에서 당시 중국에 온 아랍상인들의 견문을 이렇게 적었다.

——하루는 한 외국 상인이 광주(廣州)를 수비하는 중국 관리를 찾아 왔다. 중국 관리를 만난 자리에서 외국 상인은 그 관리의 가슴을 뚫어지게 들여다 보는 것이었다. 이상하다고 생각한 관리는 상인에게 물었다.

"손님은 내 가슴만 여겨 보는데 도대체 왜 그러시죠?"

"입고 있는 비단 옷이 어찌나 투명한지 나리의 가슴팍에 난 검은 기미까지 다 들여다 보이는군요. 무슨 비단이 그토록 투명합니까? 정말 희한합니다!"

상인의 대답에 관리는 껄껄 웃으며 소매를 걷어 보였다.

"어디 세어보십시오. 내가 옷을 몇 겹이나 입었는지."

상인이 헤어보니 관리는 옷을 다섯 겹이나 입고 있었다. 가슴팍에 난 기미는 다섯 겹의 비단옷을 꿰뚫고 보여진 것이었다. 깜작 놀란 상인은 말문이 막혀 더는 말을 못했다. 관리는 한마디 덧붙였다.

"제가 입은 이 실크는 기실 최상품이 아닙니다. 우리 총독님이 입으신 옷은 더욱 훌륭하답니다."

——이 책자에는 또 차(그들은 마른 풀잎이라고 했다.)에 관한 기록도 있는데 아랍인들은 당시 아직 차를 마시는 관습이 없었던 것 같다. 책에는 이렇게 씌어 있다. "중국에서는 소금세(鹽稅)와 뜨거운 물에 우려 먹는 마른 풀잎, 즉 건초세(乾草稅)가 국왕의 주되는 수입이었다. 중국인들은 이런 풀잎을 '차(茶)'라고 하는데 각 도회지에서 파는 찻잎은 값이 대단히 비싸다. 중국에는 이런 찻잎이 개자리잎보다 더 흔하고 향기로 우면서 약간 씁쓸한 맛이 있다. 이런 차는 뜨거운 물에 우려서 마시면 여러 가지 병을 고칠 수 있다고 한다."

——그들은 중국의 의료여건을 상당히 부러워했다. 책에는 이런 기록도 있다. “중국인들의 병치료 여건은 아주 좋았다. 가난한 사람들은 국고에서 약값을 조달 받을 수 있으며”, “도시의 많은 곳들에는 높이가 열 다섯자 가량 되는 비석이 세워져 있는데 비석에는 각종 질환과 약명은 물론 무슨 병에는 어떤 약을 써야 한다는 처방도 새겨져 있었다.”

——책에는 또 당시 중국의 도읍지에 대해서도 생동하게 묘사되어 있다. “중국의 도읍지는 엄청나게 크고 인구도 굉장히 많다. 널찍한 도로가 도시를 동서 두 구역으로 나누어 놓았는데 오른쪽의 동부 구역에는 황제, 재상, 금군(禁軍), 황실의 총관(總管)과 노비들이 살고 있다. 이 구역에는 맑은 냇물이 거리 옆의 수로를 따라 졸졸 흐르고 길가에는 무성한 나무들이 줄지어 있으며 화려한 저택들이 즐비하다. 큰 길 왼쪽의 서부 구역에는 서민과 상인들이 살고 있다. 이곳에는 상점과 가게들이 늘어서 있어 이른 아침부터 황실의 총관이나 궁전의 노복들이 말을 타거나 도보로 이곳에 와서 물건을 사가는 것을 볼 수 있다.”

이후부터 사서에는 중국에 온 외국인들에 대한 기록이 점점 더 많아졌다. 13세기 이탈리아 여행가 마르코 폴로가 정말로 중국을 다녀갔는가 하는데 대해서는 아직도 일부 사람들이 의심하고 있지만 그가 남긴 중국 원(元)나라 실록 《마르코 폴로의 동방견문록》의 존재에 대해서는 추호도 의심할 여지가 없다. 비록 이 책에 묘사된 당시의 중국 상황에 대해 서양 사람들은 ‘허황하고 터무니 없는 이야기’라고 여기고 있지만.

한마디로 중국과 서양간의 문화 교류사에서 이 시기 이전까지는 서로 상상하고 억측하는 시대, 또는 서로가 호기심과 환상에 사로 잡혀있던 시대라고 말할 수 있다.

16세기 말부터 항해 기술이 발달되고 동서양 사이의 항로가 개통됨에 따라 서양의 선교사들이 중국에 몰려들었고 이리하여 중국과 서양의 직접적인 교류가 시작되었다. 중국과 서양의 교류에서 이탈리아 선교사 마테오 리치는 큰 역할을 하였다. 마테오 리치는 1582년에 중국에 와서 1610년에 병환으로 북경에서 별세했다. 중국에 체류하는 20여 년 동안에 그는 과학을 선교도구로 삼아 서양의 과학에 대한 중국 지식인들의 흥미를 불러일으켰으며 선교를 하는 외에 또 역사적 및 상징적 의미를 가지는 두 가지 일을 하였다. 하나는 1594년을 전후로 하여 소주(韶州)에서 《사서(四書)》를 라틴어로 번역하고 주석을 단 것이며 다른 하나는 명(明)나라 학자 서광계(徐光启)와 함께 《기하원본(幾何原本)》을 중국어로 번역한 것이다.

《사서》를 비롯한 중국 경전에 대한 서양 선교사의 대체적인 번역과 뒤알드가 쓴 《중화제국지(中華帝國志)》 등 중국을 소개한 책자는 이역 문명에 대한 서양 학자들의 눈을 크게 띄워주었다. 따라서 당시와 그 이후의 한시기에 서양에는 '중국 붐'이 일었으며 서양의 많은 저명한 사상가들이 중국 문화에 눈길을 돌리게 되었다. 라이프니츠, 볼테르, 케네 등 학자들은 중화문명을 숭상하였지만 몽테스키외와 헤겔 등은 중국 문명에 대해 비판적인 태도를 취하였다. 중국 문화의 일부 사상이 자기의 관념과 가깝다고 여긴 라이프니츠는 주역의 괘상(卦象)이 바로 자기가 발명한 이진법(二進制)과 맞아떨어진다고 하면서 중국 문화를 적극 칭송하였다. 그러나 헤겔은 자신의 전반적인 철학체계로부터 추단 연역하면서 중국은 참된 의미에서의 철학이 없고 중국의 철학은 다만 철학사 이전의 단계에 머물러있다고 여겼다. 하지만 칭송을 하든 비판을 하든, 섭취를 하든 배척을 하든, 중국과 서양 문화의 교류에 매우 큰 영향을 일으킨 것만은 사실이었다.

중국의 선진적인 과학기술, 특히 중국의 제지, 화약제조, 인쇄술과 지남침 등 4대 발명은 유럽으로 전파된 후 세계의 면모를 크게 개변시켰다. 마르크스는 "중국의 화약은 기사계층을 산산히 폭파시켰으며 지남침은 세계시장을 열어 놓았고 식민지가 생기게 하였으며 인쇄술은 신교(新教)의 도구로 되었고 또한 정신적인 발전에 필요한 전제를 마련하는 가장 강력한 지렛대로 되었다."고 말했다.

영국의 철학자 베이컨도 중국의 4대 발명은 "세계의 면모와 모든 사물의 상태를 바꾸어 놓았다."고 말했다.

3

광활한 세계는 변화무상하여 이합집산이 거듭되고 만물이 새롭게 변모하고 있다. 중국 고대에는 조충지(祖冲之), 이시진(李時珍), 손사막(孫思邈), 장형(張衡), 심괄(沈括), 필승(畢昇)과 같은 위대한 과학자들이 무수히 나타났고 《제민요술(齊民要術)》, 《구장산술(九章算術)》, 《상한잡병론(傷寒雜病論)》, 《본초강목(本草綱目)》과 같은 과학기술 성과들이 허다히 창출되었으며 혼천의(渾天儀), 지동의(地動儀), 도강언(都江堰), 돈황(敦煌)석굴, 대운하, 만리장성과 같은 세계적인 기적들이 지금까지 보존되어 오고 있다.

그러나 15세기 후반부터 세계 문명의 중심은 동방에서 서방으로 옮겨졌다. 뒤져있던 유럽이 단 400년이란 길지 않은 기간에 세인이 주목하는 세계 문명의 중심지로 부상했다. 영국의 뉴턴, 폴란드의 코페르니쿠스, 독일의 뢴트겐, 프랑스의 퀴리, 독일의 아인슈타인, 이탈리아의 갈릴레이, 러시아의 멘델레예프, 미국의 페르미와 에디슨 등 세인들이 우러러 받드는 거장들이 나타나 빛을 발하였다.

중화민족은 고민하기 시작했다. 이러한 성쇠와 부침은 왜 일어난 것인가? 중국인이 발명한 화약이 유럽으로 전파된 후 순식간에 유럽 열강들이 중국의 대문을 부셔 버리는 포탄으로 되었으니 이것 또한 무엇 때문인가?

아편전쟁의 포성은 드디어 깊이 잠든 중국인들을 깨우쳐주었다. 가장 먼저 '눈을 뜨고 세계를 내다 본' 중국의 엘리트 임측서(林則徐)와 위원(魏源)이 과감하게 첫 걸음을 내디디었고 증국번(曾國藩), 이홍장(李鴻章)이 뒤이어 양무(洋務)운동을 일으켰으며 중국의 지식인들은 '민주와 과학'의 슬로건을 내들었다. 중국은 남보다 뒤져있었으나 낙후한 중국에도 변혁의 원동력은 있었다. 뜻있는 인인지사들은 희망과 신심을 가지고 중국이 다시 일떠서는 길을 고심히 탐구하기 시작했다. '과학에로 진군하자'는 시대적 호소에 따라 중화민족은 드디어 과학의 봄날을 맞이하게 되었다.

오늘날 세계는 이미 21세기에 들어섰다. 서로 흩어지고 떨어져 있던 세계가 이제는 점차 하나로 이어지고 있다. 경제의 글로벌화가 날로 뚜렷해지고 한 나라, 한 민족의 역사도 갈수록 더 큰 범위의 세계적인 역사를 이루고 있다. 현시기 그 어떤 문화도 다른 우수한 문화를 섭취하지 않고는 발전할 수 없으며 또한 그것을 다른 우수한 문화의 발전 전제로 삼고 있다. 근대에 와서 서양 문화가 중국 문화를 받아들이는 것은 중국 문화를 전파하는 것일 뿐만 아니라 보다는 서양 문화 자체를 혁신하고 발전시키는 것이다. 마찬가지로 중국 문화가 서양 문화를 섭취하는 것은 중국에 대한 서양 문화의 전파임과 동시에 중국 문화 자체의 근대적인 전향과 발전인 것이다. 지구에 있는 인류문화는 그 어느 것이나 다 인류가 공유하는 소중한 유산이다. 우리가 살고 있는 각 대륙이 지구 역사에서 한때는 한데 이어진 '범대륙(泛大陸)' 또는 하나의 완전한 '지구촌'이었다면 우리는 지식과 배움을 특징으로 하는 이 인터넷시대에도 마찬가지로 서로 배우며 함께 발전하는 큰 길을 따라 우리 인류의 참신한 '지구촌'을 개척하고 건설할 수 있을 것이다.

지금 서방의 학술은 동방으로 전해오고 중국의 학술도 서방으로 전해지고 있다. 각국 인민들의 우수한 문화가 날로 신속히 중국 문화에 섭취되고 있는데 반해 서방과 동방을 막론하고 모든 나라들도 중국 문화에서 자양분을 섭취해야 할 것이다. 바로 이와 같은 인식에 기초하여 우리는 중국어-한국어, 중국어-영어, 중국어-프랑스어, 중국어-스페인어, 중국어-러시아어, 중국어-아랍어, 중국어-독일어, 중국어-일본어 대역판 《대중화문고》를 출간함으로써 중국의 전통문화 경전들을 전면적이고 계통적으로 번역 소개하고자 한다. 우리는 《대중화문고》를 통해 중화민족이 5천년 동안에 걸쳐 추구해 온 꿈이 새로운 역사시기를 맞아 더욱 눈부시게 빛나고 있음을 전세계에 펼쳐 보이려고 한다. 중국인민은 열반 후의 봉황마냥 모두가 한마음으로 신세기 문명의 태양을 맞이하고 있다.

1999년 8월, 《대중화문고》를 인쇄에 넘기면서
2008년 9월, 다어종판 인쇄를 앞두고 수정

前 言

宋朝是中国历史上一个优雅的时代。

那个时代有着历史上最美的乐曲、最美的歌妓和最有才华的诗人，人们歌唱一种充满魅力的歌词，这种歌词当时名称不固定，有人称“长短句”，有人称“乐府”，有人称“曲子词”，有人干脆亲昵地称“小词”。后来它成为宋朝文学的代表，于是以时代得名，曰“宋词”。

一

宋词是公元10世纪晚期至13世纪末期中国最流行的歌词。先后以汴梁（今河南开封）、临安（今浙江杭州）为都城的宋帝国，是当时世界上最繁荣的国度，高峰时期这两个城市的人口已经分别达到150万人左右，仁宗皇帝赵祯（1010—1063年）时期的著名词人柳永（约984—约1053年）在他的名作《望海潮》（东南形胜）中，就描述了当时南方杭州的繁荣富庶景象：“烟柳画桥，风帘翠幕，参差十万人家。”完善的管理系统已经使当时许多城市具有了现代都市的规模和气象，城市中设有若干称为“瓦舍”的区域，是专供市民们享用美食、欣赏戏剧、观看杂技、听故事、观歌舞的场所。宋词的演唱，则是瓦舍娱乐表演的主要内容。

词的起源，可以追溯到唐朝，但宋朝才是它的黄金时代。究其原因，大致有三：其一，隋唐以来流行的燕乐（宴会之上演奏的音乐），在宋代得到了更加自由的发展，句式长短不齐、风格更加契合花间尊前娱乐气氛的歌词，逐渐取代了句式整齐的传统诗歌，也更适合宋朝宴会音乐的风格，唱词比起唱诗更加流行；其二，晚唐以来逐渐松弛的宵禁制度，在宋朝彻底取消，歌舞娱乐有了更充足的时间；其三，公元 960 年宋帝国建立之初，开国皇帝太祖赵匡胤（927—976 年）鉴于之前百余年武将跋扈，影响政权稳定的历史，采取了重文抑武的政策，尊崇文官地位，丰厚文官俸禄，这一政策一直为其后宋朝皇帝们奉行不渝，使得文官精英阶层有充分的时间和充足的费用参与到歌舞活动中。这养成了享乐风气，为宋词的繁荣提供了充足的消费群体和创作群体。

宋朝三百余年的历史中，宋词的创作与歌唱几乎是一项全民的活动，作者流派众多，作品风格多样，据王兆鹏先生《唐宋词史论》一书统计，宋词的发展大致经历了六个阶段，出现过六代词人群体。词人中有底层的歌妓，有普通的文人，有高层的官员，有位居九重的皇帝。许多歌词的作者默默无闻，以至于我们现在只能以“无名氏”来标注其作者。许多为人方正、不苟言笑的台阁重臣，如晏殊、司马光等，写出的歌词一样委婉情深，为大家所喜欢，如做过数十年宰相的晏殊（991—1055 年），同时也是一位深情的词人，他的许多词作婉约低徊，让人忘记了他的官员身份，如《浣溪沙》（一向年光有限身）中描述对情人的思念：“满目山河空念远，落花风雨更伤春。不如怜取眼前人。”司马光（1019—1086 年）是宋朝官员中的道德楷模，他的词作一样充满世俗的悲喜，《西江月》（宝髻松松挽就）写男女之相思，放在数百年后的今天，依旧不显过时：“相见争如不见，多情何似无情。笙歌散后酒初醒，深院月斜人静。”文坛的领袖欧阳修、苏轼等，他们同样也是歌词创作潮流的引导人，欧阳修的词集《六一词》、苏轼的词集《东坡乐府》是宋词创作的典范，也是歌妓们竞相演唱的歌本。李清照，这位大家闺秀，父亲和公公都是宋朝宰相，她自己也是一位著名的词人，其作品之高明，连她才华横溢的丈夫赵明诚也甘拜下风，她甚至写了一篇论文《词论》，来总结歌词的写作标准，并评论包括其尊敬的前辈词人的创作得失。徽宗皇帝赵佶时期，宫廷中有专门的机构和词人（御用词人）来创作歌词，为宫廷歌唱服务。皇帝赵佶设立的“大晟府”就是这样的机构，著名词人周邦彦就曾在其中供职。赵佶（1082—1135年）本人又是一位成功的艺术家和词人，在被强悍的邻居金国俘虏之后，他甚至不忘写词来记录自己的心情，其中《燕山亭·杏花》描写了这位亡国之君见到杏花的伤感与悲凉，是表现宋词柔美特质的佳作：“凭寄离恨重重，这双燕，何曾会人言语。天遥地远，万水千山，知他故宫何处。怎不思量，除梦里有时曾去。无据。和梦也有时不做。”

在歌舞中表演宋词是宋朝各阶层最流行的娱乐。市井乡村，人们喜欢唱词来消遣；城市宫廷，人们同样喜欢唱词来佐酒侑觞。这种对于歌唱的爱好已经融入到宋人生活的细节中，词人苏轼做密州（今山东诸城）知州，一次带人出去打猎，即兴写了《江城子·密州出猎》来记录当时令人振奋的情景，并抒发自己报国的壮志：“老夫聊发少年狂。左牵黄，右擎苍，锦帽貂裘，千骑卷平冈。为报倾城随太守，亲射虎，看孙郎。　酒酣胸胆尚开张。鬓微霜，又何妨！持节云中，何日遣冯唐？会挽雕弓如满月，西北望，射天狼。”这首词成为宋词豪放风格的代表作之一。他还当场召集歌妓表演这首词，并把这件事写信向朋友鲜于侁炫耀：“数日前猎于郊外，所获颇多，作得一阕，令东州壮士抵掌顿足而歌之，吹笛击鼓以为节，颇壮观也。”（《与鲜于子骏三首之二》）太守文人雅集、各级官员的公私应酬宴会上，宾主载歌载舞、以词唱和被视为时髦。皇帝生日等大的宴会上，歌词演唱更是不可或缺的节目。有的皇帝自己都有喜欢的词人，比如词人柳永的作品在市民中很流行，仁宗皇帝赵祯也很喜欢，每当喝酒的时候，总让歌女唱几首助兴，宋人陈师道《后山诗话》说：“（柳永）作新乐府，骫骳从俗，天下咏之，遂传禁中，仁宗颇好其词，每对酒，必使侍妓歌之再三。”

三百余年的宋朝历史中，宋词与时俯仰，忠实记录了中国人精致优雅的物质生活和丰富的精神生活。宋人对于时光流逝的感叹，对于人生聚散离别的感受，面临外族入侵之时奋不顾身的家国意识，处于人生困境之际的艰难选择，这些内容无不通过日常生活中歌吟的传达展示出来，并构成了宋词丰厚的思想内容；一代代天才的词人，更以其强烈的创作兴趣和充沛的创作精力，将诗歌、辞赋、散文等高雅文学的元素，融合到宋词的创作中，不断提升完善宋词的艺术技巧，苏轼"以诗为词"、周邦彦"以赋为词"、辛弃疾"以文为词"就是具有里程碑意义的开拓。等到宋朝末期，宋词演唱不再流行，其风格趋于雅致，逐渐由歌唱之词变为阅读之词，成为案头文学的一种。

二

在空间上，宋词的歌唱与影响从来就没有局限于宋朝疆域之内，宋朝的邻国都有宋词的传播，比如西北邻国（西夏）流行柳永的作品，达到了有人烟的地方，就有柳词歌唱的程度："凡有井水饮处，即能歌柳词。"（宋·叶梦得《避暑录话》）宋朝的另一个东北邻国高丽，大量引入宋国的乐曲、乐器和歌词，《高丽史·乐志》记录了高丽王朝引入的70首宋朝宫廷演唱的宋词，其中55首后来在宋朝失传。

宋朝结束于公元1279年，宋词的演唱功能逐渐消失，但作为与诗歌并列的文学体裁的宋词，其影响才刚刚开始。在宋朝以后数百年的文学发展中，作词成为中国传统文人的重要技能和身份象征，其后流行的才子佳人小说、戏曲中，"诗词曲赋，无所不能；棋琴书画，无所不精"成了男士人的经典标签。宋朝的各种文学作品中，就现存数量而言，宋词并不是最多的：《全宋诗》有作者6000余家，作品20余万首；《全宋文》有作者9000余家，作品10余万篇；《全宋词》则有作者1400余家，作品21000余首。但是宋词一直以来却被推为宋朝的代表文学，署名宋代太平老人的《袖中锦》一书，排列汉、晋、唐、宋、元五朝绝艺，已经把宋词列入其中："汉篆、晋字、唐诗、宋词、元曲。"元人罗宗信《中原音韵·序》也是唐诗、宋词、元曲并称："世之共称唐诗、宋词、大元乐府，诚哉！"明朝胡应麟《少室山房集》一书中直接把宋词上升到宋朝文学不可企及的地位："若夫汉之史、晋之书、唐之诗、宋之词、元之曲，则皆代专其至，运会所钟，无论后人踵作，不过绪余。”等到近代学者王国维撰《宋元戏曲史·序》，提出“一代有一代之文学”的观点，宋词为有宋一代文学之代表，遂为定论。“凡一代有一代之文学：楚之骚，汉之赋，六代之骈语，唐之诗，宋之词，元之曲，皆所谓一代之文学，而后世莫能及焉者也。”

现存宋词作品的全面搜集整理，经历数十年而得以完善，最终完成《全宋词》的编撰，其过程大致如下：

1. 1937 年，唐圭璋先生完成《全宋词》的编撰，1940 年上海商务印书馆于香港出版线装本，收录词人 1219 家，词作 2 万余首。

2. 1965 年，王仲闻先生校补，北京中华书局再版，收录词人 1393 家，词作 20625 首。

3. 1981 年，孔凡礼辑《全宋词补辑》，中华书局 1981 年出版，收词人 141 家，词作 430 首。

4. 1999 年，中华书局再版《全宋词》。改繁体为简体，并收入《全宋词补辑》。最终《全宋词》收词人 1493 家，词作 21055 首。

《全宋词》编撰的完成，为全面注释评析创造了条件，《全宋词》的注本、评本，迄今为止主要有两种：

1. 朱德才主编《增订注释全宋词》：文化艺术出版社，1997 年出版。

该注本以唐圭璋编撰《全宋词》（1965 年版）为底本，分四卷，按词人时代先后编次，于《全宋词》外，增补作品 500 余首。注释以疏解僻难字词和指明典故为主，不作题解，一般不串讲，不罗列异说。

2. 周笃文、马兴荣主编《全宋词评注》：学苑出版社，2011 年出版。

该注本也以唐圭璋编撰《全宋词》（1965 年版）为底本，按词人时代先后排列，增补作品 243 首，如此，全书收录词人 1500 余家，词作 20500 余首。

为了便于演唱和阅读，宋人编辑了大量词选，但流传至今者主要有十种，它们是：

1. 孔夷《兰畹曲集》一卷；
2. 黄大舆《梅苑》十卷；
3. 鲖阳居士《复雅歌词》一卷；
4. 曾慥《乐府雅词》三卷，拾遗二卷；
5. 桑世昌《回文类聚》一卷；
6. 黄升《唐宋诸贤绝妙词选》十卷，《中兴以来绝妙词选》十卷；
7. 赵闻礼《阳春白雪》八卷，外集一卷；
8. 增修本《草堂诗馀》前集二卷、后集二卷；
9.《乐府补题》一卷；
10. 周密《绝妙好辞》七卷。

三

宋朝之后，词选成为宋词传播的主要方式，也是人们阅读欣赏宋词、学习作词的重要途径，元明清三代，更多的词选出现，其中影响最大的有三种：

1.（明）陈耀文《花草萃编》二十四卷；
2.（清）朱彝尊《词综》三十卷；
3.（清）张惠言《词选》二卷。

后两种词选，不仅成为通行的读本，更分别成为清代浙西和常州两大词派作词的范本。

民国以来，研究、欣赏词尤其是宋词成为潮流，作词也是许多人的爱好，一时词学成为显学，用于研究、普及的宋词选及其注释大量出现，许多通代词选也往往以宋词为主，影响较大的词选有以下数种：

1. 朱祖谋《宋词三百首》，1924 年初刻；1934 年有唐圭璋《宋词三百首笺注》(神州国光出版社印行),两者后来都经过多次增删。

2. 胡适《词选》,1927年商务印书馆出版。选录唐宋词人39家,词作351首。宋代词人22家,词作295首。

3. 龙榆生《唐宋名家词选》,1934年开明书店出版,选录唐宋词人42家,词作489首。其中宋词人26家,词作380首。

4. 胡云翼《宋词选》,中华书局上海编辑所1962年出版,选录宋词人74家,词作296首。

这些词选影响力时间长、范围广,具体表现在发行量上,像胡云翼的《宋词选》,迄今为止已经发行数百万册。

新时期以来,宋词的研究,成为学术界的显学;宋词的欣赏阅读,则成为大众的流行。宋词的外译,民国以来,中外学者多有这方面的尝试,但规模不大,且大多将词纳入中国古诗文选译的范围,少有专门的词选编译,因而未能形成大的影响。20世纪后半期,随着中国文化影响力的扩大,陆续有中外学者注意到了词这一颇具中国特色文体的当代意义,诗歌译介中词的比重逐渐变大,并开始有了宋词选本的专门编译,影响较大的有以下数种:

1. C. H. Kwock and Vincent McHugh. 选译 Old friend from far away: 150 Chinese poems from the great dynasties),North Point Press, 1980;

2. Kang–i Sun Chang ,Haun Saussy 选译 Women Writers of Traditional China:An Anthology of Poetry and Criticism,Stanford University Press,1980;

3. Landau,Julie 选译 Beyond spring: tz'u songs of the song Dynasty,Columbia University Press,1994;

4. 许渊冲选译:《唐宋词一百首》,商务印书馆,1986;

5. 徐忠杰选译:《词百首英译》,北京语言学院出版社,1986;

6. 王季文选译:《宋词英译》,台湾皇冠出版社,1989;

7. 许渊冲英译:《宋词三百首》,湖南出版社,1996;

8. 杨宪益,戴乃迭 等选译:《宋词》,外文出版社 2001。

需要指出的是,近代以来的宋词选本的对外译介,有几个特点:其一,主要以英文翻译为主,其它语种较少涉及;其二,多数选本的编撰注释，多以服务学术研究和教学为目的，较少涉及到文化普及的层面，或者有的考虑到了，但是在具体操作上并不太成熟；其三，译介中侧重宋词的文学性，而对其蕴含的文化信息则揭示得不太到位。这些因素使得很长一段时间以来，除了许渊冲先生翻译的英文、法文宋词选本之外，少有流行范围广、影响大的宋词选译本，更不用说出现像胡云翼《宋词选》那样发行上百万册的流行选本了。

为更好地贴合“大中华文库”的编选原则和要求，更符合外国读者的阅读习惯和文化背景，本书编选组参照宋词的相关权威版本，精心慎选收录了 232 首编为本书。这其中既有能充分体现宋词艺术成就的代表性华章，又有大量反映不同阶段不同风格的宋词名作。此外，为使读者更好地理解这些作品，本书对相关作品做了有针对性的必要的注释。

需要说明的是，在韩文翻译过程中，译者根据韩国读者的阅读兴趣，对中文注释予以了适当的增减和调整，因此本书中文注释和韩文注释有不一致的地方，请读者见谅。

最后，敬请读者在《宋词选》中阅读古典中国，触摸当代中国人精神深层内涵的形成元素，感受中国传统文化的魅力。

中国传媒大学教授
文学博士
董希平

2016 年 12 月　北京

머리말

송(宋)대는 중국 역사에서 고상하고도 로맨틱함을 숭상하던 시대였다.

그 시대에는 역사적으로 가장 아름다운 음악과 가장 아름다운 가기(歌妓), 가장 재능있는 시인들이 있었으며 사람들은 매력이 넘치는 가사로 노래를 불렀다. 이러한 가사들은 당시 명칭이 고정되어 있지 않았으므로 어떤 사람은 '장단구(長短句)' 라고 하고 어떤 사람은 '악부(樂府)' 라고 하였으며 어떤 사람은 '곡자사(曲子詞, 노래 가사)' 라고 하고 또 어떤 사람은 아예 정답게 '소사(小詞, 미니 가사)' 라고 불렀다. 그것들은 후에 송(宋)대 문학의 전형으로 되었고 따라서 시대의 의미를 붙여 '송사(宋詞)' 라고 명명되었다.

1

송사는 서기 10세기 말에서 13세기 말까지 중국인들 속에서 가장 널리 유행된 가사였다. 변량[汴梁, 오늘의 하남성(河南省) 개봉(開封)]과 임안[臨安, 오늘의 절강성(浙江省) 항주(杭州)]에 선후로 도읍을 두었던 송(宋)제국은 당시 세계적으로 가장 번창한 국가로서 피크시기 이 두 도시의 인구는 무려 각각 150만에 달하였다. 인종제(仁宗帝) 조정(趙禎, 1010~1063년)시기의 이름난 사인(詞人) 유영(柳永, 약 987~약 1053년)은 자기의 명작 《망해조(望海潮)》(동남땅 살기 좋은 고장)에서 당시 남방 도시 항주(杭州)의 번화상을 "안개 낀 버들숲, 그림같은 돌다리 / 바람막이 문발과 화려한 휘장 / 십만 인가 들쑥날쑥 들앉았네." 라고 묘사했었다. 당시의 완벽한 관리시스템은 이미 수많은 도시로 하여금 현대 도시의 규모와 기상을 지니게 하였고 도시 안에 배치된 '기와집(瓦舍)' 구역에는 시민들의 미식 상미, 연극 감상, 서커스 관람, 만담 및 가무 구경에 제공되는 전문 장소들이 있었다. 그중 송사 가창은 바로 이러한 기와집 오락프로의 주요 내용이었다.

사(詞)의 기원은 중국 시가의 황금시대였던 당(唐)대에까지 거슬러 올라갈 수 있다. 하지만 시가의 진정한 황금시대는 송(宋)대라고 말할 수 있다. 그 원인을 찾아보면 대체로 다음과 같은 세 가지로 구명된다. 첫째, 수

당(隋唐)시대 이후에 유행되기 시작한 연악(燕樂, 연회에서 연주하는 음악)은 송대에 이르러 더욱 자유롭게 발전하여 구절의 길이가 일치하지 않고 품격이 보다 유흥과 존전(尊前)의 오락 분위기에 걸맞는 가사들이 나타나 점차 짜임새가 정연한 전통 시가들을 대체하였으며 또한 송대의 연회음악 품격에 더욱 적합하였으므로 시를 읊조리기보다 사를 노래로 부르는 것이 더 유행되었다. 둘째, 만당(晩唐) 이후로 점차 느슨해진 야간 통행금지 제도가 송대에 와서는 철저히 취소되어 가무와 오락에 시간적 여유가 더욱 많아졌다. 셋째, 서기 960년 송제국 창건 초기에 개국 황제인 태조 조광윤(趙匡胤, 927~976년)은 지난 100여년 동안에 무장(武將)들이 설치며 정권의 안정에 영향을 끼친 역사를 감안하여 문화를 중요시하고 무력을 억제하는 정책을 취하였으며 문관의 지위를 높이고 봉록도 후하게 주었다. 이 정책은 줄곧 그후의 송대 황제들에 의해 계속 유지되었으므로 문관과 엘리트 계층들이 넉넉한 시간과 충족한 비용으로 가무활동에 참여할 수 있게 되었다. 이는 또한 사회의 향락기풍을 이루어 놓았을 뿐만 아니라 송사의 번영에 충족한 소비계층과 창작계층을 형성하였다.

300여년에 걸친 송대 역사에서 송사의 창작과 가창은 거의 전국민적 활동으로 되었고 저자들의 유파가 많았을 뿐만 아니라 작품의 품격도 매우 다양하였다. 왕조붕(王兆鵬) 선생의 저서《당송사사론(唐宋詞史論)》의 통계에 따르면 송사의 발전역사는 대체로 6개의 단계를 거치었고 6세대의 사인단체가 나타났었다고 한다. 이러한 사인들 중에는 사회 최하층의 가기들이 있는가 하면 일반 서민층의 문인들도 있었고 고위층 관리들이 있는가 하면 가장 높이 있는 황제들도 있었다. 그 밖에 또 많은 가사의 저자들은 세상에 이름이 알려지지 않아 오늘까지도 '무명씨' 라는 이름으로 저자의 주석을 달고 있다. 인품이 바르고 담수를 꺼리지 않는 조정의 중신이었던 안수(晏殊)와 사마광(司馬光) 등은 완곡하고 정이 넘치는 가사를 써내어 사람들의 사랑을 받았다. 특히 수십년을 재상으로 지낸 안수(991~1055년)는 정치가인 동시에 인정이 넘치는 사인으로서 많은 사작품이 표현하는 완약과 저회감이 사람들로 하여금 그의 관리 신분을 잊게 하였다. 예를 들면 《완계사(浣溪沙)》(덧없는 세월에 유한한 몸이라)에서는 연인에 대한 그리움을 "먼 산천 바라보며 헛되이 임을 그리나니 / 비바람에 지는 꽃, 가는 봄이 아쉽구나. / (내) 차라리 눈앞의 사람 사랑할 것을." 하고 탄식했다. 사마광(1019~1086년)은 송제국의 관리들 중 도덕적인 본보기로 일컬어졌으며 그의 사작품은 속세의 기쁨과 슬픔으로 가득 차있다. 예컨대 《서강월(西江月)》(쪽머리 대충 말아올리고)에서 그는 남녀간의 애틋한 그리움을 "이런 만남은 아니 만남만 못하고 / 깊은 정도 아예 없느니만 못하구나. / 생황소리 그치어 술 깨고 보니 / 인적 없는 뜨락에 달도 기울었어라." 라고 표현한 것은 수백년이 지난 오늘에 와서 봐도 여전히 시대에 뒤진 느낌이 없다. 문단의 수령인 구양수(歐陽修), 소식(蘇軾) 등도 모두 가사 창작의 조류를 이끌었던 인물들이다. 구양수의 사집 《육일사(六一詞)》, 소식의 사집 《동파악부(東坡樂府)》는 송사 창작의 본보기이며 또한 가기들이 다투어 부르는 노래집이었다. 대갓집 규수 출신인 이청조(李淸照)는 아버지와 시아버지가 모두 제국의 재상이었고 그녀 자신도 이름난 사인이었다. 그녀의 고명한 사작품에 대해서는 재주가 뛰어난 그녀의 남편인 조명성(趙明誠)도 진심으로 탄복하였다. 이청조는 《사론(詞論)》이란 논문도 집필하여 가사의 습작 기준을 총화하고 또한 자신이 존경하는 선배 사인들을 포함하여 사창작에서 나타난 득실을 논평하였다. 휘종제(徽宗帝) 조길(趙佶)시기에 궁전에는 전문적인 기구와 사인(어용사인)들이 있었고 그들이 창작한 가사는 궁전의 가창연출에 제공되었다. 황제 조길이 설립한 '대성부(大晟府)'가 바로 이러한 기구였고 한때 그곳에서 봉직한 사람이 바로 저명한 사인 주방언(周邦彦)이었다. 조길(1082~1135년) 본인도 성공한 예술가와 사인이었다. 그는 심지어 사나운 이웃인 금(金)나라에 포로된 후에도 사를 지어 자신의 심정을 토로하였다. 그 중 《연산정(燕山亭)•살구꽃》에서 이 망국의 군주는 살구꽃을 보고 북받치는 슬픔과 처량함을 이렇게 표현했다. "이별의 깊은 한을 전하고 싶어도 / 쌍쌍이 나는 저 제비들 / 어이 인간의 말을 알아들으리오! / 하늘과 땅은 아득히 멀고 / 천산 만수에 (가로 막히니) / 고국의 궁궐은 어디에 있는 거냐? / 어찌 그립지 않으랴 / 꿈 속에서나 겨우 찾아가 볼 뿐이거니 / 의지할 데가 없어서인가 / 요새는 꿈마저 이뤄지지 않누나." 라고. 이는 송사의 부드럽고 아름다운 특징을 생생하게 살려낸 가작이라 할 수 있다.

가무에서 송사를 출연하는 것은 송제국 각 계층에서 가장 유행되는 오락이었다. 거리나 시골에서 사람들은 사를 노래로 부르며 소일하였고 도시나 궁전에서는 사를 노래로 부르며 술잔을 기울였다. 이처럼 가창 애호는 이미 송대 사람들의 생활속에 깊이 스며들었다. 사인 소식이 밀주[密州, 오늘의 산동 제성(諸城)]지주(知州)로 있을 때였다. 한번은 수하들을 이끌고 사냥을 나갔다가 즉흥적으로 《강성자•밀주에서 사냥가다》를 지어 당시 사람들의 분발하는 정경을 기록함과 동시에 나라에 보답하려는 자신의 포부를 토로했다. "늙은 이몸 한바탕 젊은 티 뽐내고자 / 왼손에 누렁이 끌고 / 오른 손에 참매 쳐들었네. / 비단모자에 담비옷 떨쳐입고 / 일천 기병 이끌고 산언덕을 휩쓰노라. / 태수 따르는 성안 사람들을 위해 / 내 손수 호랑이를 쏘아 / (옛날) 손권의 모습 보여주리라. // 거나한 취기에 담력이 커지니 / 살짝이 조금 세었다 한들 / 그게 무슨 대수랴. / 언제면 조정에서 / 풍당을 운중에 보내오려나? / 내 활을 힘껏 당기어 / 서북쪽을 향해 / 천랑을 쏘리라." 이 사는 나중에 송사의 호방한 풍격의 대표작으로 되었다. 그는 또 당장에서 가기들을 모아놓고 이 사를 노래로 부르게 하였으며 이 일을 편지로 써서 친구인 선우선(鮮于侁)에게 자랑했다. "며칠 전에 교외로 사냥나갔다가 꽤 많은 수확을 거두었기로 즉시 사 한 수를 지었네. 그리고 동주(東州)의 장사(將士)들을 시켜 손발장단에 맞추어 불러보게 하고 피리와 북으로 반주케 하였더니 아주 장관이었네." ('선우자준에게 보내는 사 3수 중의 제2수에서) 이처럼 태수와 문인들의 모임이나 각급 관리들의 공적 또는 사적인 교제 연회에서도 주빈이 노래하고 춤 출 때에 사를 지어 서로 화답하는 것이 당시의 한 유행으로 되었다. 황제의 생신과 같은 성대한 연회에서는 가사연출이 더욱더 빼놓을 수 없는 종목으로 되었다. 어떤 황제는 개인적으로 특별히 좋아하는 사인이 있었다. 이를 테면 시민들 속에서 매우 유행되고 있는 사인 유영(柳永)의 작품은 인종제(仁宗帝) 조정(趙禎)도 매우 좋아하였으므로 술을 마실 때마다 항상 가기들에게 몇 수 부르게 하여 흥을 돋구곤 하였다. 송대 사람 진사도(陳師道)는 《후산시화(後山詩話)》에서 "(유영의) 신악부는 매우 종속적이어서 세상 사람들이 모두 부르기 좋아하였다. 마침내 황궁에까지 전해져 인종이 그 사를 무척 좋아하였으므로 술을 마실 때마다 가기들에게 두 세곡 부르게 하였다."라고 써놓았다.

300여년의 송제국 역사에서 송사는 시대와 더불어 부앙(俯仰)하면서 중국인들의 우수하고 고상한 물질생활과 풍부한 정신생활을 충실하게 기록하였다. 세월의 흐름에 대한 송대인들의 감탄, 인생의 만남과 이별에 대한 감수, 외적의 침입에 직면했을 때의 헌신적인 가족 및 국가 의식, 인생의 곤경에 처했을 때의 어려운 선택, 이러한 내용들은 어느 하나도 일상생활의 노래 속에 반영되고 전해지지 않은 것이 없으며 그것은 또한 송사의 풍부하고 다양한 사상내용을 구성하였다. 한 세대 또 한 세대의 천재적인 사인들은 뜨거운 창작흥취와 불같은 창작정력으로 시가(詩歌)와 사부(辭

賦), 산문(散文) 등 우아한 문학원소를 송사의 창작에 융합시켜 송사의 예술적 기교를 끊임없이 끌어올렸다. 소식의 '시를 사로 만들기', 주방언의 '부를 사로 만들기', 신기질(辛棄疾)의 '문장을 사로 만들기' 등은 바로 획기적인 의미를 지니는 개척이었다. 그러나 송제국 말기에 이르러 송사의 가창연출은 더 유행되지 않았고 그 품격이 점차 우아한 데로 나아가는 추세였으며 노래가사도 점차 열독에 적합한 사체로 변화하여 탁상문학의 일종으로 되었다.

2

공간적으로 송사의 가창과 영향은 종래로 송제국 강역에만 국한되지 않았고 인국 각지에까지 널리 전파되었다. 이를 테면 서북쪽의 인국인 서하(西夏)에도 유영의 작품이 유행되어 인적이 있는 곳마다에 유영의 사로 지은 노래가 있었으며 "우물이 있는 고장이면 유영의 사로 지은 노래를 들을 수 있었다" [송•여몽득 《피서녹화(避暑錄話)》]고 할 정도였다. 송제국의 다른 한 이웃인 동북쪽의 고려(高麗)국에도 송나라의 악곡과 악기, 가사가 대량으로 전파되었다. 《고려사(高麗史)•악지(樂誌)》에 따르면 고려왕국이 도입한 송나라의 궁전 출연용 송사는 무려 70수에 달하였으며 그중 55수는 후에 송나라에서도 실전되었다고 기록되어 있다.

서기 1279년에 송대가 종결됨에 따라 송사의 가창기능도 점차 소실되었다. 그러나 시가(詩歌)와 어깨를 나란히 하는 문학장르로서의 송사는 그 영향력이 비로소 시작단계에 들어섰다. 송대 이후의 수백년에 걸친 문학발전 과정에서 작사는 중국 전통 문인들의 중요한 기능과 신분의 상징으로 되었으며 그후에 유행된 재자가인들의 소설과 희곡에서도 '시사(詩詞)와 곡부(曲賦)는 아니 쓰이는 데가 없고 기금서화(棋琴書畵)에서도 정화되지 않은 것이 없어' 남자 주인공들의 경전레이블로 되었다. 송대의 각종 문학작품 중에서 현존 수량으로 말하면 송사가 결코 가장 많은 것은 아니다. 《송시전집(全宋詩)》에는 6,000여명 작자, 20여만 수의 작품이 수록되어 있고 《송문전집(全宋文)》에는 9,000여명 작자, 10여만 편의 작품이 수록되어 있지만 《송사전집(全宋詞)》에는 1,400여명 작자, 2만 1,000여 수의 작품이 수록되어 있을 뿐이다. 그러나 송사는 줄곧 송대의 대표문학으로 꼽혀왔다. 송대의 저명한 태평(太平)노인의 저서 《수중금(手中錦)》에 열거된 한(漢), 진(晉), 당(唐), 송(宋), 원(元) 5대(代)의 기예

(技藝), 즉 '한(漢)대의 전서(篆書), 진(晉)대의 문자(文字), 당(唐)대의 시(詩), 송(宋)대의 사(詞), 원(元)대의 곡(曲)' 에도 송사는 이미 한 자리를 차지하고 있었다. 원(元)대 사람 나종신(羅宗信)의 《중원음운(中原音韻)•서(序)》에도 "세상 사람들은 당시와 송사, 대원의 악부를 나란히 언급하고 있는데 그것은 실로 옳은 견해이다' 라고 하면서 당시와 송사, 원곡을 병렬시켜 놓았다. 명(明)대 사람 호응린(胡應麟)은 《소실산방집(少室山房集)》에서 송사를 송대문학에서는 더 초월할 수 없는 높이에 올려 놓고 "한대의 사(史), 진대의 서(書), 당대의 시(詩), 송대의 사(詞), 원대의 곡(曲)과 같은 것은 그 전문성을 대체할 수도 없고 그 정화를 모방할 수도 없으므로 후세 사람들이 아무리 뒤를 따른다 해도 그 나머지에 불과하다" 고 했다. 근대의 학자 왕국유(王國維)는 저서 《송원대 희곡사(戲曲史)•서(序)》에서 '세대마다 그 세대의 문학이 있다' 는 견해를 내놓으면서 송사는 송대 문학의 대표라고 하였고 "무릇 세대마다 그 세대의 문학이 있는 만큼, 초(楚)의 소(騷), 한(漢)의 부(賦), 육대(六代)의 변어[駢語, 사륙변려문(四六駢儷文)], 당(唐)의 시, 송(宋)의 사, 원(元)의 곡은 모두 이른바 그 세대의 문학이므로 후세 사람들은 미치지 못할 것이다" 라는 정론을 내렸다.

현존 송사 작품을 전면적으로 수집하고 수십년 동안의 정리작업을 거쳐 최종적으로 완성한 《송사전집(全宋詞)》이 편찬되었다. 그 과정은 대체로 다음과 같다.

1. 1937년, 당규장(唐圭璋) 선생이 편찬한 《송사전집》이 1940년에 상해상무인서관의 명의로 홍콩에서 선장본으로 출판되었다. 그중에는 사인 1,219명, 사작품 2만여 수가 수록되어 있다.

2. 1965년, 왕중문(王仲聞) 선생의 교정과 보충을 거쳐 북경중화서국이 재판하였다. 그중에는 사인 1,393명, 사작품 2만 625수가 수록되어 있다.

3. 1981년, 공범례(孔凡禮)가 편집한 《송사전집 보충편》을 중화서국이 출판하였다. 사인 141명, 사작품 430 수가 수록되어 있다.

4. 1999년, 중화서국이 《송사전집》을 재판했다. 번지체를 간자체로 바꾸고 《송사전집 보충편》까지 한데 포함시킴으로써 《송사전집》에는 최종적으로 사인 1,493명, 사작품 2만 2,055수가 수록되었다.

《송사전집》 편찬작업이 완성됨으로써 전면적인 주석과 평론 여건이 마련되었다. 지금까지 출판된 《송사전집》의 주석본과 평론본으로는 주로 두 가지가 있다.

1) 주덕재(朱德才)가 책임편집한 《증정주석(增訂注釋) 송사전집》, 문화예술출판사, 1997년 출판.

이 주석본은 당규장이 편찬한《송사전집》(1965년판)을 저본으로 사인들의 연대순에 따라 4권으로 나누고 《송사전집》 외의 사작품 500여 수를 더 증보했다. 주석부분은 보기 드물고 어려운 어휘의 해석과 전고의 밝힘을 기본으로 하고 해제(解題)나 개괄은 하지 않았으며 이설(異說)도 열거하지 않았다.

2) 주독문(周篤文), 마홍영(馬興榮)이 책임편집한 《송사선집 평론 및 주석》, 학원(學苑)출판사, 2011년 출판.

이 주석본도 당규장이 편찬한《송사전집》(1965년판)을 저본으로 사인들의 연대순에 따라 배열하고 사작품 243수를 더 증보함으로써 도합 사인 1,500여명, 사작품 2만 500여 수를 수록했다.

사람들의 노래와 열독에 편의를 도모하고자 송대 사람들은 대량의 사선집을 편찬하였지만 오늘까지 유전된 것은 겨우 10가지 밖에 안된다.

① 공이(孔夷) 《난완곡집(蘭畹曲集)》1권

② 황대여(黃大輿) 《매원(梅苑)》10권

③ 동양거사(鲖陽居士) 《복아가사(復雅歌詞)》1권

④ 증조(曾慥) 《악부아사(樂府雅詞)》3권, 습유 2권

⑤ 상세창(桑世昌) 《회문류취(回文類聚)》1권

⑥ 황승(黃升) 《당송제현절묘사선(唐宋諸賢絶妙詞選》10권,

⑦ 조문례(趙聞禮) 《양춘백설(陽春白雪)》8권, 외집(外集) 1권

⑧ 증수본(增修本) 《초당시여(草堂詩餘)》 전집(前集) 2권, 후집(後集) 2권

⑨ 《악부보제(樂府補題)》1권

⑩ 주밀(周密) 《절묘호사(絶妙好詞)》7권

3

송(宋)대 이후, 사선(詞選) 편찬작업은 송사를 전파하는 주요 수단이었으며 사람들이 송사를 읽고 감상하며 배우는 중요 방도였다. 원(元), 명(明), 청(淸)대에 이르러 더욱 많은 사선집이 출간되었는데 그중 영향력이 가장 큰 것으로 3개 종류가 있다.

1) 명대, 진요문(陳耀文)의 《화초췌편(花草萃編)》 24권;

2) 청대, 주이존(朱彝尊)의 《사종(詞綜)》 30권;

3) 청대, 장혜언(張惠言)의 《사선(詞選)》 2권.

마지막 2종류의 사선집은 통행하는 독본으로 되었을 뿐만 아니라 각각 청대의 절서(浙西, 절강 서부)와 상주(常州) 두 사파의 작사 본보기로 되었다.

민국(民國) 이후, 사(詞), 특히 송사를 연구하고 감상하는 것은 하나의 조류로 되었고 작사도 많은 사람들의 취미로 되어 사학(詞學)은 한때 현학(顯學, 저명한 학설)으로 되었다. 따라서 연구, 보급용 송사선집 및 주석본이 대량 나타났으며 많은 동시대의 사선집도 흔히 송사를 기본으로 하였다. 그중 영향력이 비교적 큰 것으로 아래의 몇 가지가 있다.

(1) 주조모(朱祖謀)의 《송사삼백수》, 1924년에 초판; 1934년 당규장의 《송사삼백수 전주(箋注)》 [신주국광(神州國光)출판사 간행]. 두 판본은 후에 여러 차례 첨삭되었다.

(2) 호적(胡適)의 《사선(詞選)》, 1927년 상무인서관(商務印書館) 출판. 이 선집에는 당송시대 사인 39명, 사작품 351수가 수록되어 있으며 그중 송대 사인 22명, 사작품 295수가 들어있다.

(3) 용유생(龍楡生)의 《당송명가사선(唐宋名家詞選)》, 1934년 개명(開明)서점 출판, 당송시대 사인 42명, 사작품 489수가 수록되어 있으며 그중 송대 사인 26명, 사작품 380수가 들어있다.

(4) 호운익(胡云翼)의 《송사선》, 1962년 중화서국 상해편집소에서 출판, 송대 사인 74명, 사작품 296수가 수록되었다.

이러한 사선집들의 영향력은 시간의 길이와 범위의 넓이, 그리고 구체적인 발행량에서 보아낼 수 있다. 예를 들면 호운익의 《송사선》은 현재까지의 발행량이 누계 수백만 권에 달한다.

신시기에 들어와, 송사에 대한 연구는 학술계의 현학으로 되었고 송사를 감상하고 열독하는 것은 대중의 유행으로 되었다. 송사의 외국어 번역은 민국 이후, 국내외 학자들이 많은 시험을 해보았지만 규모가 작을 뿐만 아니라 흔히는 사를 중국 고시(古詩)와 문선(文選) 번역의 범위에 포함시키고 전문적으로 사선집을 편집 번역한 것이 적었으므로 별로 큰 영향을 미치지 못하였다. 20세기 후반에 와서 중화문화의 영향력이 커짐에 따라 국내외 학자들이 중국 특색 장르의 하나인 사(詞)의 현실적 의미에 주목하기 시작하였고 시가(詩歌)의 번역 소개에서 사가 차지하는 비중도 점차 커졌다. 따라서 송사선집의 전문적인 편집과 번역이 시작되었다. 영향력이 비교적 큰 것으로 아래의 몇 가지가 있다.

1) C. H. Kwock and Vincent Mchugh. 선역 Old friend from far away: 150 Chinese poems from the great dynasties), North point press, 1980;

2) Kang-I Sun Chang, Haun Saussy 선역 Women Writers of Traditinal China: An Anthology of poetry and Criticism, Stanford Universiti Presss, 1980;

3) Landau, Julie 선역 Beyond spring: tz' u songs of the song Dynasty, Columbia University Peess, 1944;

4) 허연충(許淵冲) 선역《당송사일백수》, 상무인서관, 1986;

5) 서충걸(徐忠杰) 선역《사일백수 영역(英譯)》, 북경어언학원출판사, 1986;

6) 왕계문(王季文) 선역《송사영역(英譯)》, 대만황관(臺灣皇冠)출판사, 1989;

7) 허연충 영역 《송사삼백수》, 호남(湖南)출판사, 1996;

8) 양헌익(楊憲益), 대내질(戴乃迭) 등 선역 《송사》, 외문출판사, 2001.

한 가지 짚고 넘어가야 할 점은 근대 이후의 송사선집 대외번역홍보에는 다음과 같은 몇가지 특징에 있다. 첫째, 주로 영문번역이 기본이고 기타 어종은 비교적 적은 편이었다. 둘째, 다수의 선집 편찬과 주석은 주로 학술연구와 교학에 편의를 제공하기 위한 데 목적이 있었고 문화보급 차원의 관련도가 비교적 적었으며 설사 있었다 하더라도 구체적인 조작에서 아직 성숙되지 못한 상황이었다. 셋째, 번역홍보에서 송사의 문학성에 치중하고 작품에 내재한 문화정보에 대해서는 게시가 부족하였다. 이러한 요소들 때문에 오랜 세월에 걸쳐 허연충 선생이 번역한 영어와 프랑스어 송사선집 이외에 유행 범위가 넓고 영향력이 큰 송사선집역본이 별로 없었고 호운익 선생의 《송사선집》처럼 발행량이 100만 권을 넘는 유행본은 더욱 찾아보기 어려웠다.

"대중화문고"의 편집 원칙과 요구에 보다 잘 부합되고 또 외국 독자들의 열독습관과 문화배경에도 더욱 잘 부합되게 하고자 본 선집 편집팀은 송사와 관련된 권위 판본들을 널리 참조하며 232수의 송사를 정선하여 본 선집에 수록하였다. 그 중에는 송사의 예술적 성과를 충분히 구현한 대표적이고도 아름다운 명편이 있는가 하면 서로 다른 역사 단계에 창작된 다양한 풍격의 송사 명작도 들어 있다. 이밖에 이러한 작품들에 대한 독자들의 이해를 돕기 위해 본 선집은 작품에 관련되는 필요한 주해를 첨가했다.

한가지 밝히고 싶은 점은 역자가 한국어로 번역하는 과정에서 한국독자들의 열독 흥취를 고려하여 중국어 주해를 적절한 선에서 첨삭과 조절을 가했으므로 본 선집의 한국어 주해가 중국어 주해와 완전히 일치하지 않다는 것이다. 이점에 대해 독자들의 양해를 바라는 바이다.

끝으로 많은 독자들이 《송사선집》을 통해 당대 중국인들의 정신적 심층 내실이 형성될 수 있은 요소에 대해 인식함과 동시에 중국 전통문화의 매력을 감수할 수 있기를 바라마지 않는다.

중국방송통신(傳媒)대학교 교수, 문학박사

동희평(董稀平)

2016년12월 북경에서

目　　录

차 례

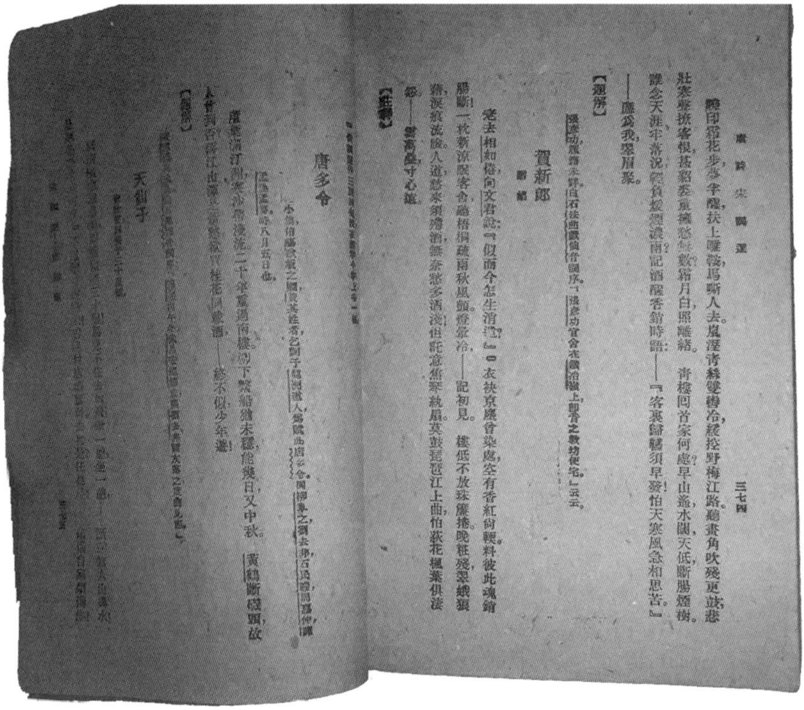

《全宋词》书影

《송사선집》(내용물) 사진

王禹偁

954—1001年，北宋诗人、散文家。宋太宗太平兴国八年（983年）进士，终官黄州知府，故世称“王黄州”。其诗平易畅达，词格调深沉，雄浑有力。代表作《点绛唇》以清丽取胜，是宋初词坛别具一格的佳作，也是王禹偁传世的唯一词作。

点绛唇

感兴

雨恨云愁，
江南[1]依旧称佳丽。
水村渔市，
一缕孤烟细。

[1] 江南：指长洲（今江苏苏州）。王禹偁于宋太宗太平兴国八年（983年）中进士，授成武（今属山东）主簿，迁大理评事。次年，改任长洲知县。这首词就是王禹偁任长洲知县时的作品。

왕우칭

왕우칭(王禹偁, 서기 954년~1001년), 북송(北宋)의 시인과 산문가이다. 송(宋) 태종 태평 흥국 8년(서기 983년)에 진사(進士)에 급제하여 평생 관직이 황주지부(黃州知府)에 머물러 있었으므로 사람들은 그를 '왕황주'라고 불렀다. 그의 시(詩)는 알기 쉽고 유창하며 사(詞)는 격조가 무겁고 힘있다. 대표작인《점강순(点絳脣)》은 참신하고 아름답기로 뛰어나 송(宋)대 초기 사단에서 유다른 가작으로 손꼽히며 또한 왕우칭의 유일한 전세 작품이기도 하다.

점강순
— 느낀 바 있어

수심어린 비구름(무겁게) 드리워도
강남[1]은 여전히 아름답기만 하구나.
(띄엄띄엄 자리한) 강촌과 어시장에선
한가닥 저녁연기 외롭게 피어오르네.

---

[1] 강남: 장주[長州, 오늘의 강소성 소주(蘇州)]를 말함. 왕우칭은 송(宋) 태종 태평 흥국 8년(서기 983년)에 진사에 급제하여 성무(成武, 오늘의 산동에 속함) 주박(主薄)을 제수받고 대리(大理) 평사(評事, 재판관)로 갔다가 이듬해에 장주지현(知縣)으로 전임했다. 이 사(詞)는 왕우칭이 장주지현으로 있을 때 지은 작품이다.

天际征鸿，
遥认行如缀。[1]
平生事，
此时凝睇，
谁会凭栏意？

---

[1] “天际”两句：古人常常用“征鸿”来抒写自己的情怀。这里，词人遥见冲天远去的大雁，想到了自己一生的事业。王禹偁中进士后，只当了长洲知县，这小小的芝麻官，无法实现他胸中的大志，他希望有所作为，却屡屡受挫，于是他恨无知音，愁无双翼，不能像“征鸿”一样展翅高飞。词人将青春不再，事业无成的感叹凝聚在对“天际征鸿”的睇视之中，含蓄深沉。

저 멀리 하늘가[1] 를 나는 기러기떼
점점이 줄지어 흐트러짐 없는데
(내) 평생의 소망 이루지 못한 채
난간에 기대어 (저들을) 여겨보나니
그 누가 이내 마음 알아주리오 ?

---

[1] '저 멀리 하늘가' 두 구절 : 옛날 사람들은 흔히 떠나가는 기러기로 자기의 정감을 표출하곤 하였다 . 여기서 저자는 멀리 하늘가를 나는 기러기를 보자 자기가 '평생을 두고 이루지 못한 소망' 을 연상하게 된다. 왕우칭은 진사로 급제한 후 내내 장주지현이라는 관직에 머물러 있었다 . 이 하찮은 미관말직으로는 자기의 커다란 포부를 실현할 방법이 없었고 또 그 어떤 성과를 내고 싶어도 번마다 좌절만 당하였다 . 그러므로 그는 지음 (知音) 이 없고 동반자가 없이 '멀리 떠나가는 기러기처럼 마음껏 높이 날지 못하는' 처지를 개탄한다 . 저자는 다시 오지 못할 청춘 , 이루지 못한 욕망에 대한 한을 '하늘가를 나는 기러기떼' 를 여겨보는 눈길에 담음으로써 작품을 보다 함축적이고 여운이 깊게 한다 .

寇 准

961—1023年，北宋政治家、诗人。曾任同知枢密院事、参知政事等职，有政治才能，并以刚直足智著称。他善诗能文，其词以清新流畅见长，情景交融，充满画意。

踏莎行[1]

春暮

春色将阑，
莺声渐老，
红英落尽青梅小。
画堂人静雨蒙蒙，
屏山半掩余香袅。

密约沉沉，
离情杳杳，

[1] 这首伤时惜别之作，上片写暮春季节寂寥无人的景象，下片写离情，情景交融，意境浑然，风格清新，堪称闺怨词中的佳作。

구 준

구 준(寇準, 서기 961 ~ 1023 년), 북송(北宋)의 정치가와 시인으로 한때 동지구밀원사(同知樞密院事), 참지정사(參知政事) 등 직을 맡았다. 그는 정치 재능이 뛰어났으며 강직하고 지혜로워 이름이 났다. 그는 시와 문장에도 능숙하였다. 그의 사는 청신하고 유창하며 정경이 잘 어우르고 경지가 그림같다.

답사행[1]
— 늦봄

봄빛은 어느덧 저물어가고
꾀꼬리 울음소리 쇠어가는데
붉은 꽃잎 다 지고 청매만 다닥다닥.
밖에 내리는 실비에 방안은 쓸쓸하고
반쯤 열린 병풍 위로 남은 향기 넘어오네.

은밀한 그 약속 감감 무소식
이별의 애틋한 정 깊어만 가니

---

[1] 이 사는 이별의 슬픔을 그린 작품으로 전단에서는 늦봄의 쓸쓸한 정경을 묘사하고 후단에서는 이별의 애틋한 정을 표출하고 있다. 정경(情景)이 한데 어우르고 풍격이 참신하며 언어가 유창하여 이른바 규원사(閨怨詞) 중의 가작이라고 할 수 있다.

菱花[1]尘满慵将照。
倚楼无语欲销魂，
长空暗淡连芳草。

[1] 菱花：在中国古代，铜镜中有一种八角菱花形的镜，也有镜背面铸有菱形花纹的镜子，故用菱花代称。

먼지 덮인 마름꽃[1] 더는 안 보리라.
누각에 기대어 넋을 놓고 있노라니
흐릿한 하늘이 (멀리) 방초에 이어졌네.

[1] 마름꽃: 중국 고대의 구리거울 중에는 팔각 마름꽃 모양의 거울이 있었고 거울 뒷면에 마름꽃 문양을 낸 거울도 있었으므로 여기서는 마름꽃으로 거울을 비유하고 있다.

潘 阆

？—1009 年，北宋著名隐士、文人。为人疏狂放荡，一生颇富传奇色彩。早年因能作诗被人推荐，进士及第，后几度被贬，晚年遨游于大江南北。其词多写自然风光。

酒泉子

其十

长忆观潮，
满郭人争江上望。
来疑沧海尽成空，
万面鼓声中。

弄潮儿[1]向涛头立，

---

[1] 弄潮儿：弄潮，是指江河湖水暴涨时人们在水中戏水竞渡。相传八月十五钱塘大潮，吴地数百位擅长游泳的少年，都手持大旗，争先恐后地迎着潮头，在万丈波涛中出没腾飞，做出各种姿势，尽管如此，旗帜却一点没有沾湿。后来就用“弄潮儿”指朝夕与潮水周旋的水手或在潮中戏水的少年。比喻勇敢、有进取精神的人。

반 랑

반 랑(潘閬, ? ~ 1009 년), 북송(北宋)의 이름난 은사(隱士)와 문인으로 사람됨이 거칠고 방탕하여 한 평생 전기적인 색채가 다분하였다. 젊어서는 작시에 유능하여 사람들에게 천거되고 진사에 급제하기도 했으나 후에는 여러 차례 강직되었다. 만년에는 장강(長江, 양자강) 남북을 떠돌아다니며 강호에 묻혀 살았다. 그의 사는 대부분 자연풍광을 그리었다.

주천자

— 제 10 수

그 옛날 (전당강) 조수 구경할 적엔
온 성안 사람들 강가로 달려왔었지.
바닷물이 하늘에서 마구 덮쳐오듯
일만 개 북소리마냥 (하늘 땅) 진동했거니.

파도타는 건아들[1] 물결 위에 우뚝 서고

---

[1] '파도타는 건아들' : 파도타기란 강하천이나 호수물이 갑자기 불어날 때 사람들이 물속에 뛰어들어 도강 또는 물장난을 하는 것을 말한다. 전설에 따르면 해마다 8 월 15 일 전당강 조수가 밀려 올 때면 고대 오(吳)나라 지역의 수영 명수들이 손에 큰 깃발을 쳐들고 앞을 다투어 조수를 맞받아 사나운 파도속을 출몰하며 각종 자세를 연출하였는데 아무리 물속을 누비어도 깃발은 조금도 젖지 않았다고 한다. 후에 '파도타는 건아들' 이라고 하면 조석으로 조수를 다루는 수부 또는 조수를 타고 노는 젊은이들을 지칭하였다. 말하자면 용감하고 진취성이 강한 사람들을 비유한 것이다.

手把红旗旗不湿。
别来几向梦中看，
梦觉尚心寒。

손에 든 붉은기 (높이) 휘날렸더라 .
고향 떠나 몇 번을 꿈 속에서 보았던가
(그때마다) 벅찬 가슴 달래지 못했었네 .

林逋

967—1028年，北宋初年著名隐逸诗人。他性格孤高自傲，喜欢恬淡的生活，隐居西湖孤山二十余年，终生不仕不娶，种梅养鹤，人称“梅妻鹤子”。他以诗词闻名，其诗词风格澄澈淡远，情致淡雅，率性自然。

长相思[1]

吴山青，
越山青，
两岸青山相送迎。
谁知离别情？

君泪盈，

[1] 这首词用传统民歌的咏叹形式，以清新优美的语言，唱出了吴越青山绿水间的地方风情以及女主人公的爱情生活，成为唐宋爱情词苑中别具一格的佳作。

임 포

임 포(林逋, 서기 967 년~ 1028 년), 북송(北宋) 초년의 이름난 은일사인(隱逸詞人)으로 성격이 고고하고 자중하여 편안하고 조용한 생활을 즐겼으며 20 여 년을 서호(西湖)의 고산(孤山)에서 은거하며 평생 독신으로 벼슬과는 담을 쌓은 채 매화를 가꾸고 학을 기르며 살았다. 사람들은 그를 '매처학자(梅妻鶴子, 매화를 안해로, 학을 아들로 삼다)' 라고 했다. 그는 시와 사로 이름났으며 그의 시와 사는 풍격이 투철하고 담연다.

장상사[1]

오산[2] 은 푸르고

월산[3] 도 푸르네.

양안의 푸른 산 오가는 이 맞고 바래건만

이별의 쓰라림 그 누가 알아주랴?

임이 울고

이 사는 전통 민요의 영탄(咏叹)형식을 취하였다. 참신하고 아름다운 언어로 오월(吳越) 땅 청산녹수의 지방풍정 및 여주인공의 애정을 노래함으로써 당송(唐宋) 시대 애정사원(詞苑)의 독특한 가작으로 손꼽힌다.

오산: 오늘의 절강성 항주시, 전당강 북쪽 기슭에 있다.

월산: 전당강 남쪽 기슭에 있으며 이곳은 옛날 월(越) 나라에 속했었다.

妾泪盈，

罗带同心结[1]未成。

江头潮已平。

[1] 同心结：中国古代男女情深，往往用丝绸带打成一个心形的结，象征着永结同心。

나도 우네.

비단띠 동심결[1] 을 엮기도 전에

밀물은 어느새 강둑에 닿았구나.[2]

---

1 비단띠 : 옛날 사람들은 남녀간에 정이 깊어지면 비단띠로 심장모양의 매듭(동심결)을 지어 사랑의 상징으로 삼았다.

2 이 구절은 전당강 밀물이 이미 강둑 높이만큼 차올라 배가 곧 떠나게 되었음을 말한다.

钱惟演

977—1034年，北宋大臣、文学家，曾任工部尚书等职。博学能文，在文学创作上颇有建树，以诗词闻名。其词纤丽凄婉，多表现政治失意和垂暮感伤之情，代表作《木兰花》颇能体现其特色。

木兰花

城上风光莺语乱，
城下烟波春拍岸。
绿杨芳草几时休？
泪眼愁肠先已断。

情怀渐觉成衰晚，
鸾镜[1]朱颜惊暗换。
昔年多病厌芳尊，
今日芳尊惟恐浅。

[1] 鸾镜：传说罽宾（汉朝西域国名）王得到了一只鸾鸟，三年不鸣。大王听说它只有见了同类才会叫，就悬挂一面镜子让它照。鸾鸟在镜中见自己身影，悲鸣冲天，一奋而死。后人在诗词中多以鸾镜表示临镜而生悲。镜子也就被称为鸾镜。

전유연

전유연(錢惟演, 서기 977 년~ 1034 년), 북송(北宋)의 대신이며 문학가로서 한때 공부상서(工部尙書) 등 관직을 맡았었다. 박식하고 문장에 뛰어났으며 문학창작에서 많은 성과를 이루었다. 그는 시와 사로 이름났는데 그의 사는 섬세하고 은은하며 대부분이 정치적 실의와 만년의 슬픔을 드러낸 것들이다. 대표작《목란화(木蘭花)》는 그 특색을 훌륭히 표현하고 있다.

목란화

성 위엔 봄빛 속에 꾀꼬리 듣그럽게 울고
성 밑엔 안개 덮인 봄물이 언덕을 치누나.
녹양방초 시들 때는 언제이런가?
눈물 글썽이며 시름으로 애간장 태우네.

품었던 정은 갈수록 시들어만 가고
난경[1] 속 홍안은 놀랍게도 늙었구나.
예전에는 병이 많아 술잔을 마다했건만
이제는 (오히려) 술잔이 바닥날까 두렵네.

---

[1] 난경(鸞鏡): 전설에 계빈[罽賓, 한(漢)대 서역의 한 나라 이름] 왕이 난새 한 마리를 구했는데 3 년이 지나도록 울지 않았다고 한다. 왕은 그 새가 같은 또래를 만나야만 운다는 말을 듣고 거울을 가져다 걸어놓고 새를 비쳐보였다. 난새는 거울 속의 자기 모습을 보더니 비명을 지르며 하늘 높이 날아올라 분연히 죽어버렸다. 후에 사람들은 시사(詩詞)에서 난경, 즉 거울을 보면 슬퍼진다는 뜻으로 표현했다. 따라서 거울을 난경이라고도 일컫는다.

柳 永

约984—约1057年，北宋著名词人，婉约派代表人物。官至屯田员外郎，世称“柳屯田”。为人放荡不羁，仕途坎坷，终身潦倒。精通音律，创作了大量适合歌唱的慢词长调，是北宋第一个专力写词的词人，《雨霖铃》《八声甘州》等均有名。他以其独特的艺术个性，在词史上产生了较大的影响，特别是对北宋慢词的兴盛和发展有重要作用。

雨霖铃 [1]

寒蝉凄切，
对长亭晚，
骤雨初歇。
都门帐饮无绪，
留恋处，
兰舟催发。
执手相看泪眼，
竟无语凝噎。
念去去千里烟波，

[1] 此词是词人柳永从汴京南下时与一位恋人的惜别之作。上片细腻刻画了情人离别的场景，抒发离情别绪；下片着重描写想象中别后的凄楚情状。全词绘景直白自然，场面栩栩如生，将情人惜别时的真情实感表达得缠绵悱恻，堪称抒写别情的千古名篇，也是柳词和婉约词的代表作。

유 영

유 영 (柳永 , 서기 약 987 년~약 1057 년), 북송 (北宋) 의 이름난 사인 (詞人) 으로 완약파의 대표적 인물이다 . 벼슬이 둔전원외랑 (屯田員外郎) 에 이르렀으므로 사람들은 그를 '유둔전 (柳屯田)' 이라고 불렀다 . 사람됨이 여지없이 방탕하고 벼슬길이 순탄치 않아 평생을 가난하게 살았다 . 음률을 정통하여 노래로 부르기 좋은 만사장조 (慢詞長調) 를 많이 창작하였으며 북송 (北宋) 의 첫 전문 작사인으로 그의《우림령》과《팔성감주》등은 모두 명작들이다 . 그는 독특한 예술적 개성으로 사사 (詞史) 에 비교적 큰 영향을 미쳤으며 특히 북송 (北宋) 만사 (慢詞) 의 흥성과 발전에 중요한 역할을 하였다 .

우림령[1]

늦가을 매미 구슬피 울고
길가의 정자에 날이 저무는데
(퍼붓던) 소나기 어느새 그쳤구나 .
성문 밖 천막에서 술맛 잃고
이별이 아쉬워 머뭇거릴 제
배는 떠나기를 재촉하누나 .
손잡고 마주보는 이슬맺힌 눈길

---

[1] 이 사 (詞) 는 저자가 변경 (汴京) 에서 남방으로 내려 갈 때 한 연인과 작별하면서 지은 것으로 전단에서는 연인과의 이별 장면을 섬세하게 묘사하여 이별의 아쉬움을 토로하였고 후단에서는 주로 이별 후의 슬프고 저랑해질 정경을 상상해 본다 . 작품은 풍경묘사가 자연스럽고 생동감 넘치며 내용이 함축적이고 깊이가 있을 뿐만 아니라 연인과 이별하는 슬픔과 괴로움을 실감있게 감동적으로 표현함으로써 이른바 이별의 정을 서정시로 엮은 천고의 명작이라 할 수 있다 . 이 사는 유사 (柳詞) 와 완약사 (婉約詞) 의 대표작으로 손꼽힌다 .

暮霭沉沉楚天[1]阔。

多情自古伤离别，
更那堪冷落清秋节！
今宵酒醒何处？
杨柳岸晓风残月。[2]
此去经年，
应是良辰好景虚设。
便纵有千种风情，
更与何人说？

[1] 楚天：楚在南方，这里泛指南方的天空。

[2] “今宵”两句：词人想象酒醒后的情景：一舟临岸，只见习习晚风吹拂着萧萧杨柳，一弯残月高挂在杨柳梢头。“柳”“留”谐音，词人以景写情，难留的不舍，难见的忧伤，写得真切动人。

목메어 차마 말을 못하네.
가도가도 끝없을 연파 천리 길
저녁안개 자욱한 초나라 하늘[1] 이여.

다정할수록 이별은 더욱 슬프거니
하물며 쓸쓸한 이 가을 어이 견디랴.
오늘 밤[2] 술깨면 몆을 곳 어디메뇨?
수양버들 늘어선 언덕에
새벽 바람 차갑고 조각달 걸려있겠지.
이제 떠나가 세월이 흐르면
호시절 좋은 경치 무슨 소용이랴.
설사 천만 가지 풍정 있다한들
(내) 누구와 더불어 주고 받으리오!

---

1 '초나라 하늘' : 초(楚)나라는 남방에 있었으므로 여기서는 남방의 하늘을 가리킨다.

2 '오늘 밤' 두 구절: 저자는 술을 깨고난 후의 상황을 상상해 본다. '배가 깅기슭에 닿으면 밤바람에 버들과 백양이 설레이고 조각달이 나무가지 끝에 달려 있을 것이리라.' 저자는 경치를 빌어 심정을 토로하며 석별의 정과 슬픔을 절절하게 표출하여 독자들로 하여금 무한한 실의에 빠져들게 했으므로 '고금의 뛰어난 명구' 로 후세에 길이 전해지고 있다.

蝶恋花

伫倚危楼风细细，
望极春愁，
黯黯生天际。
草色烟光残照里，
无言谁会凭栏意？

拟把疏狂图一醉，
对酒当歌，
强乐还无味。
衣带渐宽终不悔，
为伊消得人憔悴。[1]

---

[1] “衣带”两句直抒胸臆，画龙点睛般揭示了主人公的精神境界，他的“春愁”不过是相思之愁。词人对恋情的执着，使这两句成为千古传颂的名句。

접련화

높은 누각에 올라서니 바람은 산들산들
한껏 멀리 바라보니 봄날의 시름이
어렴풋이 하늘가에 피어오르네.
푸른 풀 저녁 연기 노을 속에 묻히는데
난간에 기대선 이내 마음 누가 알리오?

미친 듯이 한바탕 취하고 싶어
술잔 기울이며 노래 부르건만
억지로 해보는 즐거움 되려 무미하구나.
허리띠 헐거워도 후회치 않으리니
그대 위해서라면 이몸이 야윈들 대수랴.[1]

---

[1] '허리띠 헐거워도' 두 구절: 마음 속에 품고있던 주인공의 정신적 경지를 화룡점정(畵龍点睛)적으로 털어 놓는다. '봄날의 시름' 이란 실은 그리움 때문이었다. 사랑에 대한 저자의 집착은 이 두 구절로 하여금 천고의 명구로 되어 후세에 전해지게 하였다.

定风波

自春来惨绿愁红，
芳心是事可可。
日上花梢，
莺穿柳带，
犹压香衾卧。
暖酥消，
腻云亸，
终日厌厌倦梳裹。
无那！
恨薄情一去，
音书无个。

早知恁么，
悔当初不把雕鞍锁。
向鸡窗[1]，

---

[1] 鸡窗：相传晋人宋处宗买得一长鸣鸡，能与处宗谈论，极有言智，终日不辍，处宗因此言巧大进。后人遂用“谈鸡”“鸡谈”等写玄谈、清谈，以“鸡窗”作为书房的代称。

정풍파

봄이 와도 방초는 시름만 자아내니
(이 내) 마음 사사건건 내키질 않네요.
해는 꽃가지 너머에서 떠오르고
꾀꼬리 버들가지 사이를 날건만
(이 몸은) 아직도 이불속에 누워있답니다.
(얼굴) 화장 지워지고
운발[1]이 흐트러져도
온종일 멍하니 빗질마저 귀찮네요.
어이하리까
박정한 임은 한번 떠나가시더니
(감감) 무소식인 것을.

진작 이럴 줄 알았더면
애당초 말안장 묶어놓고 (못가게 할 것을).
계창[2]에 다가가

---

[1] 운발(雲髮): 여자의 탐스러운 머리칼을 말함. 원문의 익운(膩雲)은 윤기 나는 머리털을, 선(嚲)은 아래로 늘어진 모양을 말함.

[2] 계창(鷄窓): 전설에 따르면 진(晉)나라 송처종(宋處宗)이 창가에 닭장을 놓고 닭 한마리를 애지중지 길렀는데 이 닭이 사람의 말을 배워 날마다 송처종과 말을 주고받은 덕분에 송처종의 말솜씨가 좋아졌다고 한다. 후세에 사람들은 '계창'으로 서재를 비유했다.

只与蛮笺象管，
拘束教吟课。
镇相随，
莫抛躲。
针线闲拈伴伊坐。
和我，
免使年少，
光阴虚过。

지필묵 가져다 바치며

공부하라 붙잡아 두었어야 했는데 .

하루 종일 쫓아다니며

(이 몸을) 버리지 못하게 하고

그이 곁에 붙어앉아 바느질이나 할 것을 .

(하지만) 나와 더불어

부질없이 젊은 시절을

헛되이 보내지 말아야 하련만 .

少年游[1]

长安古道马迟迟，
高柳乱蝉嘶。
夕阳鸟外，
秋风原上，
目断四天垂。

归云一去无踪迹，
何处是前期？
狎兴生疏，
酒徒萧索，
不似少年时。

[1] 此词写深秋时节词人在长安路上的所见所思，上片描写秋天景象的凄凉萧瑟，下片则写一切期望之落空，最后三句悲叹作者仕途坎坷、人生落寞、漂泊无依。全词情景相生，虚实互应，深刻表现了作者对人生真谛的认识。可以说，这首词是柳永一生之悲剧的高度概括和真实写照。

소년유[1]

장안 가는 옛 길에 말은 걸음도 느릿느릿
키 높은 버드나무엔 매미소리 듣그럽네.
석양속을 나는 새 그림자 멀어지고
가을 바람 벌판에 불어치는데
(보이느니) 사방은 텅 빈 하늘 뿐이네.

떠나간 구름 종적이 없으니
지난날 기약한 곳은 어디더냐?
한껏 즐기던 흥은 생소해지고
함께 했던 술친구도 적조하니
젊은 시절 그 때와는 전연 다르구나.

---

[1] 이 사는 늦가을 장안길에서 보고 느낀 바를 읊었다. 전단에서는 늦가을 풍경 묘사를 통해 나그넷길의 고달픔을 설파했고 후단에서는 '떠나간 구름' 에 비유하여 모든 기약이 허사로 돌아갔음을 피력하면서 늘그막의 심정을 마지막 세 구절로 매듭지었다. 작품은 정(情)과 경(景)이 서로 어우르고 허(虛)와 실(實)이 호응하여 유영의 불우한 평생 비극을 표현함에 있어서 높은 예술적 기예를 보여준다.

望海潮[1]

东南形胜，
三吴都会，
钱塘自古繁华[2]。
烟柳画桥，
风帘翠幕，
参差十万人家。
云树绕堤沙，
怒涛卷霜雪，

[1] 柳永一直不得志，便到处漂泊流浪，寻找晋升的途径。相传柳永到杭州后，得知老朋友孙何正任两浙转运使，便去拜会，无奈无法见到。于是写了这首词，并请歌女在孙何的宴会上歌唱。后来，孙何被吸引问起词作者，歌女说是柳永。孙何请柳永吃了一顿饭，就把他打发走了。此词是柳永的一首传世佳作。

[2] 此词一开头即以鸟瞰式镜头摄下杭州全貌。三吴，旧指吴兴、吴郡、会稽。钱塘，即杭州。此处称“三吴都会”，说明它是三吴地区的重要都市，那里人才荟萃、物产丰富、自古繁华。

망해조[1]

동남 땅은 살기 좋은 고장
삼오(三吳)의 유구한 도회지
전당은 예로부터 번화했더라[2].
안개 낀 버들숲, 그림 같은 돌다리
바람막이 문발과 화려한 휘장
십만 인가 들쑥날쑥 들앉았네.
제방따라 나무숲 구름 같고
세찬 파도 물보라 일으키는데

---

[1] 유영은 줄곧 자신의 포부를 이루지 못한 채 정처없이 방랑하며 진급 기회를 찾으려 했다. 전하는 바에 의하면 유영은 항주에 이르러 옛 친구인 송하(孫何)가 양절전운사(兩浙轉運使)의 직책을 맡고 있다는 말을 듣고 그를 만나려 했으나 만날 방법이 없었다. 그리하여 그는 이 사(詞)를 지어 가기(歌妓)에게 맡겨 손하가 참석하는 연석에서 부르게 했다. 후에 손하는 그 가기의 노래에 끌려 가사의 저자가 누구냐고 물었고 가기는 유영이라고 알려주었다. 손하는 유영을 청해 식사대접을 하고는 그냥 돌려보냈다고 한다. 이 사는 유영의 전세 가작으로 손꼽힌다.

[2] 이 사는 서두에서부터 조감하듯 항주의 전모를 펼쳐보인다. 삼오(三吳)는 옛날의 오흥(吳興), 오군(吳郡), 회계(會稽)를 말하고 전당(錢塘)은 항주를 지칭한 것이다. 여기서 말하는 '삼오의 유구한 도회지'는 또한 항주의 동남일대, 삼오지역의 중요한 도시를 지칭한 것이다.

天堑[1]无涯。
市列珠玑，
户盈罗绮，
竞豪奢。

重湖叠巘清嘉。
有三秋桂子，
十里荷花。
羌管弄晴，
菱歌泛夜，
嬉嬉钓叟莲娃。
千骑拥高牙。
乘醉听箫鼓，
吟赏烟霞。
异日图将好景，
归去凤池夸。

[1] 天堑：天然沟壑，人间险阻。一般指长江，这里借指钱塘江。

천험[1] 은 아득히 끝간데 없구나.
시장엔 진주보석 주렁지고
집집마다 화려한 비단 쌓여있나니
정녕 부화와 사치를 다투도다.

안팎 호수와 산봉들 맑고 푸른데
가을철 계화 향기 그윽히 풍기고
십리 연못에 부용이 한창이네.
화창한 대낮에 피리소리 구성지고
마름배 노래가락 어둠 속에 퍼지니
어옹도 연밥소녀도 마냥 즐기누나.
높이 든 의장기에 기마대 뒤따르고
거나한 술기운에 풍악소리 듣노라니
산수의 경치에 시흥이 절로 나네.
(내) 훗날 이 경치 그림에 담아
봉지[2] 에 돌아가 자랑해 보리라.

---

[1] 천험: 천연적인 계곡, 인간세상의 험준한 장애물. 일반적으로 장강(양자강)을 가리키는데 여기서는 전당강을 말한다.

[2] 봉지(鳳池): 봉황늪, 옛날 재상부의 소재지로서 여기서는 조정을 가리킨다.

八声甘州[1]

对潇潇暮雨洒江天，
一番洗清秋。
渐霜风凄紧，
关河冷落，
残照当楼。
是处红衰翠减，
苒苒物华休。
惟有长江水，
无语东流。[2]

[1] 此词抒写了作者落魄的愁思和仕途失意的悲慨。上片描绘登高望远，极目所见的秋江雨景；下片抒写词人对故人亲人的怀念。全词通过描写羁旅行役之苦，表达了强烈的望乡思亲之情，写出了中国古代知识分子怀才不遇、壮志难酬的典型感受。

[2] "惟有"两句：作者登高临远，面对眼前的凄凉景象，感慨万千。但作者却没明说感触，而只用"长江水无语东流"来暗示。此处的无语并不是人们常说的"无语"，而是"静静的"，暗含作者的极度失意和无奈之情。

팔성감주[1]

저녁비 세차던 강 하늘 마주하니
가을이 온통 (빗물에) 씻겼구나 .
서릿바람 갈수록 매섭고
변방의 산하 마냥 쓸쓸한데
누각은 (어느덧) 석양에 물들었네 .
여기저기 붉은 꽃 푸른 잎 시들어
화려했던 경치 사라져버리고
오로지 기나 긴 강물만 남아
말없이 동으로 흘러가누나[2].

---

[1] 이 사 (詞) 는 정처없이 방랑하는 저자의 애수와 벼슬길에서의 실의를 담고 있다 . 전단에서는 비 그은 뒤의 가을 풍경을 묘사하고 후단에서는 오랜 타향살이에 시달린 저자의 절절한 향수를 토로하였다 . 작품은 떠돌이 생활의 고달픔에 대한 묘사를 통해 고향을 그리는 강렬한 정서를 표출하고 재능이 있으면서도 펼칠 기회를 만나지 못하는 봉건사회 지식인들의 전형적인 체험을 반영하고 있다 .

[2] '오로지' 두 구절 : 높은 누각에 올라 눈앞의 쓸쓸한 풍경을 바라보는 저자는 감개무량하다 . 그러나 저자는 그것을 직설하지 않고 그저 '기나 긴 강물만이 / 말없이 동으로 흘러가누나' 로 암시할 뿐이다 . 여기서의 '말없이' 는 사람들이 흔히 말하는 '말없이' 가 아니라 '고요히' , 즉 저자의 실의와 어쩔 수 없는 심정을 담고 있다 .

不忍登高临远，
望故乡渺邈，
归思难收。
叹年来踪迹，
何事苦淹留？
想佳人妆楼颙望，
误几回天际识归舟？
争知我，
倚阑干处，
正恁凝愁！

차마 높이 올라 멀리 보지 못하노니
바라보면 고향 땅 아득히 멀고
돌아갈 마음 접을 길 없네.
아아, 몇 해를 헤매온 이내 발자취
어이하여 아직도 고달픈 타향살이냐?
그녀도 누각에서 하염없이 바라볼 테지
몇 번을 돌아오는 임의 배로 잘못 보면서.
(하지만) 그대인들 어이 알리오
내 또한 난간에 기대여
이처럼 슬픔에 잠겨 있음을!

鹤冲天

黄金榜[1]上，
偶失龙头望。
明代暂遗贤，
如何向？
未遂风云便，
争不恣狂荡。
何须论得丧？
才子词人，
自是白衣卿相。

烟花巷陌，
依约丹青屏障。
幸有意中人，
堪寻访。

1 黄金榜：中国古代科举时代录取进士的皇榜。

학충천

황금방[1] 나붙어 살펴보니
(임금님) 어쩌다 장원감 빠뜨렸나봐 .
개명한 조정이 졸지에 인재를 저버리니
(이제 나는) 어디로 가야 하나 ?
주어진 기회 붙잡지 못한 바에야
어찌 마음껏 놀아보지 않으랴 .
굳이 득실을 따져 무엇 하리오 ?
재주 갖춘 사인이건만
이 몸은 워낙 백의재상 아니더냐 .

유곽이 즐비한 거리와 골목에
어렴풋이 단청에 물든 병풍이 보이누나 .
다행이 사모하는 그녀가 있으니
어디 한번 찾아가 보세 .

[1] 황금방 : 과거시험에서 진사 (進士) 선발 결과를 발표하는 황제의 방문을 일컬음 .

且恁偎红倚翠[1]，
风流事，
平生畅。
青春都一饷。
忍把浮名，
换了浅斟低唱！

[1] 偎红倚翠：传说南唐时期，后主李煜有“偎红倚翠大师”的称号。一次他微服去妓院，见一僧人正在妓院，自己倒成了不速之客，那僧人酒令、吟唱、吹弹十分出色，李煜十分喜欢，两人谈得十分投机，于是乘醉大书“浅斟低唱偎红倚翠大师鸳鸯寺主，传持风流教法”。后偎红倚翠指玩弄妓女。

하물며 기생을 희롱함은[1]

남아의 풍류이고

평생에 (가장) 통쾌한 일이 아니더냐 .

(그러나) 젊음은 한 때의 급료일 뿐이니

차마 어찌 공명을 버리고

술과 노래로 허송세월 보내리오 !

---

[1] 원문의 위홍의취 (偎紅倚翠): 전설에 따르면 남당 (南唐) 의 후주 (后主) 이욱 (李煜) 에게는 '위홍의취 (偎紅倚翠 , 기생과 놀아나다) 대사' 라는 별명이 있었다 . 한번은 그기 평복차림으로 기방을 찾아갔더니 웬 스님이 먼저 와 있었으므로 자신은 불청객이 된 셈이었다 . 그런데 그 스님이 주령이며 음창 , 음악연주에 모두 뛰어난 것을 보고 이욱은 마음에 들었고 두 사람은 곧 의기가 투합했다 . 그리하여 술김에 "淺斟低唱偎紅倚翠大師鴛鴦寺主 , 傳持風流教法 (술잔 들고 노래 부르며 기생과 놀아나는 대사는 원앙사주가 되어 풍류교법을 전수하도다 .)" 라고 대서특필하였고 후에 '위홍의취' 는 기생을 희롱하는 뜻으로 쓰이었다 .

范仲淹

989—1052年，北宋著名思想家、政治家、文学家。官至参知政事，政绩卓著。文学成就突出，他倡导的“先天下之忧而忧，后天下之乐而乐”思想和仁人志士节操，对后世影响深远。他的词作风格、题材不拘一格，或缠绵深致，或苍劲明健，均是脍炙人口的名篇佳作。

苏幕遮

碧云天，
黄叶地，
秋色连波，
波上寒烟翠。
山映斜阳天接水，
芳草无情，
更在斜阳外。

黯乡魂，
追旅思，
夜夜除非，
好梦留人睡。

범중엄

범중엄(範仲淹, 서기 989년~ 1052년), 북송(北宋)의 이름난 사상가와 정치가, 문학가로 벼슬은 참지정사(參知政事)에 이르렀고 정치 업적이 뛰어났다. 그가 창도한 "세상의 근심을 누구보다 먼저 걱정하고 세상의 즐거움을 모든 사람이 즐긴 후에야 즐긴다(先天下之憂而憂, 後天下之樂而樂.)"는 사상과 인인지사로서의 절개가 후세에 심원한 영향을 미쳤다. 그의 사(詞)는 풍격과 소재에서 하나의 격식에 구애되지 않았고 애절함을 깊이있게 그리는가 하면 필치가 힘있고 명쾌하여 작품마다 모두 사람들의 입에 자주 오르는 명작으로 되었다.

소막차

흰 구름 감도는 푸른 하늘
낙엽이 누렇게 깔린 들판
가을 빛은 (멀리) 강물과 이어지고
물결 위로 차가운 안개 피어으로네.
노을 비낀 산마루 물위에 비낄 제
방초는 무정하게도
석양 (너머) 저쪽에 우거졌구나.

고향 생각에 (마음은) 울적하고
나그네의 시름은 쌓여만 가네.
밤이면 (밤마다) 오로지
좋은 꿈만이 나를 잠들게 하거니

明月楼高休独倚，
酒入愁肠，
化作相思泪。[1]

[1] 词末两句抒写了词人夜间被乡愁困扰，久不能寐，故借酒浇愁，但酒一入愁肠，却都化作了相思之泪。

달 밝은 높은 누각에 홀로 기대지 마라.

시름겨운 이 몸에 술이 들어가면

곧바로 그리움의 눈물로 변하리니.[1]

---

[1] 사의 마지막 두 구절: 밤잠을 이루지 못하는 저자는 술기운을 빌어 그리움을 달래보려 한다. 그러나 술은 일단 뱃속에 들어가면 도리어 그리움의 눈물로 변하여 그리움이 덜어지기는 커녕 한결더 그리움에 허덕이게 되고 가슴에 맺힌 향수는 '술' 이라는 매개를 통해 극도에 달한다.

渔家傲

塞下[1]秋来风景异，
衡阳雁去[2]无留意。
四面边声连角起。
千嶂里，
长烟落日孤城闭。

浊酒一杯家万里，
燕然未勒[3]归无计。
羌管悠悠霜满地。
人不寐，
将军白发征夫泪。

[1] 塞下：中国古代把汉族政权和少数民族政权之间的交界地方叫作“塞”或“塞上”“塞下”。这首词所说的塞下，指的是北宋和西夏交界的陕北一带。

[2] 衡阳雁去：传说秋天北雁南飞，至湖南衡阳回雁峰而止，不再南飞。

[3] 燕然未勒：指战事未平，功名未立。燕然，即今蒙古境内的杭爱山。东汉时，将军窦宪追击匈奴，曾登上燕然山刻碑（勒石）记功。

어가오

새하[1] 의 가을 풍경 (유달리) 쓸쓸하여
형양 가는 기러기[2] 도 머물 마음 없나 보다 .
사방의 온갖 소음 호각소리에 어우르고
첩첩한 산속에 석양이 비껴드니
연무 속에 외로운 성곽 (굳게) 닫혀 있네 .

술잔 들며 떠올리는 머나먼 고향 생각
연연산을 평정 못해[3] 돌아갈 날 아득하고
서리깔린 변지엔 피리소리 처량한데
사람들은 (저마다) 잠 못이루누나
머리 센 장군도 , 눈물짓는 사나이도 .

---

[1] 새하 (塞下): 고대에 한족 (漢族) 정권과 소수민족 정권간의 경계지역을 '새 (塞)' 또는 '새상 (塞上)' , '새하 (塞下)' 라고 불렀다 . 여기서 말하는 '새하' 는 북송 (北宋) 과 서하 (西夏) 의 경계인 섬북 (陝北) 일대를 지칭한 것이다 .

[2] 형양 가는 기러기 : 전설에 가을이면 북방의 기러기들이 남방으로 날아가는데 호남 형양 (衡陽) 의 회안봉 (回雁峰) 에 이르러 더는 남으로 날아가지 않는다고 한다 .

[3] 연연산을 정복 못해 : 전쟁을 끝내지 못하고 공명을 이루지 못했음을 말함 . 연연산 (燕然山) 은 오늘의 항애산 (杭愛山) 이다 . 동한 (東漢) 때에 두헌 (竇憲) 장군이 흉노의 침입을 물리치고 추격하던 끝에 연연산에 올라 기념비를 세웠다고 한다 .

御街行

纷纷坠叶飘香砌，
夜寂静，
寒声碎。
真珠帘卷玉楼空，
天淡银河垂地。
年年今夜，
月华如练，
长是人千里。

愁肠已断无由醉，
酒未到，
先成泪。
残灯明灭枕头欹，
谙尽孤眠滋味。

어가행

낙엽은 우수수 섬돌 위에 쌓이고
밤은 깊어 고요한데
쓸쓸한 가을소리 은은하구나.
문발을 걷고 보니 누각은 (텅) 비었고
맑은 하늘 은하수 땅에 드리웠네.
해마다 (찾아오는) 이 밤
달빛은 흰 비단띠런가
그이는 늘 천 리밖에 있어라.

수심에 겨워 취할 수도 없고
술은 뱃속에 닿기 전에
아예 눈물 되어 앞을 가리네.
희미한 등불 아래 베갯 머리에서
홀로 지새는 설음 고스란히 맛보네.

都来此事，

眉间心上，

无计相回避。[1]

[1] 这首词以“都来此事，眉间心上，无计相回避。”三句作结，把思妇对丈夫的思念推向高峰。“都来此事”，算来这怀旧之事，是无法回避的，不是心头萦绕，就是眉头攒聚。愁，内为愁肠愁心，外为愁眉愁脸。中国古人写愁情独具匠心，把抽象难言的愁情写得具体生动。

지난 사연 헤아려보매

미간에서나 마음속 어디에서나

(도저히) 떨쳐버릴 수 없어라.[1]

---

[1] 이 사는 '지난 사연 헤아려보매 / 미간에서나 마음속 어디에서나 / (도저히) 떨쳐버릴 수 없어라.' 라는 세 구절로 마무리함으로써 남편에 대한 아내의 그리움을 한층 더 끌어 올린다. '지난 사연 헤아려보매' 는 지나간 일들에 대한 회억을 피할 길 없어 마음속에 맴돌지 않으면 미간에 응집되기 마련이라는 뜻이다. 말하자면 수심은 안으로 창자나 가슴 속에 서리고 밖으로 미간과 얼굴에 드러난다는 것이다. 옛날 사람들은 수심을 표현할 때 매우 독창적이어서 추상적이고 표현하기 어려운 수심을 구체적이고 생동적으로 그려내었다.

张　先

990—1078年，北宋时期著名词人。善作慢词，与柳永齐名。其词意韵恬淡，意象丰富，他是一位使词由小令转向慢词过渡过程中不能忽视的功臣。

江南柳[1]

隋堤[2]远，
波急路尘轻。
今古柳桥多送别，
见人分袂亦愁生，
何况自关情。

斜照后，
新月上西城。

[1] 这是一首送别词，但词中并未具体刻画送别情事，而是以烘云托月的手法来表现一种别情。

[2] 隋堤：隋炀帝时，在开通的河渠两岸栽种柳树，后人称为“隋堤”。

장 선

장 선 (張先 , 서기 990 ~ 1078 년), 북송 (北宋) 시대의 이름난 사인으로 만사 (慢詞) 에 능숙하여 유영 (柳英) 과 어깨를 겨룬다 . 그의 사는 의운 (意韻) 이 평온하고 정서가 풍부하다 . 장선은 사 (詞) 로 하여금 소령 (小令) 에서 만사 (慢詞) 로 과도하는 과정에서 간과할 수 없는 공신이었다 .

강남류[1]

멀리 뻗은 수제 (隋堤)[2]
물살은 급하고 길에는 보얀 먼지 .
고금에 유교 (柳橋) 에서 떠나간 이 얼마이던가
저마다 이별을 아끼며 수심겨워 했었는데
(오늘은) 이 몸도 스스로 그리움 달래보네 .

석양은 비스듬이 저물어 가고
초승달 (서서히) 성곽 위로 떠오를 제

---

[1] 이 작품은 송별사이지만 결코 구체적인 송별 장면은 묘사하지 않고 일부러 고언 (苦言) 을 쓰지도 않았으며 그저 구름을 빌어 달을 돋보이게 하는 수법으로 송별의 정을 진지하게 표현했을 뿐이다 .

[2] 수제 (隋堤): 수양제 (隋煬帝) 때에 개통한 물길로서 양안에 버드나무를 많이 재배하였으므로 후세 사람들은 이를 수제 (隋堤 , 수나라 언제)' 라고 부른다 .

城上楼高重倚望，
愿身能似月亭亭，
千里伴君行。

높은 누각에 올라 멀리 바라보나니

이 몸도 저 달처럼 날씬한 몸매로

시름없이 천리길 임과 함께 가고 싶네.

更漏子[1]

锦筵红，
罗幕翠。
侍宴美人姝丽。
十五六，
解怜才。
劝人深酒杯。

黛眉长，
檀口小。
耳畔向人轻道。
柳阴曲，
是儿家。
门前红杏花。

---

[1] 张先在一次酒宴上邂逅了一位佳人。佳人年轻美丽，而且爱慕有才华的人。二人一见倾心，于是演出了一段风流佳话。此词戏剧性地描写了这一邂逅。

갱루자[1]

화려한 술자리 무르익고
푸른 비단장막 둘러친 가운데
시중 드는 여인 예쁘기도 하구나.
이팔 청춘 어린 나이에
재주 또한 능란하여
권주 솜씨 이만저만 아니네.

갸름하고 검은 눈섭
향긋한 작은 입술
손님 귓가에 나직이 속삭이네.
"이 유음곡(柳音曲)은
저의 노래랍니다.
문 앞의 빨간 살구꽃 같은."

---

[1] 장선은 어느 한 연석에서 우연히 한 가인을 만났다. 가인은 젊고 아름다웠으며 또한 재능있는 남자를 사모하였다. 이들 두 사람은 첫눈에 서로 반하였고 따라서 한토막 풍류미담을 보여 준다. 이 사는 이들의 해후를 극적으로 묘사했다.

诉衷情[1]

花前月下暂相逢。
苦恨阻从容。
何况酒醒梦断，
花谢月朦胧。

花不尽，
月无穷。
两心同。
此时愿作，
杨柳千丝，
绊惹春风[2]。

---

[1] 这首词通过叙写一段横遭外来势力摧残的爱情，表现了词人对爱情的忠贞不渝以及对美好爱情的向往和积极向上之情，感人至深，堪称爱情词中的千古绝唱。

[2] 绊惹春风：绊惹，牵缠。喻指要挽留住春天，言外之意是挽留住这美好时光。

소충정[1]

달 밝은 꽃밭에서 잠시 만났었고
고통도 원한도 대수롭지 않았네.
하물며 술 깨고 꿈 깨어 보니
꽃잎 지고 달빛도 흐릿해졌음에랴?

꽃은 다함이 없고
달은 무궁하듯이
두 마음 (언제나) 함께 하리니.
이제부터 (우리)
천만 가지 실버들 되어
봄바람 붙잡아 묶어놓으리.[2]

---

[1] 이 시는 부당하게 좌절된 사랑에 대한 묘사를 통해 사랑에 대한 저자의 변함없는 충성과 지조, 그리고 아름다운 희망과 끊임없는 진취정신을 구가함으로써 이른바 애정사(愛情詞) 중에서도 천고의 절창으로 손꼽힌다.

[2] '봄바람을 붙잡아 묶어놓으리': 가는 봄을 붙잡 듯이 사랑의 아름다운 순간을 붙잡아 두고 싶다는 뜻.

天仙子

时为嘉禾小倅，以病眠，不赴府会。

《水调》数声持酒听，
午醉醒来愁未醒。
送春春去几时回？
临晚镜，
伤流景，
往事后期空记省。

沙上并禽[1]池上暝，
云破月来花弄影[2]。
重重帘幕密遮灯，
风不定，
人初静，
明日落红应满径。

---

[1] 并禽：成对的水鸟，此指鸳鸯。

[2] “云破”句是千古传诵的名句，这首词因为这句“云破月来花弄影”而成为张先的享誉之作。

천선자

당시 가화 통판(通判)으로 있었는데, 병석에서 잠들어 관부(官府)의 모임에 참석치 못했다.

술잔 들고 ‘수조(水調)’[1] 몇 가락 듣노라니
낮술은 깨었어도 시름은 풀리지 않누나.
가는 봄 보내고 나면 언제 다시 오려나?
저녁이면 거울을 마주하고
흘러간 세월 슬퍼하면서
부질없이 지난 일, 먼 기약 떠올려 보네.

연못가 모래밭에서 조으는 물새 한쌍[2]
구름사이 달빛아래 꽃그림자 얼른거리네.[3]
겹겹이 둘러친 휘장 등불을 가리워도
바람은 자지 않고
인적만 어느새 잠잠하구나.
내일은 오솔길에 붉은 꽃잎 가득 쌓일테지.

---

[1] ‘수조(水調)’: ‘수조가두(水調歌頭)’ 사패에 따라 지은 노래.

[2] (원) 물새 한쌍: 여기서는 원앙새를 말함.

[3] 이 구절은 예로부터 전송되어 온 명구이다. 이 사(詞)는 ‘구름사이 달빛아래 꽃그림자 얼른거리네(雲破月來花弄影)’라는 구절로 인해 장선의 명작으로 되었다.

千秋岁

数声鶗鴂，
又报芳菲歇。
惜春更把残红折。
雨轻风色暴，
梅子青时节。
永丰柳[1]，
无人尽日花飞雪。

莫把幺弦拨，
怨极弦能说。
天不老，
情难绝，

---

[1] 永丰柳：唐时洛阳永丰坊西南角园中，有垂柳一株，柔条极茂，白居易因赋《杨柳枝词》云："一树春风千万枝，嫩于金色软于丝。永丰西角荒园里，尽日无人属阿谁。"后传入乐府，遍流京师。唐宣宗听说后，下诏取其两枝植于禁苑中。后人便以"永丰柳"泛指园柳。

천추세

소쩍새 울고 울며
지는 꽃, 가는 봄 슬퍼하누나.
가는 봄 아쉬워 남은 꽃 꺾어드는데
빗방울 가볍고 바람 세차더니
(어느새) 파아란 매실이 제철 맞았네.
영풍(永豊)의 버드나무[1] 는
돕는 이 없어도 버들개지 눈꽃 같구나.

부디 거문고줄 퉁기지 마소
한이 맺히면 거문고 줄도 말을 하리니
하늘이 늙지 않듯이
이내 정도 끊임 없고

---

[1] '영풍(永豊)의 버드나무': 당(唐)대에 낙양(洛陽) 영풍방(永豊坊) 남서쪽 모퉁이에 수양버들 한 그루가 있었는데 유연한 가지들이 매우 무성하였다. 백거이(白居易)는《양류지사(楊柳枝詞)》라는 부(賦)에서 "수양버들 한 그루 봄바람에 천만 가지 / 여리고 부드럽기 금실 같아라. / 영풍의 서쪽 모퉁이 황폐한 공원에서 / 온 종일 아무도 보는 이 없네." 라고 했다. 후에 이 부는 '악부(樂附)' 에 편입되어 도성에 알려졌다. 그 소문을 들은 당(唐) 선종은 조서를 내려 그 버드나무 가지 몇 개를 꺾어다 어원에 심게 했다. 후세 사람들은 '영풍의 버드나무' 라는 말로 공원의 버들을 두루 일컬었다.

心似双丝网，
中有千千结。
夜过也，
东窗未白凝残月。

가로 세로 얽힌 마음
천만개 매듭 지어 그물이 된다오.
긴긴 밤 지새우려니
동창이 밝기도 전에 외로운 등불 꺼져가네.

晏 殊

991—1055年，北宋著名文学家、政治家。以词著于文坛，有“宰相词人”之称。其词闲雅而有情思，风格含蓄婉丽，为宋初第一大家。

破阵子

燕子来时新社[1]，
梨花落后清明[2]。
池上碧苔三四点，
叶底黄鹂一两声，
日长飞絮轻。

巧笑东邻女伴，
采桑径里逢迎。
疑怪昨宵春梦好，
原是今朝斗草赢，
笑从双脸生。

---

[1] 新社：社日是古代祭祀土地神的日子，以祈丰收，有春秋两社。新社即春社，时间在立春后、清明前。

[2] 清明：农历二十四节气中的第五个节气，是中国祭祖和扫墓的传统节日，时间在公历4月5日前后。

안 수

안 수 (晏殊, 서기 991 년~ 1055 년), 북송 (北宋) 의 이름난 문학가와 정치가이며 사 (詞) 로 문단에 이름나 '재상사인 (宰相詞人)' 이라고 불리웠다. 그의 사 (詞) 는 우아하면서도 정취가 짙고 풍격이 함축적이면서도 아름다워 송 (宋) 대 초의 제 1 대가로 손꼽힌다.

파진자

제비들이 올 때는 신사[1] 이더니
(어느새) 배꽃 지고 청명[2] 되었나.
연못에 파아란 이끼 떠서 서너점
숲속에선 꾀꼴새 울어 꾀꼴 꾀꼴
길어진 대낮에 버들개지 춤을 추네.

동네 아가씨들 뽕밭에서 만나
까르르 웃으며 서로들 반기누나.
간밤에 꿈자리 좋기만 하더니
오늘 풀싸움에 이길 조짐인가봐
얼굴에 활짝 웃음꽃 피어나네.

---

[1] 신사 : 사일 (社日) 은 옛날 토지신에게 제사를 지내는 날로서 풍작을 기원하는 춘사 (春社) 와 추사 (秋社) 로 나눈다. 신사 (新社) 는 춘사이고 그 기긴이 대체로 입춘 이후, 청명 전이다.

[2] 청명 : 음력 24 절기 중의 다섯 번째 절기로서 중국에서는 조상에게 제를 지내고 성묘하는 전통 명절이다. 때는 양력으로 4 월 5 일 전후가 된다.

浣溪沙

一曲新词酒一杯，
去年天气旧亭台。
夕阳西下几时回？

无可奈何花落去，
似曾相识燕归来。[1]
小园香径独徘徊。

[1] 这首词的出名，与“无可奈何花落去，似曾相识燕归来”这两句含蓄的名句有很大关系。花凋落、燕归来，自然交替，季节变换，循环往复，不可抗拒。表达了我们应当尊重自然规律，因为一切必然要消逝的美好事物都无法阻止，并且世间万物总是前进变化的，这一美好事物的消逝，必然会有另一美好事物的出现。

완계사

새 노래 한 가락 읊조리며 술잔을 들 제
옛 정자와 누대, 날씨마저 작년과 같은데
서쪽으로 기우는 석양 언제 다시 오려나?

(철따라) 지는 꽃을 (난들) 어이하랴만
낯익은 제비들 (강남갔다) 돌아왔나니 [1]
작은 정원의 꽃길 홀로 거닐고 있노라.

[1] 이 사가 이름나게 된 것은 "(철따라) 지는 꽃을 (난들) 어이하랴만 / 낯익은 제비들 (강남갔다) 돌아왔나니" 라고 한 이 두 구절의 매우 함축적인 표현과 무관하지 않다. 꽃이 지고 제비가 돌아오고 자연이 교체되고 계절이 바뀌는 순환과 왕복은 아무도 항거할 수 없다. 작품은 우리가 마땅히 자연의 법칙을 존중해야 할 것임을 표달하고 있다. 왜냐면 필연코 사라지게 될 모든 아름다운 사물은 아무도 막아낼 수 없거니와 세간의 만물은 언제나 전진하고 변하기 마련이며 이러한 아름다운 사물의 소실은 또 필연코 다른 아름다운 사물의 출현을 초래하기 때문이다.

蝶恋花

槛菊愁烟兰泣露，
罗幕轻寒，
燕子双飞去。
明月不谙离恨苦，
斜光到晓穿朱户[1]。

昨夜西风凋碧树，
独上高楼，
望尽天涯路。
欲寄彩笺兼尺素，
山长水阔知何处！

[1] 朱户：红漆大门，中国旧时豪门贵族的大门一般均漆为朱红色，故用“朱户”代指贵族宅第。

접련화

난간밖 안개 속에 국화와 난초 이슬 머금고
비단장막 싸늘한 추위 (막아내지 못하는데)
제비는 (어느새) 쌍쌍이 날아가 버렸구나 .
밝은 달은 이별의 아픔을 알기나 하는지
날이 밝도록 붉은 대문[1] 비스듬히 비쳐드네 .

간밤 서풍에 나무잎은 (우수수) 떨어지고
(이 몸만) 홀로 높은 누각에 올라
하늘 저쪽 머나먼 길 하염없이 바라보나니 .
(내 그대에게) 서찰 한 통 보내고 싶어도
산 너머 물 건너 어디에 있는 거냐 ?

[1] 붉은 대문 : 중국에서는 옛날 귀족들의 대문에 일반적으로 붉은 칠을 하였으므로 '붉은 대문' 이란 말로 귀족의 저택임을 암시했다 .

清平乐

红笺小字，
说尽平生意。
鸿雁在云鱼在水，
惆怅此情难寄。[1]

斜阳独倚西楼，
遥山恰对帘钩。
人面不知何处，
绿波依旧东流。

[1] 中国古代民间传说鸿雁和鱼都能传递书信。此处反用其意，说鸿雁和鱼不能给自己传递书信，因此惆怅万分。

청평악

붉은 편지지에 잘디 잔 글씨로
여태껏 품어온 생각 깡그리 털어놓았건만
기러기는 구름 속에, 물고기는 물 속에 있어
안타까운 이내 마음 전할 길 없어라.[1]

석양 무렵 홀로 누각에 올라서니
먼 산이 마침 주렴 갈고리와 마주해 있네.
그리운 그 얼굴 어디에 있는 거냐?
푸른 물만 여전히 동으로 흐르누나.

---

[1] 중국 고대의 민간전설에서 기러기와 물고기는 모두 편지를 전달해 준다고 했다. 여기서는 그 뜻을 역이용하여 기러기와 물고기가 자기의 편지를 전달해 줄 수 없으므로 더없이 낙담한다.

诉衷情

芙蓉金菊斗馨香，
天气欲重阳。
远村秋色如画，
红树间疏黄。

流水淡，
碧天长，
路茫茫。
凭高目断，
鸿雁来时，
无限思量。

소충정

연꽃은 국화와 향기를 다투고
날씨는 (한창) 중양절인데
먼 산촌에 가을빛 무르녹고
단풍나무 사이사이로 금빛이 이네 .

흐르는 강물은 희미하고
하늘은 가없이 푸른데
길은 아득히 뻗어있구나 .
높은 곳에 올라 멀리 바라보나니
기러기 올 때도 되었건만
해도 해도 끊없는 그리움이여 .

玉楼春

绿杨芳草长亭路，
年少抛人容易去。
楼头残梦五更钟，
花底离愁三月雨。

无情不似多情苦，
一寸还成千万缕。
天涯地角有穷时，
只有相思无尽处。

옥루춘

녹양방초 우거진 정자길에서
나젊은 그이 나를 두고 훌쩍 가버렸네.
새벽 종소리에 고달픈 꿈 깨고보니
춘삼월 빗소리에 이 가슴 미여지누나.

무정한 (사람) 다정함의 고통 어이 알랴
이 마음 아직도 얼기설기 갈피를 못잡네.
하늘 땅은 멀어도 끝간 데가 있건만
오로지 그리움은 끝날 때가 없구나.[1]

---

[1] 사의 이 마지막 두 구절은 이별의 고통을 담고 있는데 저의가 깊고도 완곡하다. 하늘과 땅은 멀어도 가닿을 끝이 있지만 이별 후의 그리움은 무궁무진하다는 것이다. 비교의 수법을 통해 '다정'으로 인한 정신적 고통을 표현함으로써 정감이 진실하고도 함축적이다. 하지만 '다정함의 고통' 을 설파하면서도 경박한 젊은이에 대해서는 원망 한마디 없고 자신의 착하고 어진 마음에 대해서도 전혀 언급하지 않으며 더욱이는 젊은이에게 공명을 버리고 평생을 자기와 함께 하기를 요구하지도 않는다. 이것이 바로 사대부의 눈에 가장 완미하고 귀중한 사랑, 이른바 '정에서 시작하여 예에서 멈춘다' 는 이념이다.

蝶恋花

六曲阑干偎碧树，
杨柳风轻，
展尽黄金缕。
谁把钿筝[1]移玉柱，
穿帘海燕双飞去。

满眼游丝兼落絮，
红杏开时，
一霎清明雨。
浓睡觉来莺乱语，
惊残好梦无寻处。

[1] 钿筝：用金银、贝壳镶嵌的筝。

접련화

여섯 굽이 난간 푸른 나무 이웃하고
수양버들 봄바람에
황금빛 실가지 흐느적이네.
그 누가 옥주(玉柱)[1]로 쟁을 타는가?
문발 틈새로 제비 한 쌍 날아가네.

눈 앞은 온통 아지랑이, 버들개지
살구꽃 발그레 피어날 무렵
어언 청명되어 한줄금 비가 내리네.
꾀꼬리 소리에 단잠 깨어보니
꿈속의 황홀경 더는 찾을 길 없어라.

---

[1] 옥주(玉柱): 현악기 연주에 사용하는 '기러기발'.

张 昪

992—1077 年，北宋词人。在宋代词坛上，张昪与范仲淹一样，创作中透露出词风逐渐由婉约向豪放转变的时代信息，对于词境的开拓做出了自己的贡献。其中《离亭燕》情景交融，语言质朴，冷峻中透出悲凉之感。

离亭燕

一带江山如画，
风物向秋潇洒。
水浸碧天何处断？
霁色冷光相射。
蓼屿荻花洲，
掩映竹篱茅舍。

云际客帆高挂，
烟外酒旗低亚。
多少六朝兴废事，
尽入渔樵闲话。
怅望倚层楼，
寒日无言西下。

장 승

장 승(張昇, 서기 992 ~ 1077 년), 북송(北宋)의 사인(詞人)으로 송(宋)대의 사단에서 범중엄(范仲淹)과 마찬가지로 사풍이 완약하던 데서 점차 호방한 데로 전변하는 시대적 특징을 구현하였으며 사의 새로운 경지를 개척하는 데 한 몫의 힘을 기여했다. 그 중《이정연(離亭燕)》은 정경(情景)이 잘 어우르고 언어가 질박하며 냉혹하면서도 슬프고 처량한 느낌을 준다.

이정연

(금릉) 일대의 산수 그림처럼 (아름답고)
가을 맞은 풍물은 더더욱 멋지구나.
물에 비친 푸른 하늘 끝 간 데는 어디메뇨?
맑은 하늘, 푸른 물과 빛을 다투는가.
여귀와 물억새 (무성한) 꽃섬
초가와 대나무 울타리 물속에 어렴풋하네.

구름끝 멀리에 객선이 돛을 올리고
안개 낀 강가에 주기(酒旗)가 낮게 드리웠네.
육조(六朝)의 흥망성쇄 무수한 이야기
어부와 나뭇꾼의 한담거리 되었구나.
(홀로) 누각에 올라 멀리 바라보니
싸늘한 저녁해 말없이 저물어가네.

宋　祁

998—1061年，北宋著名文学家、史学家、词人。其诗词多写闲适生活，代表作《玉楼春》构思新颖，描写生动，通过描写美丽的春日景色来表现及时行乐的情趣，把对时光的留恋、对美好人生的珍惜写得韵味十足，堪称千古佳作。

玉楼春

东城渐觉风光好，
縠皱波纹迎客棹。
绿杨烟外晓寒轻，
红杏枝头春意闹[1]。

浮生长恨欢娱少，
肯爱黄金轻一笑[2]？
为君持酒劝斜阳，
且向花间留晚照。

[1] “红杏”句专写杏花，以杏花的盛开衬托春意之浓，以拟人手法，着一“闹”字，将生机勃勃的大好春光描绘得活灵活现，呼之欲出。宋祁也因这一句而名扬词坛，被世人称作“红杏尚书”。

[2] 一笑：特指美人之笑。

송 기

송 기 (宋祁 , 서기 998 년~ 1061 년), 북송 (北宋) 의 이름난 문학가와 사학가이며 사인 (詞人) 이다 . 그의 사 (詞) 는 대부분 유유자적하고 한가로운 생활을 묘사하고 있다 . 대표작인《옥루춘 (玉樓春)》은 구상이 참신하고 묘사가 생동적이며 아름다운 봄날의 경치를 다루면서 제때에 즐기는 정취를 통해 흐르는 세월에 대한 아쉬움 , 아름다운 인생에 대한 소중함을 매우 감칠맛있게 묘사함으로써 천고의 가작으로 되었다 .

옥루춘

동쪽 교외의 풍광 갈수록 좋아져
비단같은 물결이 놀잇배 맞이하고
안개 걷힌 버들숲 새벽 추위 덜어주니
붉은 살구꽃 가지에 봄기운 한창이네 .[1]

덧없는 인생, 기쁨이 적어 한스럽거늘
어찌 천금을 아껴 일소 (一笑)[2] 를 마다하랴 .
그대 위해 술잔 들고 석양에 권하노니
꽃서리에 노을빛 잠시 더 머물게 하소 .

---

[1] '붉은 살구꽃' : 이 구절은 만발한 살구꽃으로 짙은 봄빛을 두드러지게 하고 의인법으로 화창한 봄날을 살아 숨쉬듯 생동감있게 묘사하고 있다 . 송기 역시 이 한 구절로 사단 (詞壇) 에 이름나 세인들로부터 '홍행상서 (紅杏尙書)' 라고 불리웠다 .

[2] '일소 (一笑)' : 여기서는 미인의 웃음을 말함 .

叶清臣

1003—1049年，北宋名臣。宋仁宗天圣二年（公元1024年）进士，终官侍读学士。

贺圣朝

留别

满斟绿醑[1]留君住，
莫匆匆归去。
三分春色二分愁，
更一分风雨。[2]

花开花谢，
都来几许？
且高歌休诉。
不知来岁牡丹时，
再相逢何处？

---

1 绿醑：即绿色的美酒。

2 “三分春色”这两句以情景交融的手法来描写离愁，但设想奇特，不落俗套，给人以新颖巧妙的感觉。词人巧妙地运用了等分分析法，设想“春色”总体为“三分”，而其中的“二分”是“愁”，“一分”是“风雨”。这样，此时此刻的“春色”就成了“愁”与“风雨”的集合体。

엽청신

엽청신(葉淸臣, 서기 1003 ~ 1049 년), 북송(北宋)의 명신(名臣)으로 송(宋) 인종 천성 2 년(서기 1024 년)에 진사에 급제하였고 관직은 시독학사(侍讀學士)에 이르렀다.

하성조
— 이별이 아쉬워

녹서(綠醑)[1] 한잔 가득 부어 권하노니
그대여 급급히 떠나지 마오.
봄빛 세 몫 중에 두 몫은 근심일 뿐
게다가 한 몫 또한 비바람 아닌가.[2]

해마다 피었다 지는 꽃처럼
그리움 또한 얼마나 되리오?
차라리 노래 높이 즐겨 보세나.
내년의 모란꽃 피는 시절에는
(우리) 또 어디서 만나게 되려나?

---

1 녹서(綠醑): 녹색의 미주.

2 '봄빛 세 몫 중에' : 이 두 구절은 정경(情景)을 융합하는 수법으로 이별의 수심을 묘사하였다. 그러나 착상이 기묘하여 낡은 양식에 구애되지 않고 사람들에게 새롭고 교묘한 느낌을 준다. 저자는 '봄빛' 을 모두 '세 몫' 으로 나누어 그 중의 '두 몫' 은 '수심' , 나머지 '한 몫' 은 '비바람' 으로 갈라놓았다. 이로써 '봄빛' 으로 하여금 '수심' 과 '비바람' 의 집합체로 되게 했다.

欧阳修

1007—1072年，北宋政治家、文学家。官至参知政事，谥号文忠，世称欧阳文忠公。散文、诗、词均有成就，被推为唐宋八大家之一，是宋代文学史上最早开创一代文风的文坛领袖。其词风格多缠绵悱恻，也不乏清丽明快、疏旷豪放之作。

踏莎行

候馆梅残，
溪桥柳细，
草薰风暖摇征辔。
离愁渐远渐无穷，
迢迢不断如春水。

寸寸柔肠，
盈盈粉泪，

구양수

구양수(歐陽修, 서기 1007년~ 1072년), 북송(北宋)의 정치가와 문학가로 벼슬이 참지정사(參知政事)에 이르렀고 익호는 문충(文忠)이며 세인들은 그를 구양문충공(歐陽文忠公)이라고 불렀다. 산문과 시, 사(詞)에 모두 성과가 뛰어나 당송(唐宋) 8대 문호의 한 사람으로 추대되었고 송(宋)대 문학사상 최초로 일대의 문풍을 개척한 문단의 수령이었다. 그의 사(詞)는 대부분 풍격이 애절하고 감동적이면서도 청아하고 명쾌하며 호방하다.

답사행

객사의 매화 (어느덧) 시들고
냇가의 다릿목 버들 (아직은) 여리구나.
풀향기 그윽한 봄바람 타고 말고삐 흔들며 가노니
이별의 슬픔은 가도가도 끝이 없어
아득히 흘러가는 (저) 봄물과 같아라.

마디마디 애간장 태우며
그렁그렁 맺히는 여인의 눈물

楼高莫近危阑倚。
平芜尽处是春山，
行人更在春山外。[1]

---

[1] 词末两句是游子想象闺中人凭高望远而不见所思之人的情景：展现在楼前的，是一片杂草繁茂的原野，原野的尽头是隐隐春山，所思念的行人，更远在春山之外，渺不可寻。

부디 높은 난간에 기대지 마소.

들판이 끝나는 곳은 봄산이요

떠난 이는 봄산 너머에 있으리니.[1]

1 사의 마지막 두 구절은 떠돌이 나그네가 상상하는 규방의 한 여인이 높은 누각에 올라 멀리 보이지 않는 임을 그리고 있는 정경이다. 객사 앞에 펼쳐진 것은 잡초가 무성한 들판이요, 들판의 끝간 데는 어렴풋한 봄산인데 떠나간 그리운 임은 멀리 봄산밖에 있어 찾을 길이 없다.

木兰花

别后不知君远近，
触目凄凉多少闷。
渐行渐远渐无书，
水阔鱼沉何处问？

夜深风竹敲秋韵，
万叶千声皆是恨。
故攲单枕梦中寻，
梦又不成灯又烬。

목란화

이별 후 ,임 계신 곳 알 수 없고
보이는 건 모두가 처량하고 울적하구나 .
갈수록 멀어지며 편지조차 없으니
그리운 임의 소식 어데 가서 물어보랴 .

깊은 밤 바람에 대숲이 가을을 알리니
천만 개 잎사귀에 모두 한이 맺혔어라 .
꿈에서나 임을 볼가 베개 베어도
꿈은 아니 오고 등불만 사위어가네 .

生查子

元夕

去年元夜[1]时，
花市灯如昼。
月上柳梢头，
人约黄昏后。

今年元夜时，
月与灯依旧。
不见去年人，
泪湿春衫袖。

[1] 元夜：元宵之夜。农历正月十五为元宵节，自中国唐朝起有观灯闹夜的民间风俗。北宋时从正月十四到十六三天，开宵禁，游灯街花市，通宵歌舞，也是年轻人密约幽会，谈情说爱的好机会。

생사자
— 정월 대보름날 밤

지난해 (이맘때) 대보름날 밤[1] 에는
거리에 연등불 대낮같이 밝았거니 .
둥근 달 버드나무 우듬지에 걸리면
임은 해 진 뒤에 만나자 약속했었지 .

올해의 (이밤) 대보름날 밤에도
둥근 달 , 연등불 예나 다름 없건만
그리운 임은 (어이하여) 안 보이는가
하염없는 눈물 소맷자락 적시네 .

[1] 대보름날 밤 (元夜): 원소절 밤이라고도 한다 . 음력 정월 15 일은 원소절로서 중국에서는 당 (唐) 대 때부터 이날 밤이면 연등 (초롱불) 구경을 하는 민간풍속이 있었다 . 북송 (北宋) 때에 와서는 음력 정월 14 일부터 16 일까지 3 일간 야간통행금지를 해제하고 거리에 나가 연등 구경을 하면서 노래와 춤으로 밤을 패었는데 이때는 젊은이들이 밀회를 하고 사랑을 속삭이기 좋은 기회이기도 하였다 .

南歌子

凤髻[1]金泥带，
龙纹玉掌梳。
走来窗下笑相扶，
爱道画眉深浅入时无？

弄笔偎人久，
描花试手初。
等闲妨了绣功夫，
笑问鸳鸯两字怎生书？[2]

[1] 凤髻：指形状如凤凰的发型。

[2] “等闲”两句，活灵活现地表现出了新娘子的娇憨及夫妻情笃的情景。笑问“鸳鸯”两字，问的内容充满柔情蜜意，不仅表达了新娘的快乐之情，也流露出新娘与丈夫永远相爱、情同鸳鸯的美好愿望。

남가자

손바닥 만한 용무늬 옥빗으로
금비녀 쪽머리[1] 틀어 올리더니.
창가로 다가와 살포시 안기며
"그린 눈섭 너무 진하지 않나요?"

붓 들고 한참을 내게 기대더니
수놓을 꽃무늬 본을 뜨려나 보네.
공연히 자수를 지체하며 묻는 말
"원앙이란 두 글자 어떻게 쓰죠?" [2]

---

[1] 원문에서 '鳳結' 이 '鳳髻(쪽머리)' 로 된 판본도 있는데 여기서는 봉황모양의 쪽머리를 가리킴.

[2] '공연히' 두 구절은 아내가 규방에서 남편과 희롱하노라 바느질 시간까지 허비하면서 바늘 대신 붓을 들고 신랑에게 '원앙' 두 글자를 어떻게 쓰느냐고 묻는 정경을 담고 있다. 젊은 아내의 천진난만함과 내외간의 돈독한 사랑을 매우 생동감있게 표현했다.

蝶恋花

庭院深深深几许？
杨柳堆烟，
帘幕无重数。
玉勒雕鞍游冶处[1]，
楼高不见章台[2]路。

雨横风狂三月暮，
门掩黄昏，
无计留春住。
泪眼问花花不语，
乱红飞过秋千去。[3]

[1] 游冶处：指歌楼妓院。

[2] 章台：汉长安街名。唐许尧佐《章台柳传》，记妓女柳氏事，后因此以章台为歌妓聚居之地。

[3] 词末两句，包含着无限的伤春之感。女主人公想念丈夫，可望而不见，眼中惟有被摧残的花儿，联想起自身命运，不禁落泪。此刻想要找个发泄对象，把这个对象幻化成花，向着花儿痴情地发问。可是花儿不但不语，反而纷纷飞过秋千而去，有情之人、无情之物，怎能不令她伤心？

접련화

깊고 깊은 정원은 얼마나 깊은 건가?
버들숲 안개마냥 우거지고
(규방엔) 문발과 장막 겹겹이 드리웠네.
호화로운 말 타고 방탕하게 놀던 곳[1]
누각은 높건만 장대로[2]는 안 보이네.

비바람 몰아치고 춘삼월도 저무는데
방문 닫아 황혼을 가두어보아도
어이하랴, 가는 봄 붙잡을 수 없으니
눈물 겨워 꽃에 물어도 대답이 없고
붉은 꽃잎만 어지러이 그네타고 사라지네.[3]

---

[1] '방탕하게 놀던 곳' : 여기서는 기루(妓樓), 즉 기생집을 뜻함.

[2] 장대로(章台路): 한(漢)대 장안(長安)의 한 거리이름. 당(唐)대의 허요좌(許堯佐)가《장대류전(章台柳傳)》에 기녀 류(柳)씨의 사적을 기록한 바 있어 그 후부터 장대로는 가희들이 모여 있는 장소로 불리었다.

[3] 마지막 두 구절은 끝없는 봄날의 구슬픔을 담고 있다. 여주인공은 남편이 그립지만 만나 볼 수 없고 눈 앞에 보이는 것은 시들어가는 꽃잎 뿐이라 자기의 처량한 신세를 생각하여 하염없이 눈물을 흘린다. 그리고는 꽃을 상대로 서러움을 털어놓고자 꽃에게 물어본다. 하지만 꽃은 대답은 커녕 도리어 그네를 타고 훨훨 날아가버린다. 유정한 인간도 무정한 식물도 모두 그녀에게 냉담하니 그녀 어찌 슬프지 않겠는가?

渔家傲

花底忽闻敲两桨，
逡巡女伴来寻访。
酒盏旋将荷叶当，
莲舟荡，
时时盏里生红浪。

花气酒香清厮酿，
花腮酒面红相向。
醉倚绿阴眠一饷，
惊起望，
船头搁在沙滩上。

어가오

연꽃사이로 노젓는 소리 들리더니
어느새 아녀자들 다투어 모여드네.
연잎 따서 술잔 삼아 돌리노라니
배는 물 위에 떠돌고
술잔엔 수시로 붉은 물결 일렁이네.

꽃향기와 술향기 한데 어우러져
꽃에도 얼굴에도 홍조가 어리누나.
얼근하여 잠간 연잎 베고 잠들었다가
언뜻 놀라 깨어보니
뱃머리 어느새 모래톱에 닿아있네.

玉楼春

尊前拟把归期说，
欲语春容先惨咽。
人生自是有情痴，
此恨不关风与月。[1]

离歌且莫翻新阕，
一曲能教肠寸结。
直须看尽洛城花，
始共春风容易别。

---

[1] “人生”两句，作者清醒地认识到，离情别恨是人与生俱来的感情，与风花雪月无关。这既是对眼前情事一种理念上的反省和思考，也把眼前话别的感受，推广到对于整个人世的认知，具有深刻的哲理意味。

옥루춘

술잔 들어 돌아올 날 약속하려는데
그녀 먼저 울먹이며 말을 못하네.
인생은 워낙 치정을 안고 사는 법
이별의 아쉬움 풍월과 무관하거늘.[1]

부디 이별가에 새 가락 보태지 마소
부르고 나면 더욱 애간장 태우리니.
낙양성의 모란꽃 죄다 보고나면
그제는 봄바람과 작별할 수 있으려나.

[1] '인생은 워낙' 두 구절 : 저자는 이별의 아쉬움은 인간이 타고난 정감이므로 자연의 경물과 무관한 것임을 잘 알고 있다. 다만 이는 눈앞의 정사에 대한 이념적인 반성과 사색인 동시에 이별에 대한 감수를 전반 인간세상에 대한 인식에까지 확대함으로써 깊은 철학적 의미를 부여하고 있다.

采桑子

群芳过后西湖[1]好，
狼藉残红，
飞絮濛濛。
垂柳阑干尽日风。

笙歌散尽游人去，
始觉春空，
垂下帘栊。
双燕归来细雨中。

[1] 西湖：熙宁四年（1071 年），欧阳修以太子少师的身份辞职，回到颍州。此处的“西湖”指颍州西湖，在今安徽阜阳西北。

채상자

서호[1]는 좋구나, 뭇꽃이 시들고
떨어진 붉은 꽃잎 어지러이 널렸어도.
버들개지 흩날려 (호수에) 자욱한데
난간밖 실버들에 바람잘 줄 모르네.

생황소리 그치고 유람객들 가버리니
그제서야 알겠구나, 떠나간 봄을.
창문엔 문발이 무겁게 드리우고
가랑비 맞으며 제비 한 쌍 돌아오네.

[1] 서호(西湖): 희녕(熙寧) 4년(서기 1071년), 구양수는 태자의 보좌관 신분을 사직하고 영주(潁州)로 돌아왔다. 여기서 말하는 서호는 영주의 서호를 말하며 오늘의 안휘(安徽)성 부양(阜陽) 북서쪽에 있다.

司马光

1019—1086年，北宋政治家、史学家、文学家。宋仁宗宝元二年（公元1039年）进士，官至左仆射兼门下侍郎。为人温良谦恭、刚正不阿，做事用功刻苦、勤奋。著述甚多，有《资治通鉴》《司马文正公集》等。存词仅3首，俱见真性情。

西江月

宝髻松松挽就，
铅华淡淡妆成。
青烟翠雾罩轻盈，
飞絮游丝无定。

相见争如不见，
多情何似无情。
笙歌散后酒初醒，
深院月斜人静。

사마광

사마광(司馬光, 서기 1019 ~ 1086 년), 북송(北宋)의 정치가와 사학가, 문학가로서 송(宋)인종 보원 2 년(서기 1039 년)에 진사에 급제하였고 관직은 좌복사(左僕射) 겸 문하시랑(門下侍郎)에 이르렀다. 사람됨이 온화하고 선량하며 강직한 성미로 아첨할 줄 모르고 열심히 배우면서 꾸준히 노력하는 스타일이었다. 저서로는《자치통감(資治通鑒)》,《사마문정공집(司馬文正公集)》등 매우 많다. 사 작품은 겨우 3 수가 남아 있는데 모두 그의 참된 성품을 보여준다.

서강월

쪽머리 대충 말아올리고
얼굴은 엷은 화장 했을 뿐.
푸른 비단치마 가볍게 차려 입고
버들꽃 날리듯 훨훨 춤을 추네.

이런 만남은 아니 만남만 못하고
깊은 정도 없느니만 못하구나.
생황 소리 그치어 술 깨고 보니
인적 없는 뜨락에 달도 기울었어라.

韩 缜

1019—1097 年，宋仁宗庆历二年（公元 1042 年）进士，官至尚书右仆射兼中书侍郎。《凤箫吟》托物咏怀，立意深远，是别具一格的佳作。

凤箫吟

锁离愁连绵无际，
来时陌上初熏。
绣帏人念远，
暗垂珠露，
泣送征轮。
长行长在眼，
更重重远水孤云。
但望极楼高，
尽日目断王孙。

消魂，
池塘别后，
曾行处绿妒轻裙。
恁时携素手，
乱花飞絮里，

한 진

한 진(韓缜, 서기 1019 ~ 1097 년), 송(宋)인종 경력 2년(서기 1042 년) 진사에 급제했고 관직은 상서우복사(尙書右僕射) 겸 중서시랑(中書侍郎)에 이르렀다.《봉소음(鳳簫吟)》은 풍물을 빌어 흉금을 털어 놓고 있는데 착상이 심원하여 독특한 풍격의 가작으로 손꼽힌다.

봉소음

이별의 수심 끝없이 이어지누나
처음 올 적엔 길가에 풀향기 싱그로웠거니.
규방의 여인은 (떠나간 임) 차마 못잊어
남몰래 구슬같은 눈물 흘리었고
떠나는 수레 흐느끼며 바래었더라.
임 떠난 길가의 정자 늘 눈에 선하나
강물은 끝없고 뜬 구름 외롭구나
높은 누각에 올라 멀리 바라보건만
종일토록 기다려도 임은 보이지 않네.

(그리움에) 넋을 잃고
이별 후의 연못가를 서성거릴 제
길가의 방초는 그녀의 엷은 치마 시샘하누나.
한 때는 그녀의 하얀 손을 잡고서
꽃밭이며 버들개지 속을 거닐며

缓步香茵。
朱颜空自改，
向年年芳意长新。
遍绿野嬉游醉眠，
莫负青春。

싱그러움을 한가로이 즐겼었지.
홍안은 덧없이 늙어가건만
해마다 봄빛은 마냥 새롭구나.
푸른 들판을 누비며 놀이에 취해
청춘을 헛되이 보내지 말지어라.

王安石

1021—1086年，北宋著名的政治家、改革家、文学家。历任扬州签判、舒州通判等职，政绩显著。王安石潜心研究经学，著书立说，在文学上也有很高成就，名列“唐宋八大家”之一。其词写物咏怀，风格高峻。代表作《桂枝香》豪纵沉郁，给后来词坛以良好的影响。

桂枝香

登临送目，
正故国[1]晚秋，
天气初肃。
千里澄江似练，
翠峰如簇。
归帆去棹残阳里，
背西风、
酒旗斜矗。
彩舟云淡，
星河[2]鹭起，

[1] 故国：即故都，金陵为六朝故都，故称故国。
[2] 星河：星河即天河，这里指秦淮河。

왕안석

왕안석(王安石, 서기 1021년~1086년), 북송(北宋)의 이름난 정치가와 개혁가, 문학가이다. 벼슬로는 양주첨판(揚州簽判), 서주통판(舒州通判) 등 직을 역임했으며 정치업적이 뛰어났다. 왕안석은 경학을 탐구하고 저서를 집필했으며 문학에서도 많은 성과를 이룩하여 '당송(唐宋) 8대가'의 서열에 올랐다. 그의 사는 흔히 경물을 빌어 회포를 풀었고 품격이 높고 고상하다. 대표작인《계지향(桂枝香)》은 호방하면서도 침울하여 후세의 사단에 좋은 영향을 미치었다.

계지향

높은 곳에 올라 멀리 내다보니

옛 도읍 금릉(金陵)[1]은 한창 늦가을

날씨는 유달리 맑고 상쾌하여라.

일천 리 맑은 강물 흰 비단띠런가

검푸른 산봉 화살촉 같구나.

석양 속에 돛배들 분주히 돌아오고

서풍을 등진 채

술집 깃발 비스듬히 높이 걸렸네.

꽃배는 아름답고 구름은 엷은데

은하수[2]에 유유히 백로가 날아오르니

---

[1] 금릉(金陵)은 육조(六朝)의 도읍이었으므로 옛 도읍이라고 함.

[2] 은하수: 여기서는 진회하(秦淮河)를 지칭한다.

画图难足。

念往昔、
繁华竞逐，
叹门外楼头[1]，
悲恨相续。
千古凭高对此，
漫嗟荣辱。
六朝旧事随流水，
但寒烟、
衰草凝绿。
至今商女[2]，
时时犹唱，
《后庭》遗曲[3]。

[1] 门外楼头：指南朝陈亡国惨剧。相传隋朝开国大将韩擒虎统兵伐陈，他已带兵来到金陵朱雀门（南门）外，陈后主还与他的宠妃张丽华在结绮阁上寻欢作乐。陈后主、张丽华被韩擒虎俘获，陈亡于隋。

[2] 商女：酒楼茶坊的歌女。

[3] 后庭遗曲：指歌曲《玉树后庭花》，传为陈后主所作，其辞哀怨绮靡，后人将它看成亡国之音。

이 풍경 그대로 그려내기 어려우리.

번화함을 다투던
옛 일을 떠올리며
성문 밖 망국의 누각[1] 탄식하노니
슬픔과 회한 끊임없이 갈마드네.
오랜 세월 흐른 뒤 높은 곳에 올라
지난 영욕(榮辱) 탄식한들 무슨 소용이랴.
육조의 옛일은 강물처럼 흘러갔고
차가운 안개 속에
풀만 시들어 퍼렇게 엉켰구나.
지금도 상녀(商女)[2] 는 있어
수시로 잘도 부르네
《후정화(后庭花)》 옛 가락[3] 을.

---

[1] 성문 밖 망국의 누각: 남조(南朝) 진(陳)의 망국 참사를 말한다. 전설에 따르면 수(隋)의 개국 장수 한금호(韓擒虎)가 진(陳)을 토벌할 때 그가 이미 군사를 이끌고 금릉의 주작문(朱雀門, 남문)밖에 이르렀건만 진(陳)후주는 그때까지도 그의 애첩 장려화(張麗華)와 함께 결기각(結綺閣)에서 재미를 보고 있었다. 결국 진후주와 장려화는 한금호에게 포로되고 진(陳)은 수(隋)에게 멸망되었다.

[2] 상녀(商女): 술집이나 다방에 소속된 가기(歌妓) 또는 기녀(妓女).

[3] 《후정화》 옛 가락: 노래《옥수후정화(玉樹后庭花)》를 말하는데 진(陳)후주가 지은 것이라고 한다. 곡조와 가사가 매우 구슬프고 애절하여 후세 사람들은 망국의 노래라고 하였다.

南乡子

自古帝王州[1]，
郁郁葱葱佳气浮。
四百年来成一梦，
堪愁。
晋代衣冠成古丘[2]。

绕水恣行游。
上尽层楼更上楼。
往事悠悠君莫问，
回头。
槛外长江空自流。

---

[1] 帝王州：指金陵（今江苏省南京市）。中国古代三国的吴，东晋南北朝的宋、齐、梁、陈，五代的南唐等朝代在此建都，故称为“帝王州”。

[2] 晋代衣冠成古丘：这一句是李白《登金陵凤凰台》诗中的名句。晋明帝当年为郭璞修建的衣冠冢豪华一时，然而到了唐朝诗人来看的时候，已经成为一个丘壑了。词人将自己的理想寄托在过去的时代里，表达了昔盛今衰的怅然之情。

남향자

이곳은 예로부터 제왕주[1] 였고
초목이 울창하여 상서로운 기운 떠돌았거니
사백년을 이어온 한마당 꿈이었던가
참으로 슬프도다.
진(晉)대의 의관총도 이제는 황폐한 구릉되어[2]

강물이 이리저리 에돌아 흐르누나.
내 누각 위 정상에 올라섰거니
그대여 지난 일 묻지를 마라.
고개를 돌려 보니
난간밖 강물은 덧없이 흘러만 가네.

---

1 제왕주(帝王州): 금릉[金陵, 오늘의 강소(江蘇)성 남경(南京)시]을 가리킨다. 중국 삼국(三國)시대의 오(吳)와 동진(東晉), 남북조(南北朝)의 송(宋), 제(齊), 양(梁), 진(陳), 오대(五代)의 남당(南唐) 등이 이곳에 도읍을 두었으므로 '제왕주' 라고 불렀다.

2 이 구절은 이백(李白)의 시《금릉의 봉황대에 올라》에 나오는 명구이다. 진(晉) 명제가 당년에 곽박(郭璞)을 위해 건조한 의관총으로 한때는 매우 호화로웠으나 당(唐)대에 이르러 저자가 이곳에 왔을 때는 이미 황량한 언덕과 골짜기로 변해 있었다. 저자는 한때 자기의 이상을 지나간 시대에 기탁했었으므로 여기서는 지난날의 번영과 오늘의 쇠퇴함에 대한 실의를 표현하고 있다.

菩萨蛮[1]

集句

海棠乱发皆临水，
君知此处花何似？
凉月白纷纷，
香风隔岸闻。

啭枝黄鸟近，
隔岸声相应。
随意坐莓苔，
飘零酒一杯。

[1] 这首词最值得称道的是集诗句为词这一艺术形式。唐代丰富的诗歌遗产，成了王安石现成的词句，变诗为词，体现了作者学富才高的创作功力。

보살만[1]

— 집구

해당화 물가에 제멋대로 피었구나
그대는 아는가, 이곳 꽃의 닮은 데를?
차가운 달빛 어수선하고
강 건너 꽃향기 바람에 실려오네.

나무가지 사이에서 꾀꼬리 우짖어
강 너머 저 쪽에서 메아리치누나.
내키는대로 딸기밭에 주저앉아
영락(零落)의 술 한잔 기울여 보세.

---

[1] 이 사에서 가장 특기할 점은 남의 시구(詩句)를 모아 자신의 사(詞)를 지어낸 예술형식이다. 이는 왕안석의 발명이라 하겠다. 이 사에서 두 번째와 네 번째 구절을 한유(韓愈)의 작품에서 따온 외에 나머지 구절은 모두 두보(杜甫)의 시에서 따온 것으로 당(唐)대 사람들의 풍부한 시가유산이 왕안석의 현품으로 탈바꿈한 것이다. 이처럼 손이 닿는대로 가져다가 임의로 사역하여 음률의 조화를 이루고 시를 사로 변화시킴으로써 확실하게 저자의 풍부하고 뛰어난 창작능력을 구현하였다. 시구를 모아 성공적으로 사를 이루어낼 수 있은 보다 중요한 원인은 저자가 선인들의 시구를 빌어 자기 심중의 경지와 정감을 표현하는데 적용하였으며 자신의 치밀한 조합과 편성을 통해 작품을 자연스럽게 자기 창작으로 만든데 있다.

千秋岁引

别馆寒砧，
孤城画角，
一派秋声入寥廓。
东归燕从海上去，
南来雁向沙头落。
楚台风[1]，
庾楼月[2]，
宛如昨。

无奈被些名利缚，
无奈被他情担阁，
可惜风流总闲却。

[1] 楚台风：指楚襄王兰台宫里的风。相传楚襄王在兰台宫游玩，由宋玉、景差陪同。一阵风飒飒吹来，楚襄王就敞开衣襟迎着吹来的清风说："这风好爽快啊！这是我与百姓共同享受的吗？"宋玉回答道："这只是大王享受的风，百姓怎么能与大王共同享受它呢！"

[2] 庾楼月：庾亮南楼上的月。相传晋庾亮在武昌的时候，与他的属官殷浩、王胡之一班人乘月夜登上南楼，吟诗咏唱，尽情欢乐。故有此说。

천추세인

여인숙의 차가운 다듬이소리
외로운 성안의 나팔소리
가을소리 온통 허공에 울려 퍼지네.
동으로 가는 제비 바다 위를 날고
남에서 오는 기러기 모래톱에 내려앉는데
초왕(楚王)이 노닐던 누대의 시원한 바람[1]
유량(庾亮)이 시읊던 누각의 밝은 달빛[2]
완연히 어젯 날 그대로구나.

어쩔 수 없이 사소한 명리에 얽매이고
마지못해 남의 뜻에 따라 살면서
아쉽게도 풍류는 그냥 버려두었네.

---

[1] '초왕(楚王)이 노닐던 누대의 시원한 바람' : 초(楚)양왕 난대궁(蘭台宮)의 바람을 말함. 전설에 따르면 초(楚)양왕이 난대궁에서 노닐 때면 송옥(宋玉)과 경차(景差)가 수행했다고 한다. 한 자락 바람이 쏴하고 불어오자 양왕은 옷자락을 헤치고 바람을 맞으며 물었다. "이 바람 참으로 시원하구려. 이런 바람을 지금 짐과 백성들이 함께 누리는 것이요?" 이에 송옥이 대답하기를 "이는 대왕께서 누리는 바람이옵니다. 백성들이 어찌 대왕님과 함께 누릴 수 있겠사옵니까!" 라고 대답했다.

[2] '유량(庾亮)이 시읊던 누각의 밝은 달빛' : 유량(庾亮) 남루의 달을 말함. 전설에 의하면 진(晉)나라 유량은 무창(武昌)에 있을 때 그의 소속관인 은호(殷浩), 왕호지(王胡之)들과 함께 달밤에 남루에 올라가 시를 읊고 노래를 부르며 한껏 즐기었다고 한다. 여기서는 그 사례를 말함.

当初漫留华表语[1]，

而今误我秦楼约。

梦阑时，

酒醒后，

思量着。

[1] 华表语：华表是中国古代汉民族作为标志或装饰的大柱，是一种传统的建筑形式。相传尧、舜为了纳谏，在交通要道和朝堂上树立木柱，行人可以在这根木柱上面刻写意见，因此它又叫“谤木”或“诽谤木”。华表语即指向皇帝谏言的奏章。

부질없이 그 옛날 화표의 말[1] 만 남기고

지금은 진루의 약속[2] 저버리고 말았네 .

꿈을 꾸고 나서도

술을 깨고 난 뒤에도

마냥 그리움에 잠기노라 .

---

[1] 화표의 말 (華表語): 화표는 고대의 한 (漢) 민족이 표지 또는 장식으로 삼았던 큰 기둥을 말하는데 전통적인 건축형식의 하나다 . 전하는 바에 의하면 요 (堯), 순 (舜) 은 간언을 받아들이기 위해 교통 요충과 조당에다 큰 기둥을 세워 행인들이 기둥에다 의견을 쓰거나 새길 수 있도록 했다고 한다 . 따라서 그것을 '방목 (謗木) 또는 '비방목 (誹謗木)' 이라고도 한다 . 여기서 '화표의 말' 이란 황제에게 진언하는 상주문을 가리킨 것이다 .

[2] 진루 (秦樓) 의 약속 : 연인과의 약속 . '진루' 는 여인이 거처하는 누각임 .

浪淘沙令

伊吕[1]两衰翁，
历遍穷通。
一为钓叟一耕佣。
若使当时身不遇，
老了英雄。

汤武偶相逢，
风虎云龙[2]。

---

[1] 伊吕：指伊尹与吕尚。伊尹名挚，尹是后来所任的官职。他是伊水旁的弃婴，后居莘（今河南开封）农耕。商汤娶莘氏之女，他作为奴隶陪嫁给商汤。后来，汤王擢用他灭了夏，伊尹成为了商的开国功臣。吕尚姓姜，名尚，字子牙，世称“姜子牙”。他晚年在渭水河滨垂钓，遇周文王受到重用，辅武王灭商，封侯于齐。

[2] 风虎云龙：中国古人常将虎、龙半神化，传说龙出现时，遨游于九天之上，周身瑞云千朵，祥光万丈；而山林间若起劲风，乃是老虎出没惊了山林，故有“云从龙，风从虎”之说。后人便用“风虎云龙”比喻圣主得贤臣，贤臣遇明君。

낭도사령

이윤과 여상[1] 두 늙은이는
온갖 가난과 통달을 다 겪었거니.
하나는 낚시꾼, 하나는 농부였었네.
그때 만약 백락(伯樂)을 만나지 못했더면
영웅도 덧없이 늙고 말았으리.

우연히 탕왕과 무왕을 만나
호랑이는 바람을, 용은 구름을 얻었더라.[2]

---

[1] 이윤(伊尹)과 여상(呂尙): 이윤은 이름이 집(摯)이고 윤은 후에 그가 맡은 관직임. 이수(伊水) 기슭에 버려진 고아였고 후에 신[莘, 오늘의 하남(河南)성 개봉(開封)]에 살면서 농사를 지었다. 상탕(商湯)은 신씨의 딸을 아내로 받아들였는데 신씨는 노예의 신분으로 딸을 상탕에게 시집보내었다. 후에 탕왕이 그를 선발하여 하(夏)를 멸망시킴으로써 이윤은 상(商)의 개국 공신이 되었다. 여상은 성이 강(姜), 이름이 상(尙), 자가 자아(子牙)여서 세상 사람들은 그를 '강자아' 라고 부른다. 그는 만년에 위수(胃水)에서 낚시질을 하며 살다가 주(周) 문왕을 만나 중용되었고 무왕을 보좌하여 상(商)을 멸망시키고 제(齊)후로 되었다.

[2] 원문의 풍호운룡(風虎雲龍): 옛날 사람들은 흔히 호랑이와 용을 신격화하였다. 전설에서도 용이 나타날 때면 구중천을 날면서 온 몸에서 상서로운 구름과 눈부신 빛발이 인다고 하고 산 속에 바람이 일 경우, 그것은 호랑이의 출몰로 인해 산림이 놀란 것이라고 한다. 따라서 '구름은 용을 따르고 바람은 호랑이를 좇는다' 는 설이 있게 되었다. 후세 사람들은 '풍호운룡' 으로 성주가 현신을 얻고 현신이 명군을 만남을 비유하곤 하였다.

兴王只在谈笑中。
直至如今千载后，
谁与争功！

왕조의 흥성도 담소 중에 이루었거니 .

천년이 지난 오늘까지도

그 누가 이들과 공을 다투리오 !

王安国

1028—1074年，北宋政治家、诗人。他文思敏捷，其词博采众长，工丽曲折，近似婉约派，诗、词、文三类作品皆丰。

清平乐[1]

春晚

留春不住，
费尽莺儿语。
满地残红宫锦污，
昨夜南园风雨。

小怜[2]初上琵琶，
晓来思绕天涯。
不肯画堂朱户，
春风自在杨花。

---

[1] 古来伤春愁秋的诗词多得不可胜数。王安国这首《清平乐》就是一首出类拔萃的好词。这首词通过描绘暮春的萧瑟之景，表达了词人伤春、惜春以及美好年华逝去的无限惆怅之情，寄寓了作者深沉的身世感慨和不慕权贵的精神追求。

[2] 小怜：即北齐后主高纬宠幸的淑妃冯小怜，她聪明灵巧，善弹琵琶。后代诗人常用以借指歌女。

왕안국

왕안국 (王安國 , 서기 1028 ~ 1074 년), 북송 (北宋) 의 정치가와 시인으로 천재적 기질을 타고나 도량과 식견이 넓고 문장 구상이 민첩하였다 . 그의 사는 여러 가지 장점을 널리 받아들여 섬세하고 굴곡적이며 완약파에 가깝다 . 그는 시와 사 , 문장 등 작품이 모두 많다 .

청평악[1]

— 늦봄

가는 봄을 어이 붙잡으리오
꾀꼬리 (부질없이) 울어만 대네 .
땅 위에 얼룩진 꽃잎 비단조각이런가
지난 밤 남원에 비바람 세찼거니 .

처음으로 비파 솜씨 선보이는 소련[2]
새벽부터 그리움이 하늘가를 맴도네 .
화려한 저택을 마다하고
바람탄 버들꽃마냥 마음껏 떠돌려누나 .

---

[1] 예로부터 봄과 가을의 시름을 다룬 시사 (詩詞) 는 수없이 많다 . 왕안국 (王安國) 의 이《청평악 (淸平樂)》은 그 중에서도 뛰어난 작품에 속한다 . 이 사는 늦봄의 소슬한 정경 묘사를 통해 봄을 아끼고 슬퍼하며 아름다운 시절의 사라짐을 개탄하는 저자의 무한한 실망을 표출하였으며 신세를 개탄하는 무거운 심정과 권세에 아부하지 않는 정신적 신념을 기탁하고 있다 .

[2] 소련 (小憐): 즉 북제 (北齊) 의 후주 고위 (高緯) 가 총애하는 숙비 풍소련 (馮小憐). 그녀는 총명하고 재주가 뛰어났으며 비파를 잘 탔다 . 후세의 시인들은 흔히 그녀의 이름을 빌어 가희를 지칭했다 .

晏几道

约 1030—约 1106 年，北宋著名词人。曾任乾宁军通判等职。其词作多伤感之辞，缠绵悱恻，凄婉动人。代表作《临江仙》结构严谨，情景交融，代表了晏几道词作的最高成就，堪称婉约词中的绝唱。

临江仙

梦后楼台高锁，
酒醒帘幕低垂。
去年春恨却来时。
落花人独立，
微雨燕双飞。

记得小苹[1]初见，
两重心字罗衣。
琵琶弦上说相思。
当时明月在，
曾照彩云[2]归。

---

1 小苹：歌女名字。晏几道与几位歌女有不解之缘，小苹是其中一位。
2 彩云：比喻美人。

안기도

안기도(晏幾道, 서기 1030년~ 1110년), 북송(北宋)의 이름난 사인(詞人)으로 건녕군통판(乾寧郡通判) 등 관직을 지냈다. 그의 사(詞)는 대부분 감상적이며 애절하고 구슬프고 감동적이다. 대표작인《임강선(臨江仙)》은 구성이 엄밀하고 정감과 경치가 한데 융합되어 안기도 사작품의 최고 성과를 구현하며 이른바 완약사 중의 걸작으로 손꼽힌다.

임강선

꿈에서 깨어 나니 누대는 높이 잠겨 있고
술을 깨고 보니 휘장이 낮게 드리워 있네.
작년 봄에 맺힌 한이 가슴 파고드는데
꽃은 지고 이 몸은 홀로 서있나니
가랑비 속에 제비 한 쌍 날아가네.

소빈[1]을 처음 만나던 날
그녀는 '심(心)'자 수놓은 비단 옷 입었고
비파 줄 튕기며 그리움을 하소했었지.
때마침 밝은 달 높이 떠오르며
돌아가는 채색 구름[2] 비추었더라.

---

[1] 소빈(小蘋): 가기(歌妓)의 이름으로 안기도는 몇몇 가기와 밀접한 인연이 있었는데 소빈은 그 중의 한 사람이다.

[2] 채색 구름 : 여기서는 미인을 비유하고 있다.

蝶恋花

醉别西楼醒不记，
春梦秋云[1]，
聚散真容易。
斜月半窗还少睡，
画屏闲展吴山翠。

衣上酒痕诗里字，
点点行行，
总是凄凉意。
红烛自怜无好计，
夜寒空替人垂泪。

[1] 春梦秋云：春梦易醒，秋云易散，比喻美好而又短暂的事物，表达词人对好梦易碎、人生无常的深沉喟叹。

접련화

술 깨고도 서루의 작별 기억 못하니
봄날의 꿈처럼, 가을날 구름처럼[1]
만나고 헤어짐이 참으로 덧없구나.
창문에 달빛이 기울도록 잠 못 드는데
병풍엔 한가로이 오산의 풍경 펼쳐져 있네.

옷 자락의 술 자국, 시 속의 글자들
자국마다, 구절마다
한결같이 처량하구나.
촛불도 별 수 없다 스스로 슬퍼하며
싸늘한 밤 속절없이 사람대신 눈물짓네.

---

[1] '봄날의 꿈처럼, 가을날 구름처럼': 봄 꿈은 깨기 쉽고 가을 구름은 흩어지기 쉽다는 말로 아름다우면서도 수명이 짧은 사물을 비유함으로써 좋은 꿈은 쉽게 부서지고 인생은 무상하다는 저자의 깊은 탄식을 표현했다.

鹧鸪天

彩袖[1]殷勤捧玉钟，
当年拚却醉颜红。
舞低杨柳楼心月，
歌尽桃花扇底风。

从别后，
忆相逢，
几回魂梦与君同。
今宵剩把银釭照，
犹恐相逢是梦中。

[1] 彩袖：代指穿彩衣的歌女。

자고천

색동 소매[1] 은근히 옥술잔 받쳐 주니
(내) 그때는 기꺼이 취하도록 마셨더라 .
버들가 누각에서 달이 기울도록 춤추고
복사꽃 그린 부채 바람 다하도록 노래 불렀지 .

(그대와) 헤어진 뒤로
우리 만남 잊지 못해
몇 번이나 꿈속에서 그대와 만났던가 !
오늘 밤 촛불 들고 (그대 얼굴) 비쳐보나니
이 만남 꿈일가봐 두려웁구나 .

---

[1] 색동 소매 : 여기서는 화려한 옷차림의 미인 , 즉 가기 (歌妓) 를 말함 .

生查子

关山魂梦长，
塞雁音书少。
两鬓可怜青，
只为相思老。

归傍碧纱窗，
说与人人道：
真个别离难，
不似相逢好。

생사자

(국경의) 관산[1] 은 꿈에서도 멀고
변새의 기러기는 소식조차 드무네요.
귀밑머리 검고 예뻤었는데
어느새 세었군요, 그리움 때문에.

돌아오면 (내) 사창가에 기대어
(그리운) 임에게 속삭여 보리.
"이별은 정말 아프고 어려웠어요.
(이런) 만남 얼마나 좋은지 몰라요!"

---

[1] 관산(關山): 관문이 있는 변강의 산간지역. 여기서는 그리운 임이 있는 곳을 상징함.

清平乐

留人不住，
醉解兰舟去。
一棹碧涛春水路，
过尽晓莺啼处。

渡头杨柳青青，
枝枝叶叶离情。
此后锦书休寄，
画楼云雨无凭。

청평악

떠나는 그녀를 붙잡지 못했나니[1]
취중에 닻줄 풀려 배는 떠나버렸네.
노를 저어 출렁이는 푸른 물길 따라
지나는 곳마다 새벽 꾀꼬리 우짖으리.

나루터엔 수양버들 실실이 우거지고
가지마다 잎마다 이별의 정 어렸는가.
이제는 편지도 보내지 마시라
청루에서 사귄 정 어이 믿으리오.

---

[1] '떠나는 그녀를 붙잡지 못했나니' : 이 구절은 보내는 사람과 떠나는 사람의 서로 다른 심정을 묘사했다. 한 사람은 한사코 만류하고 다른 한 사람은 떠나갈 마음을 굳히어 조금도 남을 생각이 없다. '붙잡지 못했나니' 는 알 수 없음과 실망의 뜻을 담고 있으며 마지막 두 구절을 위한 복선을 이룬다.

玉楼春

东风又作无情计，
艳粉娇红吹满地。
碧楼帘影不遮愁，
还似去年今日意。

谁知错管春残事，
到处登临曾费泪。
此时金盏直须深，
看尽落花能几醉！

옥루춘

무정한 봄바람 또다시 심술 부려
붉은 꽃잎 땅 위에 가득 흐트렸구나.
누각의 주렴도 시름을 막아주지 못하니.
또다시 작년 이맘 때의 수심 그대로네.

그 누가 알리오, 속절없이 가는 봄 때문에
간곳마다 높이 올라 하염없이 눈물 지음을.
이맘때는 으레 술잔을 가득 채워야 하거늘
지는 꽃이 다하려면 몇 번을 취해야 하나!

木兰花

秋千庭院重帘暮，
彩笔闲来题绣户。
墙头丹杏雨余花，
门外绿杨风后絮。

朝云信断知何处？
应作襄王春梦去。[1]
紫骝认得旧游踪，
嘶过画桥东畔路。

[1] “朝云”两句：传说楚襄王游览高唐，因疲倦小睡，梦见神女荐枕，临去时说自己“旦为行云，暮为行雨”等等。这里借用典故，说明往日的游乐生活恍然如梦。

목란화

그네 달린 뜨락, 문발 드리운 저녁무렵
한가로이 붓을 들어 규방에서 시를 짓나니.
담장위에 붉은 살구꽃 비 맞아 축축하고
문밖의 버들개지 바람에 흩날리누나.

아침 구름 소식 끊기니 어디에 있는 거냐
초(楚) 양왕은 분명 춘몽에 빠져 있으리라.[1]
자류마(紫騮馬)도 옛날 놀던 곳 알아보고
히힝거리며 다리건너 동쪽 길을 지나네.

---

[1] '아침 구름' 두 구절: 전설에 따르면 초(楚) 양왕은 고당(高唐)을 유람하던 중 피곤하여 잠간 눈을 붙였는데 꿈속에서 천침(薦枕)이라는 신녀를 만났다. 신녀는 떠나면서 자기는 '아침에는 구름이 되고 저녁에는 비가 된다' 고 말했다는 이야기가 있다. 여기서는 이 전고를 빌어 지난날 즐거웠던 생활이 문뜩 꿈처럼 떠올랐음을 말한다.

阮郎归[1]

旧香残粉似当初，
人情恨不如。
一春犹有数行书，
秋来书更疏。

衾凤冷，
枕鸳孤，
愁肠待酒舒。
梦魂纵有也成虚，
那堪和梦无。

[1] 此词抒写的是居者思行者的情怀：上片写行者的薄情和女子的愁怨；下片倒叙到夜间的愁思，表现女子的相思之痛。

원랑귀[1]

옛 향과 남은 분은 여전하건만
임의 정은 어이하여 이전보다 못한가요.
봄에는 그나마 소식 몇 줄 주시더니
가을 들어 편지조차 더욱 뜸해졌네요.

(수놓은) 봉황이불 싸늘하고
원앙베개 마냥 외로워
시름겨운 이내 마음 술로나 달래볼까
꿈 속에서 만난들 허무할 터이지만
꿈조차 없으면 (내) 어이 견디리까?

[1] 이 사는 집에 남아있는 사람이 집 떠난 사람을 그리며 쓴 작품이다. 전단에서는 정이 물건만 못하여 남자의 박정함과 여자의 치정을 표현했고 후단에서는 눈앞의 근심에서 야밤의 수심으로 옮겨가면서 여인의 처량한 처지와 그리움의 고통을 설파했다.

浣溪沙

日日双眉斗画长，
行云飞絮共轻狂。
不将心嫁冶游郎。

溅酒滴残歌扇字，
弄花熏得舞衣香。[1]
一春弹泪说凄凉。

[1] “溅酒滴残”两句：“溅酒”说其纵饮狂荡，“弄花”写其娇美情态。歌扇、舞衣，表明女子身份。这两句描绘了歌女的日常生活。她在酒筵上不得不歌舞助欢，但心里却充满了沉郁悲凉之情。

완계사

날마다 서둘러 긴 눈썹 그려가며
구름따라 바람따라 버들개지 같은 신세
이 마음 어이 한량(閑良)에게 맡기랴.

술 방울 튀어 부채살에 글자 얼룩지고
꽃을 따서 무용치마 향기에 적시니[1]
눈물로 보내는 이 봄 마냥 쓸쓸하구나.

---

[1] '술 방울 튀어' 두 구절: '술 방울 튀어'는 방탕하게 놀아남을 말하고 '꽃을 따서'는 요염한 아양을 묘사했다. 부채살과 무용치마는 여자의 신분을 알리는 물품들이다. 이 두 구절은 가기(歌妓)의 일상 생활이기도 하다. 그녀는 주연에서 부득이 춤 추고 노래하며 즐기지만 가슴 속에는 슬픔이 가득 차 있다.

留春令

画屏天畔，
梦回依约，
十洲云水。
手捻红笺寄人书，
写无限伤春事。

别浦高楼曾漫倚，
对江南千里。
楼下分流水声中，
有当日凭高泪。[1]

[1] 词末两句，平实的语言中满含真情实意。人倚高楼，泪流如雨，却滴入楼下东西分流的水中，“分流”二字，喻示着别后不再相见，将女子对远方人的相思之情抒写得深婉曲折而又缠绵悱恻，具有感人至深的艺术力量。

유춘령

병풍을 가득 채운 먼 하늘 풍경
꿈에서 깨어나도 어렴풋이
십주(十洲)의 구름과 산수 보이는 듯.
임에게 보낼 붉은 편지지 손에 들고
끝없는 봄날의 수심 적어보네.

헤어지던 포구의 높은 누각에 올라
강남 땅 천리 길 바라보나니.
누각 아래 갈라져 흐르는 강물 소리엔
그날 누각에서 흘린 눈물 섞여 있나봐.[1]

[1] 사의 마지막 두 구절: 누각에 기대어 그리움을 달래었던 지난날을 한층 더 깊이 묘사하고 있다. 여기서 특별히 '갈라져' 를 강조함은 이별 후에 더는 만나지 않았음을 말해 준다. 높은 누각에 기대어 비오듯 흘린 눈물이 누각 아래 갈라져 흐르는 물속에 섞여 있다는 말로 이별의 슬픔과 그리움을 한층 더 완곡하고 절절하게 묘사함으로써 더욱 깊은 감동을 불러일으킨다.

思远人

红叶黄花秋意晚，
千里念行客。
飞云过尽，
归鸿无信，
何处寄书得？

泪弹不尽当窗滴，
就砚旋研墨。
渐写到别来，
此情深处，
红笺为无色。

사원인

빨간 단풍, 노란 국화에 가을빛 짙어
천리 밖을 떠도는 임이 더욱 그립구나.
뜬 구름 (어느새) 가뭇없이 사라지고
기러기 돌아와도 소식 하나 없으니
편지를 보내고파도 어디로 보내리오?

창가에서 하염없이 눈물만 흘리다가
벼루 앞에 다가가 먹물을 가네.
바로 이별하던 대목까지 쓰고 나니
가슴 속 깊은 데서 (울컥하는 서러움에)
붉은 색 편지지도 빛을 잃고 마누나.

王 观

约 1035—1100 年，宋代词人。曾任大理寺丞、江都知县等，后罢官。其词构思新颖，造语俳丽，独具艺术特色。

卜算子[1]

送鲍浩然之浙东

水是眼波横，
山是眉峰聚。
欲问行人去那边？
眉眼盈盈处。

才始送春归，
又送君归去。
若到江南赶上春，
千万和春住。

[1] 这是一首送别词，写的是春末时节送别友人鲍浩然的情景，表达了词人对好友的恋恋不舍之情。这首词设喻巧妙、情趣盎然，写得妙趣横生，在送别词中独树一帜。

왕 관

왕 관 (王觀 , 약 서기 1035 ~ 1100 년), 송 (宋) 대의 사인으로 한때 대리사승 (大理寺丞), 강도지현 (江都知縣) 등 관직에 있었으나 후에 해임되었다 . 그의 사는 구상이 참신하고 언어가 아름다워 독특한 예술특색을 지닌다 .

복산자[1]

— 절동 (浙東) 으로 가는 포호연을 바래며

강물은 (여인의) 눈길이요
산은 찌프린 눈섭이런가 .
묻노니 , 그대여 어데로 가나 ?
산 좋고 물 맑은 아름다운 곳이렸다 .

방금 가는 봄을 바랬는데
어느새 또 그대를 보내야 하나 .
강남 가서 봄을 맞거든
부디 봄과 함께 있어주구려 !

---

1 이는 송별사로서 늦은 봄철에 친구인 포호연 (鮑浩然) 을 바래면서 친구와의 작별을 아끼는 저자의 심정을 그렸다 . 이 사는 비유가 교묘하고 서정이 넘쳐흐르며 또한 언어가 감미로워 송별사치고는 독자적인 한 파를 이룬다 .

张舜民

生卒年不详，北宋文学家、画家。历仕三朝，终官吏部侍郎。其词多数写贬谪之感，气势豪纵，沉郁悲壮。代表作《卖花声》借题咏岳阳楼，将自己被贬谪的失意愁苦之情表达得淋漓尽致，具有动人心魄的感染力。

卖花声

题岳阳楼

木叶下君山，
空水漫漫。
十分斟酒敛芳颜。
不是渭城西去客，
休唱《阳关》。

醉袖抚危阑，
天淡云闲。
何人此路得生还？
回首夕阳红尽处，
应是长安。

장순민

장순민(張舜民, 생졸년 미상): 북송(北宋)의 문학가와 화가로 세 왕조에 걸쳐 벼슬을 살았고 관직은 이부시랑(吏部侍郎)에 이르렀다. 그의 사는 대부분 강직되었을 때의 심정을 다루어 기세가 호방하나 우울하고 비장하다. 대표작인《매화성(賣花聲)》은 악양루의 노래를 빌어 자신의 강직된 실의와 수심을 남김없이 표출함으로써 사람들의 심금을 울린다.

매화성
— 악양루에서

나무잎 우수수 군산(君山)에 쌓이고
호수물 아득히 하늘가에 뻗었구나.
가인은 정색하고 술잔 가득 채우는데
위성(渭城) 서쪽으로 가는 손님 아니거든
부디《양관(陽關)》의 노래 부르지 마소.

취한 김에 높은 난간 어루만지며
하늘에 떠도는 구름 (바라보나니)
그 누가 이 길을 살아서 돌아왔던가.
돌아보니 붉은 석양에 물든 저쪽이
(내가 그리는) 장안(長安)이리라.

苏轼

公元1037—1101年，号东坡居士，世称“苏东坡”。北宋著名文学家，“唐宋八大家”之一。一生仕途坎坷。他博学多才，善文、工诗词，继柳永之后，对词体进行了全面的改革，提高了词的文学地位，从根本上改变了词史的发展方向。其词题材丰富，意境开阔，以诗为词，开创豪放一派，对后世产生了巨大影响。

水调歌头[1]

丙辰中秋，欢饮达旦，大醉，作此篇兼怀子由。

明月几时有？
把酒问青天。
不知天上宫阙，
今夕是何年。
我欲乘风归去，
又恐琼楼玉宇，
高处不胜寒。

---

1 这首词是苏轼的代表作之一，作此词时，词人与弟弟苏辙已分别七年之久，加之自己被贬密州，于是借明月表达深沉的人生感喟。既表达了词人在险恶官场中的清高之态，又表现了他对于世间离别的乐观精神。

소식

소 식(蘇軾, 서기 1037 년~ 1101 년), 호가 동파거사(東坡居士)이므로 사람들은 그를 소동파(蘇東坡)라고 부른다. 북송(北宋)의 이름난 문학가이며 당송(唐宋) 8 대가의 한 사람이다. 한평생 벼슬길이 순탄치 못하였으나 학문이 넓고 재능이 많으며 글을 잘 짓고 시사(詩詞) 창작에 능하였다. 그는 유영(柳永)의 뒤를 이어 사체(詞體)를 전면적으로 개혁하고 사(詞)의 문학적 지위를 높였으며 사사(詞史)의 발전 방향을 근본적으로 바꾸어 놓았다. 그의 사(詞)는 소재가 풍부하고 경지가 넓으며 시를 가사로 하여 호방하고 청광(淸曠)한 한 파를 이룸으로써 후세에 거대한 영향을 미치었다.

수조가두[1]

— 병신년 추석, 밤새도록 즐겁게 술을 마시며 취중에 이 사를 지어 자유(子由)를 그리다

(이같이) 밝은 달 언제부터 있었더냐?
술잔 들고 푸른 하늘에 묻노라.
(저 아득한) 하늘나라 궁궐에선
오늘 밤이 어느 해에 속하는고?
내 바람 타고 하늘에 오르고 싶어도
옥으로 지은 달나라 고대광실이
높고도 추워서 못견딜가 두렵네.

---

[1] 이 사(詞)는 소식(蘇軾)의 대표작 중 하나이다. 이 사를 지을 때 저자는 일곱 째 동생 소철(蘇轍)을 7 년 동안이나 못 보았고 게다가 자신은 밀주(密州)로 강직된 상황이었으므로 추석의 밝은 달을 빌어 인생의 느낌을 표현하고 있다. 험악한 벼슬사회에서의 고결한 자태를 나타낼 뿐만 아니라 세간의 이별에 대한 낙관적인 정신을 표현했다.

起舞弄清影，
何似在人间！

转朱阁，
低绮户，
照无眠。
不应有恨，
何事长向别时圆？
人有悲欢离合，
月有阴晴圆缺，
此事古难全。[1]
但愿人长久，
千里共婵娟。[2]

[1] “人有悲欢离合”三句，词人把笔锋一转，从人到月、从古到今做了高度的概括，用天象无常，说明天上月圆月缺、人间聚少离多自古有之，不必因此心生惆怅之情，既强调了对人事的达观，同时也寄托了对未来的希望。

[2] 词末两句，词人向世间所有离别的亲人发出深挚的慰问和祝愿：只愿互相思念的人能够天长地久，即使相隔千里，却可以共赏同一轮皎洁的明月。

달빛 아래 춤추며 그림자와 노나니
예가 어찌 인간세상 같다 하리오?

달빛은 붉은 누각 감싸며
무늬진 살창문에 새여들어
잠 못드는 나를 어루만지네.
(달에) 그 무슨 한이 있으랴만
어이하여 헤어질 때마다 둥글어지는거냐?
인간세상에 슬픔과 기쁨, 이별과 만남이 있듯이[1]
달도 흐리고 맑을 때와, 차고 기울 때가 있나니
이런 일 예로부터 온전하기 어려운 법,
다만 바라노니 우리 오래오래 살면서
천 리 밖에서도 저 달과 함께 하기를![2]

[1] '인간에게 슬픔과 기쁨, 이별과 만남이 있듯이' 등 세 구절: 저자는 여기서 필봉을 돌려 인간에게서 달에로, 옛날에서 오늘의 현실에 이르는 고도의 개괄을 통해, 그리고 천상(天象)의 무상함을 빌어 인간에게 만남이 적고 이별이 많음은 예로부터 있는 일임을 설명함으로써 인간사에 대한 달관을 강조할 뿐만 아니라 미래에 대한 희망도 기탁한다.

[2] 이 마지막 두 구절은 세간의 모든 이별 가족들에게 깊고도 진지한 위문과 축복을 보내고 있다. 서로 그리워하는 사람들이 오래오래 살면서 설사 천리 밖에 헤어져 있다 하더라도 휘영청 밝은 달을 함께 감상할 수 있다는 것이다.

念奴娇[1]

赤壁怀古

大江东去，
浪淘尽、
千古风流人物。
故垒西边，
人道是、
三国周郎[2]赤壁，
乱石穿空，
惊涛拍岸，
卷起千堆雪。
江山如画，
一时多少豪杰！

遥想公瑾当年，

---

[1] 这首词以苍劲之笔描绘了一个襟怀旷达英姿勃发的人物形象，委婉曲折表达了词人时刻关心边疆战事、想要献身战场的报国热忱，以及横遭贬谪、功业未成的忧愤之情。

[2] 周郎：指三国时吴国名将周瑜，他少年得志，24岁为中郎将，掌管东吴重兵，吴中皆呼为“周郎”。

염노교[1]
— 적벽(赤壁)에서 옛일을 회고하여

장강(長江)은 동쪽으로 흘러 흐르며
천고의 영웅들을 모조리 휩쓸어갔네.
(사람들은) 옛 보루 서쪽을 일러
삼국시기 주랑[2]의 적벽이라 하네.
험상궂은 바위 구름 위로 치솟고
사나운 물결 강기슭 후려치나니
물보라 마냥 눈 사태 같구나.
그림같은 이 강산에
한때는 영웅호걸 얼마나 많았던가.

소교[3]가 공근에게 시집오던 옛날
(공근은) 늠름하고 의기양양했더라

---

[1] 이 사는 고아하고 힘있는 필치로 흉금이 활달하고 자태가 늠름한 인물형상을 묘사함으로써 시시각각 변강의 전황을 관심하고 직접 싸움터에 나가 조국에 헌신하고픈 저자의 마음, 그리고 무단 강직과 업적을 이루지 못한 데 대한 자신의 울분을 완곡하게 드러내고 있다.

[2] 주랑(周郎): 삼국(三國)시대 오(吳)나라의 명장 주유(周瑜)를 말함. 소년에 뜻을 이룬 그는 24세에 중랑장(中郎將)이 되어 동오(東吳)의 대군을 거느렸으므로 오(吳)나라 사람들은 그를 '주랑'이라고 불렀다.

[3] 소교(小喬): 중국 동한(東漢) 말년의 여성으로 주유의 배우자였다. 전설에 의하면 그녀는 언니와 더불어 절세의 미녀였다고 한다.

小乔[1]初嫁了，
雄姿英发。
羽扇纶巾，
谈笑间、
樯橹灰飞烟灭。
故国神游，
多情应笑我，
早生华发。
人间如梦，
一尊还酹江月。

[1] 小乔：中国东汉末年时期的女性，周瑜的配偶。传说与其姐大乔均为绝世美女。

장군두건 머리에 쓰고 깃부채 부치며
담소하는 잠간 사이에
적의 선대 삽시에 불타버렸네.
(이내 마음) 고국 찾아 헤매나니
그리움에 머리 세었다 웃지를 마라
인생은 한마당 꿈이어니.
술잔 들어 물속의 달에 부어주노라.

西江月

世事一场大梦，
人生几度秋凉？[1]
夜来风叶已鸣廊，
看取眉头鬓上。

酒贱常愁客少，
月明多被云妨。
中秋谁与共孤光，
把盏凄然北望。

---

[1] 开篇两句感叹人生短暂虚幻，烘托了浓浓的悲剧气氛。以梦喻世事，不仅包含了不堪回首的辛酸往事，也有对人生目的和意义的探问。

서강월

세상사 모두 한 마당 꿈일진대
평생에 싸늘한 가을 몇 번을 겪어야 하나?[1]
간밤 바람에 나뭇잎 회랑에서 울더니
(내) 미간과 살쩍도 흉하게 일그러졌네.

술은 흔해도 함께 할 친구 적고
밝은 달은 자주 구름에 가리워지네.
추석날 누가 나와 함께 외로운 달 즐기리오
북쪽 향해 드는 술잔 마냥 쓸쓸하구나.

---

[1] 작품의 첫머리 두 구절은 인생의 짧고 허황함을 개탄하며 비극적인 분위기를 부각한다. 꿈으로 세상만사를 비유하면서 차마 돌이켜 볼 수 없는 쓰라린 옛일을 포함시킬 뿐만 아니라 인생의 목적과 의미도 탐문하고 있다.

临江仙

夜饮东坡[1]醒复醉，
归来仿佛三更。
家童鼻息已雷鸣。
敲门都不应，
倚杖听江声。

长恨此身非我有，
何时忘却营营！[2]
夜阑风静縠纹平。
小舟从此逝，
江海寄余生。

[1] 东坡：元丰三年（公元1080年），苏轼因“乌台诗案”（元丰二年，苏轼调任湖州，作《湖州谢上表》，结果却被政敌指责借“谢表”之名诽谤朝廷。苏轼因此获罪，在御史台即乌台受审）谪贬黄州（今湖北黄冈），住在城南长江边上的临皋亭。后来，又在不远处开垦了一片荒地，种上庄稼树木，名之曰“东坡”。

[2] 下片一开始，词人发出深沉喟叹，以上两句精粹议论，化用庄子“汝身非汝有也”之言，以一种透彻了悟的哲理思辨，发出对宇宙、人生、社会的怀疑、厌倦和无所希冀。

임강선

밤에 동파[1]에서 술 깨었다 다시 취해
자정이 넘어서야 집으로 돌아오니.
어린 종놈은 우뢰같이 코를 고누나
(아무리) 두드려도 대문 여는 기척 없으니
지팡이에 기대어 강물 소리 듣는 수밖에.

이 몸이 내 것 아님이 한스럽구나
언제 가면 허망한 명리 잊고 살리오?[2]
깊은 밤 바람자고 물결 또한 잔잔하니
이 참에 쪽배 타고 이곳을 떠나
여생을 강호에 맡겨볼거나.

---

[1] 동파(東波): 원풍(元豊) 3년(서기 1080년), 소식(蘇軾)은 '오대시안(烏台詩案)' [원풍 2년, 소식은 호주에 전근되어《호주에서의 감사 상주문》을 지은 결과 정적들에 의해 '감사 상주문'을 빌어 조정을 비방한 것으로 간주되었다. 그로 인해 소식은 어사대(御史台), 즉 오대에서 심사를 받아야 했음.]에 연루되었고 황주[黃州, 오늘의 호북(湖北)성 황강(黃岡)]로 좌천되어 장강기슭의 임고정(臨皐亭)에 거주했다. 후에 그곳에서 황무지를 개간하여 곡식과 나무를 가꾸었는데 이름을 '동파'라고 불렀다.

[2] 사의 후단에서 저자는 처음부터 크게 개탄한다. 이 두 구절의 순수한 의론은 장자(莊子)의 '네 몸이 너에게 속하지 않거니' 라는 말을 변형시킨 것으로 철리를 투철하게 인식한 데 기초하여 존재와 우주, 인생, 사회 전반에 대한 회의와 염오, 절망을 토로한다.

定风波

三月七日沙湖道中遇雨。雨具先去，同行皆狼狈，余独不觉。已而遂晴，故作此。

莫听穿林打叶声，
何妨吟啸且徐行。
竹杖芒鞋轻胜马，
谁怕？
一蓑烟雨任平生[1]。

料峭春风吹酒醒，
微冷，
山头斜照却相迎。
回首向来萧瑟处，
归去，
也无风雨也无晴。[2]

---

[1] 此句由眼前烟雨推及自己的人生，表现了词人想要隐退江湖以及不畏坎坷的超然情怀，充满清旷豪放之气，寄寓着独到的人生感悟。

[2] 结尾三句是饱含人生哲理意味的点睛之笔，道出了词人独到的人生感悟：自然界的阴晴不定早已司空见惯，但仕途的风雨飘摇，却很难预料什么时候能有转机，面对这些，应该不惧挫折，勇闯急流险滩。

정풍파

—3 월 7 일 사호로 가는 도중에 비를 만났다. 우비를 가진 사람이 먼저 가서 동행들이 낭패하여 허둥댔으나, 나만은 개의치 않았다. 얼마 안 있어 날이 개이므로 이 사를 지었다.

숲속의 나뭇잎 후려치는 빗소리 듣지 말고
시 읊으며 천천히 걸어간들 어떠랴.
짚신에 지팡이가 말타기보다 편하거니
(세상에) 겁날 것 무엇이랴?
도롱이 쓰고 한평생 빗속을 살아왔거늘.[1]

쌀쌀한 봄바람에 술기운 가셔지니
조금은 추워도
산머리에 비낀 석양이 나를 반겨주누나.
고개돌려 지나온 곳 바라보나니
어서 돌아가세!
비바람도 없고 개인 하늘도 없지 않느냐.[2]

---

[1] 이 구절은 눈앞의 비바람으로부터 자신의 인생을 언급하며 강호에 은퇴하여 제멋대로 살고 싶고 또한 좌절을 겁내지 않는 초연한 저자의 심정을 표출함과 동시에 호기로 충만된 독자적인 인생의 깨달음을 기탁하고 있다.

[2] 마지막 세 구절은 인생의 철학적 의미를 내포한 점정(點睛)의 필치로 저자의 독자적인 인생의 깨달음과 계시를 설파한다. 자연계의 흐리고 개임의 무상함은 흔히 볼 수 있는 일이지만 벼슬길에서의 비바람은 언제가 전기로 될지 예측하기 어렵다. 하지만 중요한 것은 우리가 인생의 길에서 좌절을 겁내지 말고 급류와 험탄을 과감히 뚫고 나가야 하는데 있다.

青玉案

送伯固归吴中

三年枕上吴中路，
遣黄犬[1]、
随君去。
若到松江呼小渡，
莫惊鸳鹭，
四桥尽是、
老子经行处。

《辋川图》上看春暮，
常记高人右丞句。
作个归期天定许，
春衫犹是，
小蛮[2]针线，
曾湿西湖雨。

---

[1] 黄犬：相传西晋陆机有条黄耳犬，异常机灵，能从洛阳带书信到吴，也能从吴带回信到洛阳。此处借此事说明想要让黄犬带回故地的消息。

[2] 小蛮：白居易的家妓，能歌善舞。此处喻指苏轼的侍妾王朝云。

청옥안
— 오중으로 돌아가는 백고(伯固)를 바래며

삼년을 꿈 속에서 그리던 오중(吳中) 길
(소식 전할) 황견[1]을 띄워
그대를 따라가게 하리니.
송강에 이르러 나루터 사공을 부를 때
원앙과 백로를 놀라게 하지 말게
그 곳의 네 다리는 모두
이 늙은이 다니던 곳이라네.

《망천도》에서 늦봄 경치 보면서
고매한 우승의 시구[2]늘 명심하리니
돌아갈 날도 하늘이 허락했다오.
(내) 이 봄철 적삼은
소만[3]이 손수 지어준 것이고
언젠가 서호에서 비에 젖었었다네.

---

[1] 황견(黃犬): 전설에 따르면 서진(西晉)의 육기(陸機)에게 누렁이 한 마리가 있었는데 유달리 영리하여 편지를 목에 걸고 낙양에서 오중[吳中, 춘추(春秋)시대 강소(江蘇) 오현(吳縣) 일대]까지 가서 전하고 또 오중에서 답장을 받아 가지고 낙양으로 돌아왔다고 한다. 여기서는 그 이야기를 빌어 황견이 고향소식을 가져다 주기를 바라는 마음을 표현하고 있다.

[2] '우승의 시구(右丞句)': 왕유(王維)는 상서우승(尙書右丞)을 지냈으므로 왕우승이라고도 한다.

[3] 소만(小蠻): 백거이(白居易)의 애기(愛妓)로 가무에 뛰어났다. 여기서는 소식의 시첩인 왕조운(王朝雲)을 말한다.

水龙吟

次韵章质夫杨花词

似花还似非花，
也无人惜从教坠。
抛家傍路，
思量却是，
无情有思。
萦损柔肠，
困酣娇眼，
欲开还闭。
梦随风万里，
寻郎去处，
又还被、
莺呼起。

不恨此花飞尽，
恨西园、
落红难缀。
晓来雨过，
遗踪何在？
一池萍碎。
春色三分，

수룡음

— 장질부（章質夫）의 양화사（楊花詞）에 차운（次韻）하다.

꽃인가 하면 또 아닌 것도 같은데
떨어지건 말건 아무도 아끼지 않누나.
집을 떠나 객지로 나도는 신세
생각해보면 아무래도
무정 속에 그리움이 남아 있나봐.
여린 애간장 태우며
지치고 고달픈 눈길
뜨려다 말고 다시 감누나.
꿈속에서 바람따라 만리길
낭군님 찾아 떠나려는데
이번엔 또 난데 없이
꾀꼬리 울어 놀라 깨었네.

날려간 버들개지 탓할 것 없지만
서원에 진 붉은 꽃 어이 살려내리오.
새벽 무렵 한줄금 비가 내리더니
떨어진 꽃잎은 흔적없이 사라지고
연못엔 부평초가 가득 떴구나.

二分尘土，
一分流水。
细看来，
不是杨花，
点点是离人泪。[1]

[1] 苏轼这首词用拟人手法，将无情的杨花化为有思想的人，借杨花飘忽不定的际遇抒写离愁别绪。篇末三句可谓是点明这一题旨的神来之笔，词人从流水想到思妇的眼泪，也可以说思妇的泪水中映衬出空中的杨花，虚实结合地描写，将思妇的相思之情推向高潮。

봄빛을 셋으로 나눈다면

둘은 흙먼지 되고

하나는 강물따라 흘러가리니

자세히 살펴보니 버들개지 아니라

점점이 모두

이별한 이의 눈물이어라.[1]

[1] 소식(蘇軾)의 이 사는 의인법을 적용하여 무정한 버들개지를 유정한 사람으로 만들고 버들개지 흩날리는 기회를 빌어 이별의 수심을 설파하고 있다. 사의 마지막 세 구절은 이른바 작품의 명제를 밝히는 요긴한 대목으로 저자는 흘러가는 물을 보고 임을 그리는 여인의 눈물을 연상하고 또 임을 그리는 여인의 눈물에서 공중을 떠도는 버들개지를 연상한다. 말하자면 허와 실을 결합한 이러한 묘사는 임을 그리는 여인의 정감을 절정에로 끌어올린다.

少年游

润州作，代人寄远。

去年相送，
余杭门外，
飞雪似杨花。
今年春尽，
杨花似雪，
犹不见还家。

对酒卷帘邀明月，
风露透窗纱。
恰似姮娥怜双燕，
分明照、
画梁斜。

소년유

— 윤주(潤州)에서 이 사를 지어 인편에 띄워 보내다

작년에 서로 작별할 때는
이 여항문 밖에
눈꽃이 흩날려 버들개지 같더니
올해는 봄이 지물도록
버들개지 (흩날려) 눈꽃 같건만
오실 임은 아직도 보이지 않누나.

술잔 들고 문발을 거두며
밝은 달을 불러 오려니
찬 바람만 창 틈으로 스며드누나.
마침 둥지 찾아 돌아온 제비 한쌍
상아도 어여삐 여겨서인가
밝은 달빛 비스듬히 대들보 비추네.

江城子

密州出猎

老夫聊发少年狂，
左牵黄，
右擎苍，
锦帽貂裘，
千骑卷平冈。
为报倾城随太守，
亲射虎，
看孙郎。

酒酣胸胆尚开张，
鬓微霜，
又何妨！
持节云中，
何日遣冯唐？[1]

---

[1] 持节云中，何日遣冯唐：相传汉文帝时，魏尚为云中太守。他爱惜士卒，优待军吏，匈奴远避，却因报功文书上所记载的杀敌的数字与实际不合，被削职。经冯唐代为辩白后，汉文帝就派冯唐“持节”去赦免魏尚，让魏尚恢复职务。苏轼此时因政治上处境不好，调密州太守，故以魏尚自许，希望能得到朝廷的信任。

강성자
— 밀주(密州)에서 사냥가다

늙은 이몸 한바탕 젊은 티 뽐내고자
왼손에 누렁이 끌고
오른 손에 참매 쳐들었네.
비단모자에 담비옷 떨쳐입고
일천 기병 이끌고 산언덕을 휩쓰노라.
태수 따르는 성안 사람들을 위해
내 손수 호랑이를 쏘아
(옛날) 손권의 모습 보여주리라.

거나한 취기에 담력이 커지니
살쩍이 조금 세었다 한들
그게 무슨 대수랴.
언제면 조정에서
풍당을 운중에 보내오려나?[1]

---

[1] '언제면 조정에서 풍당을 운중에 보내오려나?' : 전설에 따르면 한(漢)문제 때에 위상(魏尙)은 운중(云中) 태수였다고 한다. 그는 사병들을 아끼고 군관을 우대하였으며 흉노를 멀리 쫓아버렸다. 하지만 군공을 보고한 문서에 적군을 사살한 숫자가 실제에 맞지 않았던 탓으로 강직되고 말았다. 풍당(馮唐)이 그를 위해 변명한 덕분에 한(漢)문제는 풍당을 보내어 위상를 복직시켰다. 소식은 당시 정치적으로 불우한 처지에 있어 밀주(密州) 태수로 좌천되었으므로 위상의 사례를 들어 조정의 신임을 되찾을 수 있기를 회망한 것이다.

会挽雕弓如满月，
西北望，
射天狼。

내 활을 힘껏 당기어

서북쪽을 향해

천랑[1] 을 쏘리라 .

1 천랑 (天狼): 별 이름 . 견성 (犬星) 이라고도 함 . 여기서는 침략을 일삼는 서하 (西夏) 를 비유하고 있다 .

卜算子

黄州定慧院寓居作

缺月挂疏桐，
漏[1]断人初静。
谁见幽人独往来，
缥缈孤鸿影。

惊起却回头，
有恨无人省。
拣尽寒枝不肯栖，
寂寞沙洲冷。[2]

---

1 漏：指漏壶，是中国古代利用滴水、沙的多少来计量时间的一种仪器。

2 “拣尽”两句：词人借孤鸿择木而栖来表达自己虽被贬黄州，却不肯随波逐流的高洁志向。

복산자
— 황주 정혜원(定惠院)거처에서

성긴 오동나무 가지에 조각달 걸리고
물시계[1] 멎어 인적 없는 (야밤에)
홀로 오가는 유인[2] 그 누가 알아보랴.
마치 멀리 날아가는 외기러기 같거늘.

깜짝 놀라 날아오르며 뒤돌아 보건만
품은 한을 알아주는 이 아무도 없네.
마른 가지 고르고도 깃들 마음이 없어
(내려 앉은) 모래섬은 마냥 적막하구나.[3]

---

[1] 물시계(漏壺): 고대에 물방울이나 모래알이 흘러 내리는 양에 따라 시간을 가늠하는 의기.

[2] 유인(幽人): 쓸쓸하고 외진 곳에 사는 사람, 은자. 여기서는 저자 자신을 가리킨다.

[3] '마른 가지 고르고도" 두 구절: 저자는 외기러기가 마른 나무가지를 고르고도 둥지를 틀지 않음을 빌어 자기가 비록 황주(黃州)로 강직되었지만 세속에 융합치 않는 고결한 지향을 표현하고 있다.

洞仙歌[1]

冰肌玉骨，
自清凉无汗。
水殿风来暗香满。
绣帘开，
一点明月窥人，
人未寝，
欹枕钗横鬓乱。

起来携素手，
庭户无声，
时见疏星渡河汉。
试问夜如何？
夜已三更，
金波淡，
玉绳[2]低转。

[1] 此词以丰富的想象，描写了花蕊夫人与孟昶的爱情故事。花蕊夫人虽是孟昶的妃子，但在后蜀灭亡后，她又成了宋太祖的宠妃。对于这样一个有绯闻的女子，词人将她写得像仙女一样，词作广为传颂。

[2] 玉绳：星名。是北斗七星中的斗杓，在北斗第五星玉衡之北。

동선가[1]

얼음같은 살갖, 옥같은 기골
워낙 산뜻하여 땀도 나지 않으리라.
물가의 전각에 그윽한 향기 실려오누나.
열린 문발 사이로
밝은 달이 방긋 미인을 엿보는데
잠 못드는 여인은
흐트러진 머리 훔치며 침상에 기대네.

일어나 섬섬옥수 맞잡고 나와 보니
뜰안은 고요히 잠들어 있고
가끔 성긴 별이 은하수를 건너네.
묻노니 밤은 얼마나 깊었느냐?
밤은 이미 자정을 넘어
달빛 희미하고 옥승[2] 기울었는데

---

[1] 이 사는 풍부한 상상력으로 화예(花蕊)부인과 맹창(孟昶)의 사랑이야기를 다루었다. 화예부인은 비록 맹창의 비첩이었으나 후촉(后蜀)이 멸망한 후 그녀는 또 송(宋)태조가 총애하는 왕비로 되었다. 이러한 추문이 있는 여성을 저자는 선녀처럼 묘사함으로써 작품으로 하여금 널리 칭송되게 하였으니 저자의 예술적 기량이 얼마나 훌륭한가를 알 수 있다.

[2] 옥승(玉繩): 별 이름. 북두칠성의 자루 부분에 해당하는 별인 옥형(玉衡) 근처에 있다.

但屈指西风几时来，
又不道流年、
暗中偷换。

가을바람 언제 불가 손꼽아 헤어보니
세월은 말없이 흘러
어느새 또 계절이 바뀌었구나.

江城子[1]

乙卯正月二十日夜记梦

十年生死两茫茫。
不思量，
自难忘。[2]
千里[3]孤坟，
无处话凄凉。
纵使相逢应不识，
尘满面，
鬓如霜。

夜来幽梦忽还乡。
小轩窗，

[1] 这首词是苏轼为悼念原配妻子王弗而写的一首悼亡词，通过“记梦”表现对亡妻绵绵不尽的哀伤和思念。

[2] 开头三句直入主题：恩爱夫妻，撒手永诀，时间倏忽，转瞬十年。人虽云亡，而过去美好的情景却难忘怀。

[3] 千里：王弗葬地四川眉山，与苏轼的任所山东密州相隔遥远，故称“千里”。

강성자[1]

— 을묘(乙卯)년 정월 30일 밤 꿈을 적다

십년을 저승과 이생에 갈라져 살며
생각지 않으려 해도
(참으로) 잊을 수가 없구려[2].
천리[3] 밖 멀리 외로운 산소여
(이 내) 슬픔 하소할 길 없어라.
설사 만난대도 이젠 알아보지 못하리니
내 얼굴 온통 먼지에 찌들었고
머리도 어느새 하얗게 세었다오.

간밤 꿈에 홀연 고향에 갔더니
(그대) 작은 방 창가에서

[1] 이 사는 소식이 본처인 왕불(王弗)을 추모하여 쓴 애도사로서 '꿈을 적어' 죽은 아내에 대한 절절한 비통과 그리움을 담고 있다.

[2] 사의 첫 세 구절은 단도직입적으로 작품의 주제, 즉 금슬 좋은 부부가 별안간 사별하여 어느덧 10년 세월이 흘렀음을 밝힌다. 사람은 비록 구름 밖의 망혼이 되었어도 지난날의 아름다운 정경들을 차마 어찌 잊을 수 있으랴.

[3] 천리(千里): 왕불(王弗)은 사천의 미산(眉山)에 매장되어 소식의 임지인 산동 밀주(密州)와는 매우 멀리 떨어져 있었으므로 '천리밖 멀리' 라고 하였다.

正梳妆。

相顾无言，

惟有泪千行。

料得年年肠断处：

明月夜，

短松冈[1]。

[1] 短松冈：苏轼葬妻之地。

한창 단장하고 있더구려.
(우린) 말없이 서로를 바라보며
눈물만 하염없이 흘렸소그려.
짐작컨대 해마다 애간장 태운 곳은
달빛 밝은 야밤
애솔나무 늘어선 언덕[1] 이었으리.

1 '애솔나무 늘어선 언덕' : 소식의 아내가 묻혀있는 곳을 말함.

蝶恋花

花褪残红青杏小，
燕子飞时，
绿水人家绕。
枝上柳绵吹又少，
天涯何处无芳草！[1]

墙里秋千墙外道，
墙外行人，
墙里佳人笑。
笑渐不闻声渐悄，
多情却被无情恼。[2]

---

[1] “枝上”两句在跌宕起伏中，表现深挚的感情。枝木的柳絮越吹越少，自然让人心生伤春惜春之情，但到处的青青芳草又让人看到无限生机，别是一番新的境界，这两句也成为传诵千古的经典。

[2] 句末两句，通过男子的多情被少女的无情伤害，来暗示自己对朝廷的忠心耿耿却换来贬谪在外，委婉地表达自己年华不在，功业无成的失意以及遭受不公的抑郁之情。

접련화

연분홍 살구꽃 지니 푸른 열매 달리고
제비들 쌍쌍이 하늘을 나는데
개울물 졸졸 집 앞을 흘러가네.
버들개지 날려가고 가지는 성글어도
세상에 어딘들 녹음방초 없으리오![1]

담장 안엔 꽃그네, 담장 밖엔 큰 길
길가던 나그네 담장 밖에서 (기웃기웃)
담장 안 아가씨들 까르르 웃어대누나.
말소리 웃음소리 점점 사라지니
다정한 나그네 무정함에 실망하네.[2]

[1] '버들개지 흩날려' 두 구절은 자유분방하고 기복적인 수법으로 인물의 진지한 정감과 활달한 흉금을 표현한다. 바람에 흩날려 점차 적어지는 버들개지는 자연히 봄을 아끼는 사람들의 수심을 자아내게 마련이다. 그러나 저자는 갑자기 말머리를 돌려 어디에나 다 있는 녹음방초를 언급함으로써 새로운 경지를 드러내 보인다. 이 두 구절은 천고의 경전으로 널리 전송되고 있다.

[2] '웃음소리 점점' 두 구절은 다정한 나그네가 아가씨들의 무정함에 실망하는 것을 통해 조정에 대한 저자 자신의 충성이 오히려 외지로 강직되는 결과를 초래하였음을 암시함과 동시에 자신의 지나가버린 젊음, 품었던 포부를 실현하지 못한 실의, 그리고 불공정한 대우에 대한 환멸을 완곡하게 표현하고 있다.

浣溪沙

簌簌巾落枣花，
村南村北响缫车[1]。
牛衣[2]古柳卖黄瓜。

酒困路长惟欲睡，
日高人渴漫思茶。
敲门试问野人家。

[1] 缫车：抽丝之具。缫：把蚕茧浸在热水里，抽出茧丝。
[2] 牛衣：蓑衣之类。这里泛指用粗麻织成的衣服。

완계사[1]

대추꽃 펄펄 머리 위에 흩날리고
마을 곳곳에서 소거[2] 소리 울리는데
덕석[3] 걸친 오이장사 버들밑에 앉았네.

술김에 먼길 오니 졸음이 몰려들고
한낮의 갈증에 찻물생각 간절하여
여염집 문 두드려 물 한모금 청하네.

[1] 이 사는 한 폭의 시골마을 초여름 풍경화이다. 작자는 이번에 시골에 내려와 기분이 아주 좋은가 보다. 펄펄 흩날리는 대추꽃이며 오이파는 농사꾼, 그리고 곳곳에서 들려오는 소거소리에 모두 큰 흥미를 느낀다. 심지어 목이 말라 여염집 문을 두드려 물 한모금 청하는 것까지 언급하고 있다.

[2] 소거(缫车): 누에고치에서 실을 뽑는 기구.

[3] 덕석: 거치른 삼이나 풀로 짠 멍석같은 것으로 소잔등에 덮어주는 데 쓴다. 여기서는 거치른 무명옷 같은 등속을 말함.

李之仪

1038—1117 年，北宋词人，曾任枢密院编修官等职。他擅长作词，其词隽美俏丽，另具独特的风调。代表作《卜算子》借水言情，意味隽永，是千古流传的爱情词。

卜算子

我住长江头，
君住长江尾。
日日思君不见君，
共饮长江水。

此水几时休，
此恨何时已。
只愿君心似我心，
定不负相思意。

이지의

이지의(李之儀, 서기 1038 ~ 1117 년), 북송(北宋)의 사인으로 한때 추밀원(樞密院)의 편수관(編修官) 등 직을 맡았었다. 그는 사(詞) 창작에 뛰어났고 그의 사는 우미하면서도 또한 독특한 격조를 보여주고 있다. 대표작인《복산자(卜算子)》는 강물을 빌어 애정을 묘사하였는데 의미심장하여 천고에 길이 전해지는 애정사로 되었다.

복산자

나는 장강의 웃목에 살고
임은 장강의 아랫목에 있나니
날마다 그리는 임의 얼굴 안 보여도
우리 함께 장강물 마시며 사네요.[1]

이 강물 언제면 멈추고
이 수심 언제면 가셔지랴?
임의 마음 부디 나와 같아서
애틋한 이내 사랑 저버리지 마소서.

---

[1] 이 사는 장강으로 인해 시흥이 일어 사의 첫 두 구절에서 '나' 와 '임' 두 사람이 각각 장강의 웃목과 아랫목에 천리나 떨어져 있음을 언급한다. '날마다 임' 에 대한 그리움을 주체할 길 없고 두 사람 다 장강 기슭에 살며 '함께 장강물 마시며 살다' 보니 강물만 보면 임의 생각을 떠올리게 된다. 끝없는 그리움은 유유히 흐르는 강물과 같고 보고파도 볼 수 없는 애절함은 강물처럼 끝임이 없다. 그러나 비록 서로 만나지는 못해도 필경 한 강물을 마시고 있지 않는가! '함께 마시는 물' 로 인해 그리움과 떨어져 있는 원한이 얼마간 풀리는 듯 싶다.

舒亶

1041—1103年，北宋词人。宋英宗治平二年（公元1065年）进士，曾任试御史中丞等职。其词多写恋情，颇具花间风韵。

虞美人
寄公度

芙蓉落尽天涵水，
日暮沧波起。
背飞双燕贴云寒，
独向小楼东畔倚阑看。

浮生只合尊前老，
雪满长安道。
故人早晚上高台，
寄我江南春色一枝梅。

서 단

서 단(舒亶, 서기 1041 ~ 1103 년), 북송(北宋)의 사인(詞人)으로 송(宋) 영종 치평 2 년(서기 1065 년)에 진사에 급제하여 한때 시어사중승(试御史中丞) 등 직을 맡았다. 그의 사는 대부분 연정을 다루어 꽃 같은 운치가 다분하다.

우미인
— 벗 공도(公度)에게

꽃이 진 연못에 하늘이 잠겼는가
해질 무렵 푸른 물결 이누나.
제비 한쌍 찬 구름 속을 나는데
(나) 홀로 누각 동쪽 난간에 기대섰네.

덧없는 인생 술과 함께 늙어가고
장안 길엔 흰 눈만 가득 쌓였어라.
옛 친구 조석으로 높은 대에 오른다니
강남의 봄 매화나 한 가지 보내주구려.

黄庭坚

1045—1105年，北宋著名文学家、书法家。他提倡以学问为诗，主张以故为新。其诗造语新奇，笔势奇纵，被称为“山谷体”。其词疏放清健，别具一格，历来受到人们的高度评价。

定风波

次高左藏使君韵

万里黔中一漏天，
屋居终日似乘船。
及至重阳[1]天也霁，
催醉，
鬼门关[2]外蜀江前。

莫笑老翁犹气岸，
君看，
几人黄菊上华颠？

---

[1] 重阳：即重阳节，中国传统节日，时间在每年农历九月初九，有登高望远、观赏菊花等活动。

[2] 鬼门关：即石门关（今重庆市奉节县东），两山相夹如蜀门户。

황정견

황정견(黃庭堅, 서기 1045 ~ 1105 년), 북송(北宋)의 이름난 문학가와 서예가이다. 그는 시를 학문으로 삼을 것을 제창하고 옛 것을 새롭게 바꿀 것을 주장했다. 그의 시(詩)는 조어(造語)가 참신하고 필치가 분방하여 '산곡체(山谷體)' 라고 불리었고 그의 사(詞)는 구애없이 자유롭고 건전하여 독특한 풍격을 이루었으므로 예로부터 사람들에게 높이 평가되었다.

정풍파

— 고좌장(高左藏) 사군(使君)의 사에 차운하여

일만리 검중(黔中) 땅 퍼붓는 비에
종일 집에 갇혀 배타고 가는 듯하더니
중양[1] 절이 되어 하늘이 맑게 개며
(기껏) 취해보라 부추기누나
귀문관[2] 을 지척에 둔 촉강 앞에서.

늙은이 기세 부린다 웃지를 마소.
그대 (한번) 둘러보게나
백발에 국화꽃 꽂은 이 몇이나 되는지.

---

[1] 중양(重陽): 즉 중양절은 중국의 전통 명절로 시간은 매년 음력 9 월 9 일, 높은 곳에 올라 멀리 내다보며 국화를 감상하는 등 행사가 진행된다.

[2] 귀문관(鬼門關): 즉 석문관[石門關, 오늘의 중경(重慶)시 봉절(奉節)현 동쪽에 있음], 두 산 사이가 좁아서 촉(蜀, 사천)으로 들어가는 문호와 같다.

戏马台[1]南追两谢[2]，
驰射，
风流犹拍古人肩[3]。

---

[1] 戏马台：戏马台是徐州现存最早的古迹之一，公元前206年，盖世英雄项羽灭秦后，自立为西楚霸王，定都彭城（今徐州），于城南的南山上，构筑崇台，以观戏马，故名戏马台。

[2] 两谢：即谢瞻和谢灵运。相传公元416年，刘裕北征，九月九日会僚属于戏马台，赋诗为乐，谢瞻和谢灵运各赋《九日从宋公戏马台集送孔令》一首。

[3] 晋代大学者郭璞《游仙诗》曰："左挹浮丘袖，右拍洪崖肩"，想象与浮丘袖、洪崖先生等仙人为伍，出入仙乡，神游四海。此句借用郭璞诗句，极为形象地表达了词人对古人的相亲相近之情以及与古人比肩的追超之意。

희마대[1] 앞에서 두 사씨[2]를 떠올리며

(말 타고) 달리며 활을 쏘나니

멋진 풍채 옛 영웅에 못지 않으리[3].

---

[1] 희마대(戲馬台): 희마대는 서주(徐州)에 현존하는 최초의 고적 중 하나이다. 기원전 206 년, 절세의 영웅 항우(項羽)가 진(秦)을 멸망시킨 후 스스로 서촉(西蜀) 패왕으로 자칭하고 도읍을 팽성(彭城)에 두었으며 도성 남쪽에 있는 남산에다 숭대(崇台)를 축조하여 곡마구경을 했으므로 희마대라고 했다.

[2] 두 사씨(兩謝): 즉 사첨(謝瞻)과 사영운(謝靈運)을 말함. 전설에 따르면 서기 416 년, 유유(劉裕)가 북쪽으로 출정하던 중 9 월 9 일 이곳에서 부하들과 함께 시를 지으며 즐기는 가운데 사첨과 사영운이 각각《9 일 송(宋)공의 희마대에서 공령(孔令)을 바래며》라는 시를 한 수씩 지었다고 한다.

[3] 진(晉)대의 대학자 곽박(郭璞)은《유선시(游仙詩)》에서 '왼손으로 부구(浮丘)의 소매를 당기고 오른손으로 홍애(洪崖)의 어깨를 다독이네'라는 말로 부구, 홍애 등 신선들과 한 동아리가 되어 선경을 드나들며 온 천하를 돌아다는 정경을 상상해 본다. 이 구절은 곽박의 시구를 빌어 옛 사람에 대한 친밀한 정분 및 옛 사람을 초월하고픈 저자의 심정을 매우 형상적으로 표현함으로써 저자의 호매한 기개를 보여준다.

清平乐

春归何处？
寂寞无行路。[1]
若有人知春去处，
唤取归来同住。

春无踪迹谁知？
除非问取黄鹂。
百啭无人能解，
因风飞过蔷薇。

[1] 这首词开首两句以疑问形式，对春的归去提出质疑：春天到哪里去了，为什么没有留下踪影？“归”和“无行路”，用拟人化手法，将抽象的春具体化，意境深远。

청평악

봄은 어디로 갔나?
흔적조차 없으니 더욱 쓸쓸하구나.[1]
봄이 간곳 아는 이 있거든
불러다 우리 함께하세나.

봄의 종적 그 누가 알리오?
꾀꼬리에게 물어본다면 몰라도.
아무리 지저귀어도 알아듣는 이 없어
(새는) 바람타고 장미꽃 스쳐 날아가누나.

[1] 첫 두 구절에서 저자는 의문구 형식으로 봄의 종적을 물어본다. 봄은 어디로 갔나? 왜 흔적조차 없는 거지? 원작에서 '귀(歸, 돌아오다)' 와 '무행로(無行路, 갈길이 없다)' 는 봄을 의인화하여 추상적인 봄에 구체적인 인간의 특징을 부여함으로써 각도가 참신하고 뜻이 심원해진다.

鹧鸪天

座中有眉山隐客史应之和前韵，即席答之。

黄菊枝头生晓寒，
人生莫放酒杯干。
风前横笛斜吹雨，
醉里簪花倒著冠[1]。

身健在，
且加餐。
舞裙歌板尽清欢。
黄花[2]白发相牵挽，
付与时人冷眼看。

---

[1] 倒著冠：相传晋朝时期，山简嗜酒成性，是一个十足的酒鬼。他镇守襄阳时，经常约朋友到高阳池游玩，少不了要饮酒作乐，他一喝就要喝到烂醉如泥。但酒醒了又能骑马，只是醉态蒙眬，连头巾都戴歪了。此句借用山简的典故，表现词人不拘世俗、风流自赏的生活态度。

[2] 黄花：一语双关，既指黄菊，也指年轻的歌女。

자고천

— 좌중에 은일객 사응지 (史應之) 가 있어 그의 사에 차운하여 즉석에서 화답하다

노란 국화꽃 가지에 새벽서리 차갑구나
인생에 어찌 술잔을 아니 비우랴 .
바람 타고 피리소리 빗속에 울려퍼지는데
취중에 꽃을 비녀 삼고 모자도 거꾸로 썼네 .[1]

이 한몸 성할 때
우선 더 먹고 볼 일
춤추고 노래하며 마음껏 즐겨보리라 .
황국[2] 과 백발이 손잡고 어우르니
세속의 싸늘한 눈길 대수롭지 않네 .

---

[1] '모자도 거꾸로 썼네' : 전설에 따르면 진 (晉) 대 때에 산간 (山簡) 은 음주가 습성이 되어 명실이 상부하는 술미치광이었다고 한다 . 그는 양양 (襄陽) 을 지키면서도 늘 친구들과 함께 고양지 (高陽池) 에 와서 술판을 벌리며 즐기었는데 술을 마시기 시작하면 끝까지 녹초가 되도록 마시었다 . 하지만 술이 깨면 말은 탈 수 있었지만 정신이 몽롱하여 두건마저 비뚤게 쓰곤 하였다 . 여기서는 산간의 이야기를 빌어 세속에 구애없이 스스로 풍류를 즐기는 저자의 생활태도를 표현했다 .

[2] 황국 (黃菊): 쌍관어로서 노란 국화꽃을 말하면서 또한 나젊은 가녀 (歌女) 를 가리키기도 한다 .

诉衷情

在戎州登临胜景，未尝不歌渔父家风，以谢江山。门生请问：先生家风如何？为拟金华道人[1]作此章。

一波才动万波随，
蓑笠一钩丝。
锦鳞正在深处，
千尺也须垂。

吞又吐，
信还疑，
上钩迟。
水寒江静，
满目青山，
载月明归。

[1] 金华道人：即唐代诗人张志和，东阳金华人。曾写过五首《渔父》词，以“西塞山前白鹭飞，桃花流水鳜鱼肥。青箬笠，绿蓑衣，斜风细雨不须归”一阕最有名。

소충청

— 융주(戎州)에서 승경에 올라 미처 어옹의 가풍을 노래하여 강산에 사례하지 못했다. 문하생이 나에게 선생의 가풍은 어떠했느냐고 묻기에 금화도인(金華道人)[1]을 모방하여 이 사를 짓다.

한 파문에 만 파문 뒤따르누나
우장에 삿갓 쓰고 낚시줄 드리웠네.
탐스러운 물고기 깊은 물속에 있거늘
천길이 넘어도 여기에 드리워야지.

삼켰다간 또 뱉으니
물린 걸까 아닐까 주저하는 사이에
이번에도 그만 놓치고 말았네.
차가운 강물 잔잔하고
청산이 어둠에 안겨드니
밝은 달빛 이고서(집으로) 돌아오네.

---

[1] 금화도인(金華道人): 즉 당(唐)대의 시인 장지화(張志和), 그는 동양(東陽) 금화(金華, 절강성) 사람이었다. 그는《어부(漁父)》사 5수를 지었는데 그중에서 "서새산 기슭에 백로가 날고 / 도화수 물속에 쏘가리가 살쪘어라. / 검은 삿갓에 도롱이 걸쳤으니 / 비바람 대수랴 돌가지 않으리라." 라는 명구가 있다.

李元膺

生卒年不详，北宋词人。代表作《洞仙歌》借景抒情，表达惜春之意，词中拟人手法的运用，极富意趣。

洞仙歌

一年春物，惟梅柳间意味最深。至莺花烂漫时，则春已衰迟，使人无复新意。予作《洞仙歌》，使探春者歌之，无后时之悔。

雪云散尽，
放晓晴池院。
杨柳于人便青眼。
更风流多处，
一点梅心，
相映远，
约略颦轻笑浅。

一年春好处，
不在浓芳，
小艳疏香最娇软。

이원응

이원응(李元膺, 생졸년 미상), 북송(北宋)의 사인(詞人)으로 남경의 교관이었다. 대표작인《동선가(洞仙歌)》는 눈앞의 정경을 빌어 속심을 설파하면서 봄에 대한 연정을 표현하였는데 작품에 적용한 의인수법에 의취가 매우 풍부하다.

동선가

한 해의 봄 경치 가운데 매화와 버드나무에 깃든 의미가 가장 깊다. 꾀꼬리가 울고 꽃이 흐트러지게 피었을 때는 봄은 이미 쇠하여 신선함을 잃게 된다. 내가《동선가》를 지음은 봄놀이하는 사람들이 노래로 부르게 하여, 때를 놓쳐 후회하지 않도록 하기 위해서이다.

눈구름은 말끔히 흩어지고
이른 새벽 연못과 정원 맑게 개었는데
버들잎 파릇파릇 (내게) 눈짓하는가.
더욱 풍류롭고 다정한 것은
(저기 있는) 매화꽃 한 송이
멀리서 환하게 빛을 내며
보일듯 말듯 살포시 웃고 있네.

한해치고 봄이 좋음은
뭇꽃이 만발할 때가 아니라
작고 여린 매화 향기 그윽한 때이어라.

到清明时候，
百紫千红，
花正乱，
已失春风一半。
早占取韶光共追游，
但莫管春寒，
醉红自暖。

청명이 되어
울긋불긋 온갖 꽃이 흐트러지면
봄은 벌써 반나마 가버리나니
일찌감치 호시절을 함께 즐겨보세 .
이까짓 꽃샘추위 무슨 대수랴
술에 취하면 절로 더워지리니 .

朱 服

公元1048年—？，熙宁六年（公元1073年）进士。历任官中书舍人、礼部侍郎。《渔家傲》是其仅存的一首词，寓情于景，韵味无穷，展现了词人深厚的艺术功力。

渔家傲

小雨纤纤风细细，
万家杨柳青烟里。
恋树湿花飞不起。
愁无际，
和春付与东流水。

九十光阴能有几？
金龟解尽留无计[1]。
寄语东阳沽酒市，
拚一醉，
而今乐事他年泪。

---

[1] 此句中的金龟指所佩戴的玩饰。相传贺知章结交李白后，有一次邀李白对酒共饮，但不巧，这一天贺知章没带酒钱，于是他毫不犹豫地解下佩戴的金龟换酒，与李白开怀畅饮，一醉方休。从此，"金龟换酒"成为文坛上的佳话。词人借用这个典故，表达了对于春天的留恋之情。

주 복

주 복 (朱服 , 서기 1048 년~ ?), 희녕 (熙寧) 6 년 (서기 1073 년) 진사에 급제하였고 관중서사인 (官中書舍人), 예부시랑 (禮部侍郎) 등 직을 역임했다 .《어가오 (漁家傲)》는 그의 유일하게 남아있는 사작품으로 경물에 정감을 부여하여 정취가 무궁하며 저자의 깊고 두터운 예술적 기량을 보여준다 .

어가오

보슬비 실실이 바람에 날리고
마을의 버드나무 안개 속에 묻혔는데
나무에 정든 꽃잎은 젖은 채 날지를 못하누나 .
(내) 끝없는 시름을
봄과 함께 동으로 흐르는 강물에 띄워 보내노라 .

구십일 세월이 길다 한들 얼마나 되랴 ?
금거북[1] 을 다 풀어도 가는 봄 못 잡으리니
동양[2] 술집에 부탁하여
한바탕 실컷 취해보세 ,
오늘의 즐거움 훗날의 눈물 될지도 모르니 .

---

[1] 이 구절의 금거북 (金龜) 은 패물용 장신구를 말함 . 전하는 바에 의하면 하지장 (賀知章) 은 이백 (李白) 과 사귀게 된 후 한번은 이백과 함께 술을 마시게 되었는데 공교롭게도 이날 술값을 가지고 오지 않았으므로 서슴없이 금거북 장신구를 풀어 술값을 치른 다음 이백과 함께 술을 취하도록 실컷 마셨다고 한다 . 이로부터 '금거북으로 술을 바꾸다' 는 문단의 한 미담으로 되었다 . 여기서 저자는 이 전고를 빌어 술을 마시며 봄에 대한 아쉬움을 표현하고 있다 .

[2] 동양 (東陽): 오늘의 절강 (浙江) 성 금화 (金華) 시 .

时 彦

？—1107 年，北宋文学家。宋神宗元丰二年（公元 1079 年）进士，曾任兵部员外郎等。少年好学，孜孜不倦。工于诗词，《青门饮》是其仅存的一首词作。此词写景叙事，抒情真挚，情景兼美。

青门饮

寄宠人

胡马嘶风，
汉旗翻雪，
彤云又吐，
一竿残照。
古木连空，
乱山无数，
行尽暮沙衰草。
星斗横幽馆，
夜无眠、
灯花空老。
雾浓香鸭，
冰凝泪烛，
霜天难晓。

시 언

시 언(時彦, 서기 ? ~ 1107년), 북송(北宋)의 문학가로 송(宋) 신종 원풍 2년(서기 1079년)에 진사에 급제하였고 관직은 병부원외랑(兵部员外郎) 등을 역임했다. 어려서부터 공부에 열심하고 부지런하였으며 시와 사에 능하였다.《청문음(青門飲)》은 그의 유일하게 남아있는 사 작품이다. 풍경을 묘사하며 일의 경과를 서술한 이 사는 정감이 진지하고 장면이 아름답다.

청문음
— 그리운 그대에게

호마(胡馬)는 바람 속에 울고

한나라 깃발 눈 속에 펄럭이는데

노을에 물든 구름 사이로

한 자락 석양빛 내리 비치네.

고목은 하늘 높이 치솟고

산봉은 들쑥날쑥 첩첩한데

걸음 멈춘 사막엔 시든 풀만 남았구나.

고요한 여관 위에 북두칠성 걸려있고

잠 못드는 밤에 부질없이 등불만 밝히네.

향로에선 짙은 향기 피어오르고

촛불은 눈물지어 차갑게 엉기는데

서리 찬 하늘은 좀처럼 동틀 줄을 모르누나.

长记小妆才了。
一杯未尽，
离怀多少。
醉里秋波，
梦中朝雨，
都是醒时烦恼。
料有牵情处，
忍思量、
耳边曾道。
甚时跃马归来，
认得迎门轻笑。

늘 생각나누나, 가벼운 화장 마치고
술 한잔 채 비우기도 전에
이별을 얼마나 슬퍼했던가.
취중에 보내온 정다운 눈길도
꿈속에서 누렸던 즐거움도
깨고 나니 모두 괴로움 뿐이네.
번마다 그리움 사무칠 때면
떠올리노라, 귓가에 속삭이던 그녀의 말을.
"언제쯤 말을 달려 돌아오실래요.
그날 문앞에서 반가이 맞아드릴게요."

秦 观

1049—1100年，北宋文学家、词人，被尊为婉约派一代词宗，“苏门四学士”之一。其诗文均有成就，词的成就最为突出。其词风格清丽婉约，凄美苍凉，沉郁顿挫，受到了普遍的推崇和褒誉。代表作品有《鹊桥仙》《踏莎行》等。

满庭芳

山抹微云，
天连衰草，[1]
画角声断谯门。
暂停征棹，
聊共引离尊。

[1] 开端两句雅俗共赏，只此一个对句，便足以流芳词史了。“抹”字本意，就是用别一个颜色，掩去了原来的底色之谓。传说唐德宗贞元时阅考卷，遇有词理不通的，他便“浓笔抹之至尾”。

진 관

진 관(秦觀, 서기 1049 ~ 1100 년), 북송(北宋)의 문학가와 사인(詞人)으로 완약파의 일대 사종(詞宗)이며 '소문(蘇門) 4 학사' 중의 한 사람이다. 그는 시와 문장에 모두 숙달하지만 사창작에서 성과가 뛰어났다. 그의 사는 풍격이 청아하고 완약한가 하면 처량하고 침울하면서도 운률의 멈춤과 바뀜이 적절하여 많은 사람들의 추앙과 호평을 받고 있다. 대표작으로는《작교선(鵲橋仙)》과《답사행(踏莎行)》등이 있다.

만정방

산은 엷은 구름 지워버리고

매마른 초원 하늘가에 닿았는데[1]

망루에선 나팔소리 그치누나.

떠나려던 배 잠시 멈추고

이별의 술잔 함께 기울이네.

---

[1] 사의 첫 두 구절은 누구나 다 감상할 수 있어 이 하나의 대구(對句)만으로도 사사(詞史)에 길이 남을만 하다. 원문에서 '말(抹, 지워버리다)자의 본의는 다른 하나의 색깔로 원래의 바탕색을 덮어버린다는 뜻이다. 전설에 따르면 당(唐)대의 덕종 정원(貞元) 연간에 과거시험 답안을 열람하는 시험관은 문맥이 통하지 않는 부분을 '진한 색갈로 마지막까지 죽 줄을 그어버렸다' 고 한다. 이 '그어버리다' 가 여기서 '지워버리다' 로 변용되었고 그로 인해 저자는 '산말미운군(山抹微雲君)' 으로 이름나게 되었다.

多少蓬莱旧事[1]，
空回首，
烟霭纷纷。
斜阳外，
寒鸦万点，
流水绕孤村。

销魂。
当此际，
香囊暗解，
罗带轻分。
谩赢得青楼，
薄幸名存。
此去何时见也？
襟袖上，
空惹啼痕。
伤情处，
高城望断，
灯火已黄昏。

---

[1] 蓬莱旧事：男女爱情的往事。相传早年秦观到蓬莱阁畅游，与一名歌妓相恋，度过了一段美好的时光，可是最终却只能分离，很是让人怅惘。

봉래에 있었던 지난 일들을[1]
부질없이 돌이켜보니
희미한 안개와 노을만 같네.
저녁해 서쪽으로 기울고
쓸쓸한 까마귀 떼지어 나는데
냇물은 외진 마을 감돌아 흐르네.

(슬픔에) 넋을 잃고
이별을 앞둔 이 순간
향주머니 살며시 품에서 꺼내고
비단띠 조심조심 풀어 나누네.
기루에서 누린 사랑
박정하단 말만 남겼을 뿐.
이제 가면 언제 다시 만나리오.
속절없는 눈물로 옷자락 적시네.
슬픔을 못 이겨
높은 성루에 올라 멀리 바라보니
어느새 황혼 속에 등불만 깜박이누나.

---

1 '봉래에 있었던 지난 일들을' : 남녀가 사랑했던 지난 일들을 말함. 전하는 바에 의하면 젊은 시절 진관은 봉래각에 와서 유람하던 중 한 기녀를 사랑하게 되어 즐거운 한 때를 보내었지만 종내는 이별할 수 밖에 없어 무척 실의에 빠졌었다고 한다.

鹊桥[1]仙

纤云弄巧，
飞星传恨，
银汉迢迢暗渡。
金风玉露一相逢，
便胜却人间无数。

柔情似水，
佳期如梦，
忍顾鹊桥归路。
两情若是久长时，
又岂在朝朝暮暮。[2]

[1] 鹊桥：在中国古代传说中，牛郎和织女被银河隔开，每年七夕节才能相见。为了让他们顺利相会，这一天各地的喜鹊都会飞来在银河上架起桥梁，此桥被称作鹊桥。后来引申为能够连结男女之间良缘的各种事物。

[2] 词末两句婉约蕴藉，揭示了爱情的真谛：爱情要经得时间和空间的考验，只要彼此真诚相爱，即使终年天各一方，也比朝夕相伴却貌合神离可贵得多。

작교[1] 선

실구름 갈래갈래 곱게 비끼어
직녀성은 애절한 그리움 안고
기나긴 은하수 이 밤에 건너는가.
가을밤에 조용히 한번 만남은
세간의 무수한 만남보다 나아라.

애틋한 정은 넘치는 물같고
달콤한 시각은 꿈인양 흘러가니
돌아갈 오작교 차마 못오르겠네.
서로의 정이 그토록 깊을진대
조석으로 아니 만난들 어떠리오.[2]

---

[1] 작교(鵲橋): 중국의 고대 전설에 따르면 하늘의 견우와 직녀는 은하수에 의해 갈라져 있는데 해마다 음력으로 7월 7일, 즉 칠석날 밤에야 비로소 만날수 있다고 한다. 그들이 무난히 만날 수 있도록 하기 위해 이날 각지의 까치들이 모여들어 은하에다 다리를 놓아주므로 이 다리를 오작교(烏鵲橋)라고 한다. 후에 이는 남녀간의 좋은 인연을 무어주는 각종 사물로 파생되었다.

[2] 이 마지막 두 구절은 완약하고 함축적이며 여운이 길게 사랑의 참뜻을 명시한다. 말하자면 사랑은 장구한 이별의 시련도 견뎌내야 하며 서로를 진심으로 깊이 사랑한다면 설사 일년 내내 떨어져 있다 하더라도 조석으로 함께 하지만 표리부동한 것보다는 훨씬 귀중하다는 것이다.

减字木兰花

天涯旧恨，
独自凄凉人不问。
欲见回肠，
断尽金炉小篆香。

黛蛾长敛，
任是春风吹不展。
困倚危楼，
过尽飞鸿字字愁。[1]

[1] 词末两句，表明了女主人公独处高楼的处境和引起愁恨的原因。旧有鸿雁传书之说，仰观飞鸿，自然会想到远方人的书信，但无数次失望的经验告诉她，飞鸿过尽也盼不到来自情人的音书，倚遍危楼，也依然是天涯愁恨。因此，这排列成行的“雁字”，在她眼中，便因为倍增的愁思触目成“愁”了。

감자목란화

하늘 끝까지 사무치는 한이여
홀로 쓸쓸할 뿐, 아무도 묻는 이 없네.
보고 싶어 애간장 태우는데
향로의 향마저 어느새 사위었어라.

찌프린 검은 눈썹
봄바람 불어도 펴지질 않누나.
높은 누각에 맥없이 기대서니
날아가는 기러기도 저마다 수심에 잠긴 듯.[1]

---

[1] 마지막 두 구절은 홀로 높은 누각에 오른 여주인공의 처지와 그녀가 수심에 쌓인 까닭을 밝히고 있다. 예로부터 기러기가 편지를 나른다는 설이 있으므로 날아오는 기러기를 바라봄은 자연히 먼 곳에서 임의 편지가 오기를 기다리는 것이다. 그러나 수없이 실망을 거듭한 경험은 그녀에게 기러기가 날아가 버림은 임의 소식이 없음을 알려주며 높은 누각에 기대어 보아도 수심은 가벼워지지 않는다. 따라서 줄을 지어 날아가는 기러기떼를 보는 순간, 여인의 가슴에는 '시름' 이 한결 더 쌓인다.

踏莎行

雾失楼台，
月迷津渡，
桃源[1]望断无寻处。
可堪孤馆闭春寒，
杜鹃声里斜阳暮。

驿寄梅花[2]，
鱼传尺素[3]，
砌成此恨无重数。
郴江幸自绕郴山，
为谁流下潇湘去？

[1] 桃源：即桃花源，指生活安乐、合乎理想的地方。

[2] 驿寄梅花：相传北魏诗人陆凯与朋友范晔相隔甚远，只能通过驿使的来往相互传递问候。一次，陆凯将一支梅花装在信袋里送给范晔，以此表达对友人的祝福。这里词人将自己比作范晔，表示收到了来自远方的问候。

[3] 鱼传尺素：相传古时用绢帛写信而装在鱼腹中传给对方，后来改以鲤鱼形状的函套装书信。于是“鱼传尺素”成了传递书信的又一个代名词。这里也表示接到朋友问候的意思。

답사행

짙은 안개에 누대는 모습을 감추고
희미한 달빛에 나루터도 안보이니
머나먼 도원[1]은 찾을 길 바이 없네.
객사에서 외로이 봄추위에 떠노라니
두견새 울음 속에 저녁 해 저무누나.

옛 친구 역참에서 매화꽃 부쳐오고[2]
잉어 뱃속에 비단쪼각 들었으니[3]
가슴속 수심은 한결 더 깊어지네.
침강은 제멋대로 침산을 에돌 게지
어이하여 소상(瀟湘)으로 흘러가느냐?

---

1 도원(桃源): 즉 도화원, 살기 좋고 이상적인 고장을 일컬음.

2 전설에 따르면 북위(北魏)의 시인 육개(陸凱)는 친구인 범엽(範曄)과 아주 멀리 떨어져 있었으므로 역사(驛使)를 통해 서로 안부를 전하곤 하였다. 한번은 육개가 매화꽃 한 가지를 봉투에 넣어 범엽에게 보내어 친구에 대한 축복을 표시했다고 한다. 여기서 저자는 자기를 범엽에 비유하여 먼 곳에서 보낸 친구의 문안을 받은 것으로 표현하고 있다.

3 전설에 따르면 옛날에는 비단에 쓴 편지를 물고기 뱃속에 넣어 대방에게 전하였는데 후에는 잉어모양의 편지통으로 바뀌었다. 그리하여 '잉어 뱃속의 비단쪼각'은 서신을 전달하는 대명사로 되었고 여기서도 친구의 문안 인사를 받았다는 뜻으로 씌었다.

浣溪沙

漠漠轻寒上小楼，
晓阴无奈似穷秋。[1]
淡烟流水画屏幽。

自在飞花轻似梦，
无边丝雨细如愁。
宝帘闲挂小银钩。

[1] “漠漠”两句：漠漠轻寒，似雾如烟。词的首句，就为全词烘托出一个色调凄清的景象，营造出寥廓冷落的气氛。“上”字，淡淡的愁思，便无声无息地在人的心头轻轻漾起。紧接着“晓阴”二字，点明这是一个春阴的早晨。

완계사

소슬한 봄추위 작은 누각에 스며들고
음산한 새벽 날씨 늦가을 같은데[1]
병풍에 그린 강물 안개 속을 흐르누나

제멋대로 흩날리는 꽃잎 꿈처럼 가볍고
가없이 내리는 가랑비 수심처럼 가는데
무료한 주렴은 작은 은고리에 걸려 있네.

---

1 '소슬한 봄추위' 두 구절 : 소슬한 봄추위 연기 같고 안개 같다. 사의 첫 구절은 작품의 전반 색조와 한산한 모습을 두드러지게 하고 봄추위로 인한 새벽 날씨의 음산한 분위기를 자아낸다. '스며들고' 를 음미해 보면 담담한 시름은 바로 이 소슬한 봄추위가 소리없이 사람의 가슴속에 불러일으킨 것이 아니겠는가? 뒤이어 '음산한 새벽 날씨' 로 때가 늦봄임을 밝히고 음산한 봄추위로 인해 주인공은 더욱 우울하고 무료함을 느끼게 된다.

阮郎归

湘天风雨破寒初，
深沉庭院虚。
丽谯吹罢《小单于》，
迢迢清夜徂。

乡梦断，
旅魂孤。
峥嵘岁又除。
衡阳犹有雁传书，
郴阳和雁无。[1]

---

[1] 相传衡阳有回雁峰，鸿雁南飞望此而止。而郴州在衡阳之南，道路险阻，更是书信难传。词的结尾，词人不着痕迹地连用两个典故，抒发了被贬郴州时对家乡的思念以及举目无亲的孤寂之情。

완랑귀

상강 하늘에 비바람 추위를 몰아가고
깊숙한 정원은 텅 비어있네.
망루의《소선우》피리소리 그치니
긴 밤도 고요히 흘러가누나.

고향(찾아 헤매던) 꿈을 깨고보니
떠돌이의 넋이 더욱 외롭고
힘겨웠던 한해 또 저물어가네.
형양까진 그래도 기러기가 소식 전하더니
침양에는 기러기마저 아니 오누나.[1]

---

[1] 전하는 바에 의하면 형양(衡陽)에는 회안봉(回雁峰)이 있어 남쪽을 향해 날아가던 기러기들이 이곳까지 와서 멈춘다고 한다. 그런데 침주(郴州)는 형양보다 더 남쪽에 있고 길이 험난하므로 서신을 전하기가 더욱 어려웠다. 사의 마지막 부분에 흔적없이 두 개의 전고를 사용한 것이 매우 적절하고 자연스럽다. 저자가 침주로 강직되어 가면서 느끼는 고향생각과 의지가지 없는 외로운 심정을 토로한 것이다.

李 甲

生卒年不详，北宋词人。元符（1098—1100年）年间曾任武康县令。善填词，代表作《帝台春》借春景写伤离隔绝之情，该词语浅情深，意蕴无穷，是不同于一般伤春寄情之作的词。

帝台春

芳草碧色，
萋萋遍南陌。
暖絮乱红，
也知人春愁无力。
忆得盈盈拾翠侣，
共携赏凤城寒食。
到今来，
海角逢春，
天涯为客。

愁旋释，
还似织；
泪暗拭，

이 갑

이 갑(李甲, 생졸년 미상), 북송(北宋)의 사인으로 원부(元符, 서기 1098 ~ 1100 년) 연간 한때 무강현령(武康縣令)으로 있었다. 사 창작에 능숙하였으며 대표작인 《제대춘(帝台春)》은 봄날의 경치를 빌어 이별의 슬픔을 토로한 것으로 어의는 가벼워 보이지만 뜻이 깊고 여운이 짙어 일반적인 상춘기정(傷春寄情) 작품과는 크게 틀린다.

제대춘

방초는 파릇파릇
남쪽 두렁길에 무성하구나.
포근한 버들개지, 흩날리는 붉은 꽃잎
사람 마음 아는듯 봄 시름에 기운 잃었네.
그립구나 방실방실 웃어주던 그녀
함께 손잡고 봉성에서 한식절 즐겼었지.
오늘따라 이 몸은
천애(天涯)에서 봄을 맞고
지각(地角)의 길손 되었네.

수심은 풀리나 싶더니
다시 얽히고(맺혀)
남몰래 훔치는 눈물

又偷滴。
谩伫立、
遍倚危阑，
尽黄昏，
也只是暮云凝碧。
拼则而今已拼了，
忘则怎生便忘得。[1]
又还问鳞鸿，
试重寻消息。

[1] “拼则”两句语极浅白，情却深挚。作者用通俗的语言描绘出了理智与情感相交织的矛盾痛苦，追悔、失落、怅望、欲求不得，尽在其中，情致哀婉，凄楚动人，显露出作者的相思之情及执著追求的品格。

어느새 또 흘러내리네.

높은 난간에 기대어 멍하니 섰노라니

황혼은 저물고

검푸른 저녁 구름만 모여드누나.

차라리 단념하고[1] 그만두면 될 것을

어이하여 마냥 잊지를 못하는가.

아마도 물고기와 기러기에게 물어

임의 소식 또다시 알아봐야 하리.

[1] '차라리 단념하고'의 두 구절은 언어가 매우 통속적이지만 정이 깊고 진지하다. 저자는 통속적인 말로 이성과 감정이 서로 엇갈린 갈등을 묘사하면서 어쩔 수 없는 후회와 실망, 원망과 요구를 담고 있다. 감정 토로가 절절하고 슬픔과 괴로움이 감동적이어서 저자의 그리움과 집착이 자연스럽게 발로되고 있다.

赵令畤

1051—1134年，北宋词人，宋太祖次子燕王赵德昭玄孙。元祐六年（公元1091年）签书颍州公事。绍兴初，袭封安定郡王，迁宁远军承宣使。其词善于抒情，词风清婉。

蝶恋花

卷絮风头寒欲尽，
坠粉飘香，
日日红成阵。
新酒又添残酒困，
今春不减前春恨。

蝶去莺飞无处问，
隔水高楼，
望断双鱼信。
恼乱横波秋一寸，
斜阳只与黄昏近。[1]

---

[1] 词末两句，抒写了因伤春怀人而生发的绵绵春恨。横波，指美目。“秋一寸”，也指目。黄昏景色撩乱她的眼目，更触动了她的愁绪。

조령치

조령치(趙令畤, 서기 1051 ~ 1134 년), 북송(北宋)의 사인으로 송(宋) 태조의 둘째 아들 연왕 조덕소(趙德昭)의 현손이다. 원우(元祐) 6 년(서기 1091 년)에 영주공사(潁州公事)에 서명했다. 소흥(紹興) 초에 안정군왕(安定郡王)을 세습하고 영원(寧遠)에 옮겨 가 군승선사(軍承宣使)로 있었다. 그의 사는 서정 표현이 훌륭하고 사풍이 맑고 부드럽다.

접련화

버들개지 날리는 봄바람에 추위는 물러가고
지는 꽃잎 우수수 꽃향기 풍기는데
낙화는 날마다 붉은 장사진 이루누나.
새로 마신 술, 남은 취기에 시름을 보태니
올봄의 설음 지난 봄에 못지 않아라.

나비와 꾀꼬리 가버려 물을 데가 없으니
강기슭 높은 누각에 올라
속절없이 임의 소식 기다리네.
눈 앞의 경치 눈과 마음 어지럽히는데
해는 기울어 황혼에 가깝구나.[1]

---

[1] 마지막 두 구절은 임에 대한 그리움으로 인해 봄이 더 없이 미워진 심정을 묘사했다. 원문의 '橫波' 와 '秋一寸' 은 모두 이쁜 눈과 눈길을 비유한 것이다. 황혼의 경치가 그녀의 눈을 어지럽히며 한층 더 수심을 건드린다.

贺 铸

1052—1125年，北宋词人。曾任太平州通判等职，不附权贵，喜论天下事。能诗文，尤长于词。其词内容和风格较为丰富多样，兼有豪放、婉约二派之长，长于锤炼语言，用韵特严，富有节奏感和音乐美。

鹧鸪天

重过阊门万事非，
同来何事不同归？
梧桐半死清霜后，
头白鸳鸯失伴飞。[1]

原上草，
露初晞。[2]

---

[1] “梧桐”两句用半死梧桐和失伴鸳鸯比喻自己的孤独凄凉。“梧桐半死”，以秋天霜降后梧桐枝叶凋零，比喻自己遭受丧偶之痛后也垂垂老矣。“头白”二字一语双关，鸳鸯头上有白毛，而词人此时已年届五十，也到了满头青丝渐成雪的年龄。

[2] “原上草”两句用露晞比喻死亡，暗指妻子的逝去，形容人生短促，如草上露水易干。

하 주

하 주 (賀鑄 , 서기 1052 ~ 1125 년), 북송 (北宋) 의 사인 (詞人) 으로 한때 태평주통판 (太平州通判) 등 벼슬을 살았으며 권세와 부귀에 아부하지 않고 천하대사를 즐겨 논하였다 . 그는 시와 문장에 능하고 특히 사 (詞) 창작에 뛰어났다 . 그의 사는 내용과 풍격이 비교적 풍부하고 다양하며 호방파와 완약파의 장점을 겸비하였으므로 언어가 세련되고 운률이 엄격하여 리듬과 음악적 미가 다분하다 .

자고천

다시 찾아든 창문[1] 모든 것 달라졌구나
어이하여 함께 왔다 함께 가지 못하는가 ?
서리맞은 오동나무 반나마 시들었고
머리 센 원앙은 짝을 잃고 홀로 나네 .[2]

들판의 풀잎에는
이슬이 걷히고 [3]

---

[1] 창문 (阊门): 소주 (蘇州) 의 한 성문 .

[2] '서리맞은 오동나무' 두 구절은 반나마 죽어가는 오동나무와 짝을 잃은 원앙으로 자신을 비유하였다 . '오동나무 반나마 시들었고' 는 가을 서리에 오동나무가 잎이 지고 생기를 잃었다는 말로 아내를 잃은 자기도 늙어가고 있음을 토로하였으며, '머리 센' 이라고 한 것은 쌍관어로서 원앙머리의 흰 털과 50 세에 백발이 된 자신의 머리를 동시에 비유하여 자신의 고독과 처량함을 형상적으로 부각하였다 .

[3] '들판의 풀잎에는 / 이슬이 걷히고' , 이 구절은 아내의 죽음을 암시하면서 인생의 짧음이 풀잎의 이슬이 쉽게 말라버림 같음을 비유하고 있다 .

旧栖新垅两依依。
空床卧听南窗雨，
谁复挑灯夜补衣？

고향집, 새 무덤 잊혀지지 않누나.
빈 방에 홀로 누워 빗소리 듣나니
누가 다시 등불 밝혀 옷을 기우랴.

捣练子

砧面莹，
杵声齐，
捣就征衣泪墨题。
寄到玉关应万里，
戍人犹在玉关西。[1]

[1] 词末两句表达了女主人公捣好征衣寄给远在玉门关的丈夫，但在当时的交通条件下，寄到玉门关要经历千山万水，不知何时才能到达，更何况丈夫在玉门关之西，不知这包寒衣寄到时丈夫是否尚在人间。这样一个最凄惨、最残酷而又可能出现的悲剧结局，让她写家书时泪随墨下，令人唏嘘不已。

도련자

다듬잇돌 반드럽고
방망이소리 고르로운데
군복을 다듬고 눈물로 편지 쓰네.
가닿을 옥문관은 아득한 만리길
변방대는 아직 옥문관 서쪽에 있다네.[1]

[1] 마지막 두 구절은: 여주인공은 출정한 남편의 옷을 다듬이질하여 머나먼 옥문관에 부쳐보내야 하지만 당시의 교통 여건에서 우편물이 옥문관까지 가닿으려면 수없이 많은 산과 강을 거쳐야 하므로 언제 가닿게 될지 모르는 일이다. 게다가 옥문관에서 더 서쪽에 있는 임의 손에 닿으려면 더욱더 언제가 될 지 모르거니와 설사 소포가 도착한다 해도 그이가 아직 살아있을 런지도 모르는 일이다. 이처럼 처량하고 잔혹하며 또 있을 수 있는 비극적인 결말이 바로 그녀로 하여금 눈물로 편지를 쓰게 하여 독자를 감동시킨다.

减字浣溪沙

楼角初消一缕霞，
淡黄杨柳暗栖鸦，
玉人和月摘梅花。

笑撚粉香归洞户，
更垂帘幕护窗纱，
东风寒似夜来些。

감자완계사

누각 모서리에 한 자락 노을마저 사라지고
잎 시든 버드나무에 까마귀 깃들었는데
옥 같은 미인이 달빛 아래 매화가지 꺾누나.

방긋 웃으며 매화 들고 규방에 돌아와
휘장을 여미어 창문을 가리니
한밤에 스며드는 차가운 동풍 때문인가봐.

踏莎行

杨柳回塘，
鸳鸯别浦，
绿萍涨断莲舟路。
断无蜂蝶慕幽香，
红衣脱尽芳心苦。

返照迎潮，
行云带雨，
依依似与骚人[1]语。
当年不肯嫁春风，
无端却被秋风误。

[1] 骚人：指赋《离骚》的屈原，后泛指诗人，尤其是忧愁失意的诗人。

답사행

실버들 연못가에 하늘거리고
원앙새 쌍쌍 물놀이 한창인데
무성한 부평초 연밥 캐는 뱃길 막누나.
꿀벌도 나비도 연꽃 향기 마다하랴만
붉은 꽃잎 스러져 연밥만 떫구나.

석양이 민물을 맞아들이고
뜬 구름 빗방울 실어오는데
연꽃은 불우한 소인[1] 과 속삭이누나.
그 때에 봄바람을 외면한 것은
무단히 가을바람으로 오해했기 때문이라네.

---

[1] 소인(騷人):《이소(離騷)》라는 부를 쓴 굴원(屈原)을 말함. 후에는 시인을 두루 일컸는데 특히 우울하고 실의에 잠긴 시인을 상징하였다.

青玉案

凌波不过横塘[1]路，
但目送，
芳尘去。
锦瑟华年谁与度？
月桥花院，
琐窗朱户，
只有春知处。

飞云冉冉蘅皋暮，
彩笔新题断肠句。
试问闲愁都几许？
一川烟草，
满城风絮，
梅子黄时雨。[2]

---

[1] 横塘：苏州附近一地名，当时作者路过的地方。

[2] 词末四句，一个设问引领下文：一望无际的草地，到处纷飞的柳絮，梅子黄时的细雨。这一问三叠答，用三种凄清的景色来比喻闲愁闲恨，将不可捉摸的情化为形象生动的物，贴切巧妙，具体感人。

청옥안

미인은 횡당[1] 길 더는 찾지 않으리니
사뿐사뿐 멀어가는 뒷모습
눈으로 바랠 뿐이네.
꽃다운 젊은 시절 누구와 보내려나?
달빛 어린 다리, 꽃밭 이룬 정원일까
격자창에 붉은 대문 부잣집일까
오로지 봄만이 그 곳을 알리라.

흰 구름 떠가는 강 언덕에 해가 지는데
붓을 들어 그리운 정 시에 담아보네.
묻노니, 덧없는 시름 얼마나 되느뇨?
들판에 가득 서린 물안개,
온 성안에 흩날리는 버들개지
매실 익을 무렵의 장마비런가.[2]

---

[1] 횡당(橫塘): 소주(蘇州) 부근의 한 지명, 당시 저자가 지나던 곳임.

[2] 마지막 네 구절: 한 구절 의문문으로 안개 서린 풀밭, 흩날리는 버들개지, 매실철의 장마비를 이끌어 낸다. 한마디 물음에 세 마디 대답이 겹치면서 세 가지의 쓸쓸한 경치로 부질없는 근심과 한을 비유하고 종잡을 수 없는 정감을 형상적이고 생동적인 물질로 변화시킴으로써 저자의 훌륭한 예술재능과 뛰어난 표현력을 보여준다.

六州歌头[1]

少年侠气，
交结五都雄。
肝胆洞，
毛发耸。
立谈中，
死生同。
一诺千金[2]重。
推翘勇，
矜豪纵。
轻盖拥，
联飞鞚，

[1] 此词通过回忆青少年时期在京城的生活，表达了报国无门、壮志难酬的悲愤之情。词中塑造了一个思欲报国而请缨无路的“奇男子”形象，这样的游侠在宋词中前所未有，因此这是宋词中最早出现的真正称得上抨击投降派、歌颂杀敌将士的爱国诗篇。

[2] 一诺千金：相传秦末汉初楚国人季布，楚汉战争中做过项羽的大将，后来归顺西汉高祖刘邦，担任河东太守，一生特别讲信用，只要答应办的事情就一定要办到，从没有失信于人，因此人们常说“得黄金百斤，不如得季布一诺”。后人便用“一诺千金”来形容极讲信用。

육주가두[1]

의협심 넘치던 젊은 시절엔
다섯 고도의 호걸 다 사귀었거니.
진심을 터놓고
의기가 충천하여
몇 마디 논담에
생사의 벗이 되고
한 번의 약속 천금과 같았네.[2]
용맹을 추앙하고
호기를 일삼아
가볍게 수레를 몰고
말 타고 달리면서

---

[1] 이 사는 젊은 시절 경성에서의 의협적인 생활을 회억하면서 나라에 보답할 수 없고 큰 포부를 실현할 수 없는 저자의 비분을 표현하고 있다. 작품에서는 나라에 보답하고저 전장에 나가고 싶어도 기회를 얻지 못한 '특이한 사나이' 형상을 그려내었는데 이는 송사(宋詞)에서 전례없는 일이다. 따라서 이 작품은 최초로 투항파를 규탄하고 멸적의 장수를 노래한 애국 시편이라 할 수 있다.

[2] '한 번의 약속 천금과 같았네.'(一諾千金): 전설에 따르면 진(秦)대 말, 한(漢)대 초에 초(楚)나라 사람 계포(季布)는 초한(楚漢) 전쟁에서 항우(項羽)의 대장으로 있었다가 후에 서한(西漢) 고조 유방(劉邦)에게 귀순하여 하동태수(河東太守)를 지냈는데 평생 신용을 매우 중요시하여 약속한 일은 반드시 해내고 종래로 약속을 어기지 않았으므로 사람들은 '황금 백근을 얻기보다 계포의 한 번 약속을 얻는 것이 낫다' 고 했다. 후세 사람들은 이 '한 번의 약속 천금과 같다'는 말로 신용을 꼭 지킴을 형용하였다.

斗城东。
轰饮酒垆，
春色浮寒瓮，
吸海垂虹。
闲呼鹰嗾犬，
白羽摘雕弓，
狡穴俄空。
乐匆匆。

似黄粱梦[1]，
辞丹凤，
明月共，
漾孤篷。
官冗从，
怀倥偬，
落尘笼。
簿书丛，
鹖弁如云众，
供粗用，

[1] 黄粱梦：传说卢生在邯郸旅店住宿，入睡后做了一个享尽一生荣华富贵的好梦。醒来时旅店主人煮的小米饭还没熟，因此有所领悟。后用“黄粱美梦”比喻想要实现的好事落得一场空。

성곽 동쪽에서 무예를 겨루었었지.
주막에서 취토록 마시노라면
술독에 봄빛이 얼른거리고
바다물도 무지개도 단숨에 삼킬듯 하였네.
사냥개 몰고 수리개 풀어놓으며
흰 살촉 메워 활을 당기면
교활한 짐승도 끝장나고 말았네.
허나 즐거움은 한 순간 뿐이었어라.

(지난 일) 한 마당 꿈이런가[1]
경성을 떠나
밝은 달 이고서
일엽편주로 떠도는 신세.
미관말직에 얽매여
종일 속무에 허덕이고
속세의 조롱에 갇혀
문서더미만 다루고 있네.
나같은 박쥐모자[2] 수없이 많거니.
부질없는 일에 쫓기느라

---

[1] 원문에는 황량몽(黃粱夢)으로 되어 있다. 전설에 이르기를 노생(盧生)이 한단(邯鄲)의 한 여인숙에 머물며 잠이 들어 한평생 영화와 부귀를 마음껏 누리는 좋은 꿈을 꾸었는데 꿈에서 깨어났을 때는 여관집 주인이 끓이는 좁쌀죽이 채 익지 않았으므로 무엇인가를 깨달은 바가 있었다고 한다. 후에 사람들은 '황량미몽(黃粱美夢)' 이라는 말로 현실적인 좋은 일이 허사로 돌아갔음을 비유했다.

[2] 박쥐모자(鶡弁): 박쥐의 털로 장식한 무사의 모자.

忽奇功。
笳鼓动，
渔阳弄，
思悲翁。
不请长缨，
系取天骄种，
剑吼西风。
恨登山临水，
手寄七弦桐，
目送归鸿。

큰 공 세울 기회조차 잃었구나.
오랑캐 호시탐탐 국경을 넘보고
어양[1] 도 늘 불안하거니
늙은 이 몸 누가 생각이나 하랴.
무기 들고 출전하여
오랑캐를 묶지 못할 바엔
검을 휘둘러 서풍에 외치리.
(차라리) 산천을 찾아가
손에 칠현금 들고
멀리 가는 기러기나 바래주리라.

[1] 어양(漁陽): 안록산(安祿山)이 어양에서 일으킨 반란을 말함.

晁补之

1053—1110年，北宋著名文学家，为“苏门四学士”之一。曾任吏部员外郎、礼部郎中。工书画，能诗词。其词格调豪爽，语言清秀晓畅。

摸鱼儿

东皋寓居

买陂塘、
旋栽杨柳，
依稀淮岸湘浦。
东皋嘉雨新痕涨，
沙嘴鹭来鸥聚。
堪爱处，
最好是、
一川夜月光流渚。
无人独舞。
任翠幄张天，
柔茵藉地，
酒尽未能去。

조보지

조보지(晁補之, 서기 1053년~1110년), 북송(北宋)의 이름난 문학가이며 '소문 4학사(蘇門四學士)' 중의 한 사람으로 한때 이부원외랑(吏部員外郎), 예부랑중(禮部郎中) 등 직을 맡았었다. 서화에 조예가 깊고 시와 사에 능하였다. 그의 사는 격조가 호방하고 언어가 청수하고도 유창하다.

모어아
동고(東皐)에 우거(寓居)하면서

연못 사서 물가에 실버들 심고 보니
제법 회하나 상강 기슭 모습이구나.
동쪽 언덕에 비내려 못물이 불으니
백로와 갈매기 나란히 모여드네.
무엇보다 좋은 곳은
달빛 어린 늪 속의 작은 섬이런가
아무도 없이 나 홀로 춤 추는데
푸른 나무숲이 하늘을 가리우고
폭신한 잔디밭 위에 펼쳐져
(내) 술을 다 마셨어도 떠나지 못하노라.

青绫被[1]，
莫忆金闺[2]故步。
儒冠曾把身误。
弓刀千骑成何事？
荒了邵平瓜圃。[3]
君试觑，
满青镜、
星星鬓影今如许！
功名浪语。
便似得班超，
封侯万里，
归计恐迟暮。[4]

[1] 青绫被：汉代制度规定，尚书郎值夜班，公家提供青绫被。这里代指做官时的物质享受。

[2] 金闺：汉朝官门的名称，又叫金马门，是学士们著作和草拟文稿的地方。晁补之曾任校书郎、著作佐郎等官职，故这里用金闺代指朝廷。

[3] 弓刀千骑：指地方官手下佩带武器的卫队。邵平：秦始皇时被封为东陵侯，汉灭秦后，汉高祖刘邦并未再起用这位昔日的东陵侯，致使他沦为布衣，邵平只好以种瓜卖瓜为生。这两句是说自己曾做过地方官，但仍一事无成，反而因做官而使田园荒芜。

[4] 传说汉朝班超少年有大志，后来在西域立了大功，封了侯，在外30多年，回到京城洛阳时已经70多岁，不久便死了。词末三句借班超的故事，说明所谓“功名”不过是一句空话，表现了词人厌弃官场、激流勇退的情怀。

벼슬살이 비단이불[1] (무슨 대수랴)

금규[2] 에서 보낸 나날 돌이켜 보지 말자.

학문 닦아 벼슬함은 제몸을 버린 셈이니.

천명 장졸 거느린들 무슨 소용이랴?

오히려 소평(邵平)의 외밭만 묵인 꼴이네.[3]

그대 자세히 살펴보라

거울 속 모습 백발이 성성하리니.

공명이란 한낱 빈 허울일 뿐

설사 반초[4] 처럼 되어

만리 밖에서 봉호를 얻은들

돌아올 때는 아마 늙고 쇠약한 몸 되리라.

---

[1] 비단이불(綾被): 한(漢)대의 제도에 따라 상서랑(尙書郎)이 야근을 할 때면 나라에서 검은 빛 비단이불을 제공하였다. 여기서는 벼슬살이의 물질적 대우를 말한다.

[2] 금규(金閨): 한(漢)대 궁문의 명칭, 금마문(金馬門)이라고도 하며 학사들이 문서를 작성하고 저서를 집필하는 장소였다. 조보지는 한때 임교서랑(任校書郎), 저작좌랑(著作佐郎) 등 관직에 있었으므로 여기서는 금규로 조정을 지칭했다.

[3] '천명 장졸': 지방장관 산하의 무장 근위대를 말함. 소평(邵平): 진(秦) 시황 시절에는 동릉후(東陵侯)로 있었지만 한(漢)이 진(秦)을 멸망시킨 후 한(漢) 고조 유방(劉邦)은 이 지난날의 동릉후를 기용하지 않고 평민으로 전락시켰으므로 소평은 외농사를 지어 살아가는 수밖에 없었다. 이 두 구절은 자신이 한때 지방관 벼슬을 지내면서 아무런 성과도 이루지 못하였고 오히려 전답만 묵였다는 심사를 설파하고 있다.

[4] 전설에 따르면 한(漢)대의 반초(班超)는 젊어서부터 큰 포부가 있었고 후에 서역에서 큰 공훈을 세워 제후로 봉해졌지만 경성인 낙양(洛陽)으로 돌아올 때는 이미 70세가 넘었고 얼마 후 곧 세상을 뜨고 말았다. 작품의 마지막 세 구절은 반초의 이야기를 빌어 이른바 '공명' 이란 빈 허울에 지나지 않음을 지적하고 벼슬사회에 대한 혐오와 한창 전성기에 결단성 있게 물러나려는 저자의 심정을 표현했다.

水龙吟

次韵林圣予惜春

问春何苦匆匆，
带风伴雨如驰骤。
幽葩细萼，
小园低槛，
壅培未就。
吹尽繁红，
占春长久，
不如垂柳。
算春长不老，
人愁春老，
愁只是、
人间有。[1]

春恨十常八九，
忍轻孤、
芳醪经口。

[1] “算春长不老”四句，写人们因为害怕春色消逝而发愁春光衰老，这不能怪春光，是自己多愁善感罢了。这颇为独到的见解揭示出一条自然规律：春天循环往复，是永远长在、永远不去的，世间万物都在循环变迁中生生不息。

수룡음

— 임성여(林聖予)의《봄이 아쉬워》에 차운하여

묻노니, 봄은 어이하여 그리도 바삐
비바람 이끌고 달리듯 (사라져) 가느냐.
예쁘고 여린 꽃을
작은 뜰 나지막한 울타리 안에서
미처 잘 가꾸지도 못했는데
붉은 꽃잎 바람에 말끔히 흩날려 버리니
봄을 오래오래 잡아 두려면
수양버들이 꽃보다 나으리라.
따지고 보면 봄은 워낙 늙지 않는데
사람들은 봄이 저문다고 슬퍼하니
그 시름 오로지
인간 스스로 품고 있음이어라.[1]

십중 팔구는 봄이 원망스러워
어이 좋은 술 두고 아니 마시랴.

---

[1] '따지고 보면 봄은 워낙 늙지 않는데' 네 구절: 사람들은 봄이 사라질가봐 두려워하고 봄이 늙는 것을 아쉬워하는데 실은 봄을 탓할 것이 아니라 스스로 애수에 잠기기 때문임을 밝히고 있다. 이처럼 독특한 견해에 따르면 봄은 순환왕복하며 영원히 존재하고 영원히 사라지지 않으며 세간의 만물은 모두 순환변화 속에서 끊임없이 번식하는 자연법칙을 게시한 것이다.

那知自是，
桃花结子，
不因春瘦。
世上功名，
老来风味，
春归时候。
最多情、
犹有尊前，
青眼相逢依旧。

어찌 알리오, 본디
복사꽃은 열매 맺고자 질 뿐
봄이 아쉬워 지는 것이 아님을.
세상의 공명도
늘그막의 풍류도
내게는 봄이 가는 때로구나.
허나 다정한 마음만은
술자리에 남아있어
서로 반기는 눈빛 여전하네.

张　耒

1054—1114年，北宋文学家，“苏门四学士”之一。平生仕途坎坷，屡遭不幸。其词语言清新婉丽，代表作《风流子》是谪迁异乡，羁旅之叹的名篇，用典极丰而又贴切自然。

风流子

木叶亭皋下，
重阳近，
又是捣衣秋。
奈愁入庾肠[1]，
老侵潘鬓[2]，
谩簪黄菊，
花也应羞。
楚天晚，
白蘋烟尽处，

---

[1] 庾肠：即庾信的愁肠。相传庾信因出使西魏被留，羁旅北地，故常思念祖国和家乡，曾作《哀江南赋》以寄意。人们因此称乡思或故国之思为“庾愁”。

[2] 潘鬓：即潘岳的斑鬓。潘岳为西晋文学家，貌美而早衰，据说他32岁就有了白发，未老先衰。后人便用“潘鬓”代指中年即鬓发斑白。

장 뢰

장 뢰 (張耒 , 서기 1054 ~ 1114 년), 북송 (北宋) 의 문학가이며 '소문 4 학사 (蘇門四學士)' 중 한 사람이다 . 평생 벼슬길이 순탄치 못하여 여러 차례의 불행을 겪어야 했다 . 그의 사는 언어가 참신하고 부드러우며 대표작인《풍류자 (風流子)》는 타향살이를 개탄한 명편으로 전고를 많이 이용하면서도 매우 적절하고 자연스럽다 .

풍류자

나무잎 우수수 물가에 지고
중양절이 다가와
또다시 다듬이질하는 가을철 되었네 .
어이하랴 , 유신[1] 과 같은 시름
반악[2] 처럼 하얗게 센 귀밑머리
비녀에 국화꽃 꽂으려니
꽃도 마냥 부끄럼 타누나 .
초나라 하늘 저물고 ,

---

[1] 유신 (庾信): 전하는 바에 의하면 유신은 서위 (西魏) 로 출사했다가 억류되어 객지 생활을 하게 되었는데 늘 조국과 고향을 그리던 중《애강남부 (哀江南賦)》를 지어 수심을 달랬다고 한다 . 사람들은 고향 또는 고국에 대한 그리움을 흔히 '유신의 시름' 으로 비유한다 .

[2] 반악 (潘岳): 서진 (西晉) 의 문학가 . 미남이었으나 일찍 노쇠하여 32 살에 이미 백발이 성성하였고 나이 들기 전에 먼저 늙었다고 한다 . 후세의 사람들은 '반악의 귀밑머리' 로 중년에 머리가 세었다는 대명사로 삼았다 .

红蓼水边头。
芳草有情，
夕阳无语，
雁横南浦，
人倚西楼。

玉容知安否？
香笺共锦字，
两处悠悠。
空恨碧云离合，
青鸟[1]沉浮。
向风前懊恼，
芳心一点，
寸眉两叶，
禁甚闲愁。
情到不堪言处，
分付东流。

[1] 青鸟：传说青鸟是有三足的神鸟，能传递信息。西王母驾临前，总有青鸟先来报信。后世常以此指传信的使者。

흰 마름꽃 안개 속에 묻혔는데
붉은 여귀꽃 물가에서 반기네.
방초는 은근히 정을 품었건만
석양은 내내 말이 없구나.
기러기는 남쪽 포구로 날고
이 몸은 서쪽 누각에 기대어 섰네.

미모의 그녀는 안녕하려나
향기로운 편지지에 몇 글자 적지만
그곳은 여기서 너무도 멀구나.
뜬 구름 부질없이 오락가락
파랑새[1] (무시로) 오르내리네.
바람에 부푸는 괴로움에
어질고 착한 마음
한 촌 길이의 두 눈썹
깊어가는 시름 애써 참누나.
정은 있어도 차마 말할 수 없어
동으로 흐르는 물에 기탁할 뿐이네.

---

[1] 파랑새: 전설에서 파랑새는 '삼족(三足)'의 신조(神鳥)로서 소식을 전할 수 있다고 한다. 서왕모가 행차할 때면 항상 파랑새가 먼저 소식을 전했으므로 후세 사람들은 파랑새를 소식을 전하는 사자로 간주하였다.

周邦彦

1056—1121年，北宋著名词人。曾任国子监主簿等职，宋徽宗时负责谱制词曲，供奉朝廷。精通音律，曾创作不少新词调。其词格律谨严，语言曲丽精雅，长调尤善铺叙。作品在婉约词人中，长期被尊为“正宗”，在宋代影响甚大。代表作有《兰陵王》《玉楼春》等。

兰陵王

柳

柳阴直，
烟里丝丝弄碧。
隋堤上，
曾见几番，
拂水飘绵送行色。
登临望故国，
谁识京华倦客？
长亭路，
年去岁来，
应折柔条过千尺。

주방언

주방언(周邦彦, 서기 1056 ~ 1121 년), 북송(北宋)의 이름난 사인이며 한때 국자감 주박(主薄) 등 벼슬을 살았고 송(宋)휘종 때에는 사와 곡을 창작하여 조정에 공봉했었다. 그는 음률에 정통하여 새 사조(詞調)를 많이 창작했다. 그의 사는 율격이 엄밀하고 언어가 아름다우며 특히 장조(長調)가 뛰어났다. 작품은 완약사인들 중에서 오래도록 '정종' 으로 받들려 왔으며 송(宋)대에 영향력이 매우 컸다. 대표작으로《난릉왕(蘭陵王)》,《옥루춘(玉樓春)》등이 있다.

난릉왕
— 버드나무

버드나무 그늘 곧게 뻗고
안개 속 실가지에 푸른 기운 일렁이네.
수(隋)나라 강둑 위에서
몇 번이나 보았던가
버들꽃 날려 길손을 바래는 광경을!
높은 곳에 올라 고향땅 바라보나니
그 누가 알아주랴,
서울살이에 지쳐버린 이내 심정을.
정처 없는 장정 길에서
세월을 맞고 보내며

闲寻旧踪迹，
又酒趁哀弦，
灯照离席。
梨花榆火催寒食[1]。
愁一箭风快，
半篙波暖，
回头迢递便数驿，
望人在天北。

凄恻，
恨堆积！
渐别浦萦回，
津堠[2]岑寂。
斜阳冉冉春无极。
念月榭携手，
露桥闻笛。
沉思前事，
似梦里，
泪暗滴。

[1] 寒食：即寒食节，在清明节前一或二日。在这一日，禁烟火，只吃冷食，所以叫作“寒食节”。

[2] 津堠：渡口附近的守望所。

꺾어 든 버들가지 천 척도 넘으리라.
부질없이 옛 자취 더듬어보고
구슬픈 거문고 가락에 또 술잔 드나니
희미한 등불이 별자리 비쳐주고
배꽃과 느릅나무 불씨 한식[1]을 재촉하누나.
수심 속에 배는 쏜살같이 떠나가고
반나마 잠긴 상앗대에 물결 따뜻한데
돌아보니 지나온 역참만도 여럿,
그리운 사람은 하늘 북쪽에 있으려나.

마음은 서글프고
한은 쌓여만 가누나.
이별의 포구엔 물결이 감돌고
나루터의 돈대[2]도 사뭇 적막한데
뉘엿뉘엿 지는 석양에 봄빛이 다함 없네.
달빛 어린 정자에서 손잡고 거닐며
이슬 내린 다리에서 피리소리 들었거니
지난 일 일일이 떠올려 보면
마냥 꿈만 같아
몰래 흐르는 눈물 주체 못하네.

---

[1] 한식(寒食): 즉 한식절, 청명을 하루 또는 이틀 앞둔 날. 이날이면 취연(炊烟)이 금지되어 찬 음식을 먹어야 하므로 '한식절(寒食節)'이라고 한다.

[2] 나루터의 돈대: 나루터 부근의 파수소.

苏幕遮

燎沉香，
消溽暑。
鸟雀呼晴，
侵晓窥檐语。
叶上初阳干宿雨，
水面清圆，
一一风荷举。[1]

故乡遥，
何日去？
家住吴门，
久作长安旅。
五月渔郎相忆否？
小楫轻舟，
梦入芙蓉浦。

---

[1] “叶上”这三句写得极为巧妙：词句用“一一”二字把荷叶的错落有致、高低疏密描写得惟妙惟肖，一“举”字，荷花亭亭玉立的姿态美与荷花茎的力度美跃然纸上。

소막차

침향에 불을 달아
끈끈한 더위 물리칠 제
날이 개었다 새들이 지저귀며
새벽부터 처마밑을 기웃거리네.
연잎에 고인 빗물 햇볕에 마르고
반드러운 둥근 잎 물위에 떠서
바람타고 하나하나 일어서누나.[1]

아득히 먼 고향
언제면 돌아가랴?
집은 오문(吳門)에 두고
오랜 세월 장안(長安)에 눌러있는 신세
5월의 어부들(나를) 기억하고 있을까?
쪽배 타고 노 저으며.
꿈속에서 부용포로 들어가네.

---

1 '연잎에 고인 빗물' 세 구절은 아주 교묘하게 씌어져 동(動)과 정(靜)이 결합되고 색상이 청신하며 생동적이고도 형상적이다. 마지막 구절에 '일어서누나' 라는 말로 전체 작품을 일떠세워 연꽃의 날씬한 자태와 활력을 아름답게 묘사했다.

蝶恋花[1]

早行

月皎惊乌栖不定，
更漏将阑，
辘轳牵金井。
唤起两眸清炯炯，
泪花落枕红绵冷。[2]

执手霜风吹鬓影，
去意徊徨，
别语愁难听。
楼上阑干横斗柄，
露寒人远鸡相应。

[1] 这首离别词，描写了辞家早行的全过程。别前、别时、别后的不同画面配以不同声响，这样完美的组合，充分表现出难舍难分的离情别绪。

[2] “唤起”两句淋漓尽致地表现了女方的悲伤。“冷”字暗示这位女子一夜不曾合眼，泪水早已把枕芯湿透。连“红绵”都感到心寒意冷了。

접련화[1]

— 새벽길

달빛에 놀란 까마귀 잠 못들고
밤은 어느덧 지새어
우물가 고패소리 들려오네.
잠을 깬 두 눈망울 초롱초롱한데
밤새 흘린 눈물에 베갯잇 차갑구나.[2]

손잡고 찬바람에 귀밑머리 날리며
떠날 생각에 서성거릴 제
(잘있소, 잘가오) 차마 말못하누나.
누각 위로 북두칠성 기울 무렵
찬 이슬, 닭울음 속에 임은 떠나가네.

---

[1] 이 작품은 이별사로서 이른 아침 집을 떠나가는 전반 과정을 다루었다. 이별하기 전, 이별할 때, 이별한 후의 서로 다른 장면을 각이한 기척으로 부각시킴으로써 완벽한 조합을 이루었고 차마 떨어지지 못하는 이별의 심정을 충분히 표현했다.

[2] '잠을 깬' 두 구절은 여자의 슬픔을 남김없이 표현하고 있다. '잠을 깨다' 는 작별할 때가 되었음을 말하고 일찍부터 눈물에 씻긴 여자의 두 눈은 자리에서 일어난 후에도 여전히 '초롱초롱' 하였으며 '차갑구나' 는 여자가 밤새껏 잠을 이루지 못하고 흘린 눈물이 베개를 적시어 마음까지 싸늘해 졌음을 암시한다.

玉楼春

桃溪不作从容住[1]，
秋藕绝来无续处。
当时相候赤阑桥，
今日独寻黄叶路。

烟中列岫青无数，
雁背夕阳红欲暮。
人如风后入江云，
情似雨余粘地絮。

[1] 相传东汉时刘晨、阮肇去天台山采药，在桃溪边遇到两个姿容甚美的女子，遂相慕悦，留居半年。因怀乡思归，女遂相送，指示还路。等刘、阮二人回家，发现子孙已历七世。后来重去天台山，再也没见到那两个女子。这句用“桃溪”的故事，暗示词人曾有过一段桃溪式的爱情际遇，但是没有珍惜，有追悔的意味。

옥루춘

그대와 함께 오래도록 도계에 살 것을[1]
이제는 끊어진 연뿌리, 어이 이어지리오.
서로를 기다렸던 붉은 난간 다릿목에서
오늘은 홀로 단풍길 따라 (그대를) 찾노라.

안개 속에 늘어선 푸른 산봉 너머로
석양을 등지고 기러기떼 높이 나는데
그대는 바람 따라 물속에 사라진 구름같고
내 마음 비 맞아 땅에 붙은 버들개지 같구려.

1 전설에 따르면 동한(東漢)시기 유신(劉晨)과 원조(阮肇)가 천대산에 가서 약초를 캐던 중 도계(桃溪) 기슭에서 매우 아릿다운 두 여인을 만나 서로 정이 들었고 반년나마 동거하게 되었다고 한다. 그러나 고향이 그리워진 그들은 여자들과 후일을 약속하고 작별을 고하였다. 집으로 돌아온 유신과 원조는 그제서야 그동안 자손들이 일곱 세대나 지났음을 알게 되었고 나중에 다시 천대산으로 찾아갔으나 더는 두 여인이 보이지 않았다. 이 구절에서 저자는 '도계'의 이야기를 빌어 한때 도계식 사랑의 기회가 있었지만 아끼지 못했던 것을 후회하는 뜻을 담고 있다.

解语花

上元

风消绛蜡，
露浥红莲，
灯市光相射。
桂华流瓦，
纤云散耿耿素娥欲下。
衣裳淡雅，
看楚女纤腰一把。
箫鼓喧，
人影参差，
满路飘香麝。

因念都城放夜，
望千门如昼，
嬉笑游冶。
钿车罗帕，
相逢处自有暗尘随马。

해어화
— 정월 대보름

바람에 녹아드는 촛불이며
이슬에 젖는 붉은 연꽃등
거리에는 온갖 연등이 서로 빛을 다투네.
달빛은 기와 위를 흐르고
잔 구름 걷히며 항아가 내려오는 듯
말쑥하고 단아한 옷차림
초나라 여인들의 가냘픈 허리
북소리, 피리소리 우렁차고
사람들 그림자 넘실거리는데
거리엔 사향 향기 흘러 넘치네.

생각나누나, 통금이 풀린 도성의 밤
둘러보면 집집마다 대낮같이 밝았고
사람들은 웃고 떠들며 즐겁게 놀았거니.
화려한 수레, 비단수건 손에 든 여인들
만나는 곳엔 말탄 젊은이 뒤따랐었지.

年光是也，

惟只见旧情衰谢。

清漏移，

飞盖归来，

从舞休歌罢。

올해도 대보름날 풍경은 여전하건만

옛날 젊었을 적 정취는 시들었나봐.

어느덧 밤이 깊어

수레 타고 돌아오는데

(사람들의) 춤과 노래 그칠줄 모르누나.

关河令

秋阴时晴渐向暝，
变一庭凄冷。
伫听寒声，
云深无雁影。

更深人去寂静，
但照壁[1]孤灯相映。
酒已都醒，
如何消夜永！

[1] 照壁：中国古时筑于寺庙、宅院前的墙屏。与正门相对，作遮蔽、装饰之用，多饰有图案、文字。

관하령

가을 날씨 흐렸다 개었다 저물어가고
뜨락도 온통 썰렁하구나.
우두커니 서서 가을소리 듣나니
구름 짙어 기러기떼 그림자조차 안 뵈네.

임 떠난 밤은 깊고 고요한데
등불만 외로이 내 그림자를 가림벽[1] 에 비추네.
술도 이미 깨었으니
긴긴 이 밤을 어이 보내리오?

---

[1] 가림벽(照壁): 중국 고대에 사당이나 저택 앞에 세운 담벽. 정문과 마주해 있어 가림용 또는 장식용으로 쓰이는데 흔히 도안이나 문자가 장식되어 있다.

西 河

金陵怀古

佳丽地，
南朝盛事谁记？
山围故国绕清江，
髻鬟对起。
怒涛寂寞打孤城，
风樯遥度天际。
断崖树，
犹倒倚，
莫愁[1]艇子曾系。
空余旧迹郁苍苍，
雾沉半垒。
夜深月过女墙来，
伤心东望淮水。

[1] 莫愁：相传为南朝民间一少女。今南京莫愁湖即因莫愁女而得名。

서 하
— 금릉을 회고하여

아름다운 고장 (금릉)
남조[1] 의 번영했던 옛일 그 누가 기억하랴?
산을 낀 옛 도읍지에 맑은 강물 에돌아 흐르고
트레머리 같은 두 산봉 마주 섰는데
성난 파도 쓸쓸히 외로운 성벽 후려치고
돛배는 멀리 하늘가로 멀어져 가누나.
깎아지른 절벽에 나무 한 그루
아직도 거꾸로 매달려 있구나.
막수[2] 의 거룻배 이곳에 묶였던가?
텅 빈 옛 터에 잡초만 무성하고
퇴락한 보루는 안개 속에 묻혔구나.
깊은 밤 달빛이 성가퀴를 넘어 비쳐드는데
(내) 수심 달래며 동쪽의 회수(淮水) 바라보네.

---

[1] 남조(南朝): 남조의 송(宋), 제(齊), 양(梁), 진(陳)은 모두 금릉(金陵), 즉 오늘의 남경(南京)에 도읍을 두었었다.

[2] 막수(莫愁): 전설에 나오는 남조(南朝)의 한 민간 소녀. 오늘의 남경 막수호는 이 소녀의 이름을 따서 명명한 것이다..

酒旗戏鼓甚处市？
想依稀、
王谢邻里。
燕子不知何世，
入寻常巷陌人家，
相对如说兴亡，
斜阳里。

주기와 풍악소리 흥성했던 옛 장터는 어디?
왕씨와 사씨가 이웃해 살던 동네렸다.
제비는 지금이 어느 세월인지 모르고
평범한 골목길 여염집을 찾아가
흥망을 이야기하듯 서로 마주해 있네
기우는 석양 속에서.

风流子

新绿小池塘，
风帘动、
碎影舞斜阳。
羡金屋去来，
旧时巢燕，
土花缭绕，
前度莓墙。
绣阁里、
凤帏深几许，
听得理丝簧。
欲说又休，
虑乖芳信，
未歌先咽，
愁近清觞。

遥知新妆了，
开朱户，
应自待月西厢。
最苦梦魂，
今宵不到伊行。

풍류자

작은 연못가에 신록이 우거지고
주렴이 바람에 펄럭이며
석양 비낀 물 위에 그림자 던지누나.
부럽구나, 화려한 집 드나들며
옛 둥지에 깃든 제비와
파아란 이끼 덮인 오랜 담장이.
수놓은 휘장 둘러친 규방 얼마나 깊은 거냐?
은은한 생황소리 들려오는데
말을 할듯 말듯 주저하는 그 가락
꽃다운 언약 저버린 상심 때문인가.
노래에 앞서 먼저 목이 메니
수심은 도리어 술잔에 다가들리라.

멀리서도 아노니, 새로 화장을 마친 그대
붉은 대문 열어놓고
달 밝은 서쪽 곁채에서 기다리고 있음을.
가장 괴로운 건 꿈속에서도
오늘 밤 그대 곁에 갈 수 없음이라네.

问甚时说与，
佳音密耗，
寄将秦镜[1]，
偷换韩香[2]。
天便教人，
霎时厮见何妨！

[1] 秦镜：相传汉代秦嘉离家宦游，其妻徐淑因病不能随行，秦嘉寄明镜、宝钗给她以示安慰。此处指情人送的物品。

[2] 韩香：相传西晋贾充之女贾午爱恋仪容美俊的韩寿，以御赐西域奇香赠之；贾充闻韩寿身上奇香，知道是女儿所赠，于是把女儿许配给了他。此处借指情人的赠品。

묻노니 그대여, 언제면 말해주려나

좋은 소식, 은밀한 사연을

(또 언제) 진가의 거울[1] 보내 줄 거며

남몰래 한수의 향[2] 전해주려나.

하늘이 우리를 도와

잠시나마 만나게 해주면 얼마나 좋으랴!

---

[1] '진가의 거울': 전설에 따르면 한(漢)대의 진가(秦嘉)가 관직에 부임하기 위해 집을 떠나갈 때 아내 서숙(徐淑)이 병으로 인해 따라가지 못했으므로 진가는 거울과 비녀를 보내 아내에 대한 사랑과 위안을 표했다고 한다. 여기서는 연인이 보내는 물품을 말함.

[2] '한수의 향': 전설에 의하면 서진(西晉) 가충(賈充)의 딸 가오(賈午)가 미남인 한수(韓壽)를 사모하여 상감이 아버지에게 하사한 서역의 희귀한 향을 훔쳐다 한수에게 주었다고 한다. 가충은 한수의 몸에서 나는 향내를 맡고 곧 딸이 준 것임을 알아채었고 마침내 딸을 한수에게 시집보냈다. 여기서는 연인의 선물을 말함.

谢 逸

？—1113 年，北宋文学家。终身不第，以诗词闻名一时。其词既有花间之浓艳，又有晏殊、欧阳修之婉柔，长于写景，风格飘逸、清丽，在北宋后期的词坛上自成一家。

卜算子 [1]

烟雨幂横塘，
绀色涵清浅。
谁把并州快剪刀，
剪取吴江半。

隐几岸乌巾，
细葛含风软。
不见柴桑避俗翁，
心共孤云远。

---

[1] 这首小词，谢逸化用前人诗句而成，上片写景，下片写人，境是仙境，人是高士，物我一体，完美和谐，生动形象地表现了隐者的高尚情操和高远志向。

사 일

사 일(謝逸, 서기 ? ~ 1113 년), 북송(北宋)의 문학가이다. 평생 과거에 급제하지 못하였으나 시와 사로 한때 명성이 높았다. 그의 사는 꽃밭 속의 화려함을 그리는가 하면 안수(晏殊)와 구양수(歐陽修)의 부드러운 품격을 지니고 있으며 풍경묘사에 뛰어나 풍격이 청초하고 표일하며 단아하고 청려하여 북송(北宋) 후기의 사단에서 스스로 한 파를 이루었다.

복산자[1]

안개비 자욱히 연못을 가리우고
맑고 얕은 못물 감색으로 물들었네.
그 누가 가위로 병주(并州)를 잘라
오강(吳江)의 절반을 가져갔나?

사모관대 몇 번이나 버렸던가
산들 바람 갈포옷에 스며드누나.
속세 떠난 나무꾼 영감 안뵈느냐
마음은 늘 구름따라 멀리 떠있네.

---

[1] 이 짧은 사는 사일(謝逸)이 선인의 시를 변화시켜 만든 것이지만 전단은 풍경을 다루고 후단은 은거자를 묘사하였는데 환경은 선경이요 사람은 고결한 인사로 양자를 완벽하게 조화시킴으로써 은거자의 고상한 정조와 원대한 포부를 형상적으로 표현했다.

江神子[1]

杏花村[2]馆酒旗风。
水溶溶，
飏残红。
野渡舟横，
杨柳绿阴浓。
望断江南山色远，
人不见，
草连空。

夕阳楼外晚烟笼。
粉香融，
淡眉峰。

[1] 这首游子怀人之作，上片写景，下片怀人，写景抒怀，自然天成。据说词人当年独自在黄州一个驿馆外散步，面对美丽的江南风景，不禁想起昔日恋人，一种无法压抑的情感充溢心中。于是回到驿馆，便向负责杂役的人要来笔墨，在墙壁上题写了这首《江神子》。后来人们经过这里，看到这首词都纷纷向馆卒索笔抄录，可见这首词在当时很受欢迎。

[2] 杏花村：杜牧有诗曰："借问酒家何处有，牧童遥指杏花村。"自此，杏花村与酒连在一起，后来酒店多以"杏花村"为名。

강신자[1]

행화촌[2] 의 주기 바람에 펄럭이고
출렁이는 강물에
붉은 꽃잎 날아 떨어지네.
들판의 나루터에 작은 배 닿아 있고
버드나무 숲을 이루어 녹음이 짙구나.
꿈에도 그리는 강남의 경치 아득히 멀고
(그리운) 사람 보이지 않으니
잡초만 무심히 하늘가에 (뻗어 있네.)

석양이 기운 누각 밖엔 저녁 안개 자욱한데
향분 냄새 그윽하고
휘여든 눈썹 담담했었지.

---

[1] 이 사는 떠돌이 나그네가 연인을 그리며 쓴 작품으로 전단에서는 경치를 다루고 후단에서는 연인에 대한 그리움을 다루었는데 풍경 묘사와 감정 토로가 매우 자연스럽다. 전하는 바에 의하면 저자는 당년에 홀로 황주(黃州)의 한 역참 밖을 거닐던 중 아름다운 강남 풍경을 보고 자기도 모르게 옛날의 연인을 생각하게 되었고 참을 수 없는 정감이 북받쳐 올랐다고 한다. 그 길로 역참에 돌아온 그는 잡일을 맡아보는 일꾼에게서 필묵을 얻어 벽에다 이《강신자(江神子)》를 써놓았다. 후에 사람들은 이곳을 지날 때마다 이 사를 보고 너도나도 여관집에서 필묵을 빌려 베껴갔다고 한다. 이로부터 이 사가 당시 얼마나 인기가 있었는지를 알 수 있다.

[2] '행화촌': 두목(杜牧)의 시에 "술집이 어디냐고 물었더니 / 목동은 멀리 행화촌을 가리키네." 라는 시구가 있다. 이로부터 행화촌은 술과 연관되었고 후에는 주점을 대부분 '행화촌(杏花村)' 이라고 이름지었다.

记得年时，
相见画屏中。
只有关山今夜月，
千里外，
素光同。

잊지 못할 작년 이때
우린 그림있는 병풍 안에서 만났었지.
떠나면 관산의 오늘밤 달만은
천리 밖에 떠있어도
깨끗한 그 빛 변함없으리.

晁冲之

生卒年不详，北宋江西派诗人。其词构思新奇，清丽自然。代表作《临江仙》忆旧怀人，冲淡隐约，内容伤感凄楚而情调开朗乐观，可谓独具匠心，极具特色。

临江仙

忆昔西池池上饮，
年年多少欢娱。
别来不寄一行书。
寻常相见了，
犹道不如初。

安稳锦衾今夜梦，
月明好渡江湖。

조충지

조충지(趙冲之, 생졸년 미상), 북송(北宋)의 강서(江西)파 시인이다. 그의 사는 구상이 참신하고 자연스럽다. 대표작인《임강선(臨江仙)》은 지난날의 친구들을 회억하면서 부드럽고 은은한 필치로 슬프고 쓸쓸한 내용을 명랑하고 낙관적인 격조로 표현하며 독창적인 경지를 이루어 매우 특징적이다.

임강선

지난날 서지(西池)에서 술마실 때는
해마다 얼마나 즐거웠던가.
헤어진 뒤로는 편지 한 통 없구나.
설사 별일 없이 다시 만난다 해도
더는 그전 같지 않으리.

따스한 이불 속 오늘 밤 꿈에선
달빛 밝아 강호(江湖)를 건느기 좋으리니

相思休问定何如。
情知春去后，
管得落花无？[1]

[1] 词末三句设想月夜梦中的重逢。久别重逢的故人通常会畅谈彼此别后景况，之所以反而“休问”，实在是因为彼此遭遇相同，处境相似，彼此互问情况，只会徒增伤感而已。词人用“春天”代指旧党执政的元祐元年至元祐八年（1086—1093年），他们春风得意的这段时间。用而“落花”比喻他们这些像落花一样遭受政治风雨摧残的故旧。表现出对眼前处境的冷静思考，看似旷达实则悲哀。

그리워도 어떻게 지내는지 묻지를 말자.

이제 봄날이 다 가고 나면

꽃이야 지건 말건 무슨 대수랴![1]

[1] 사의 마지막 세 구절은 달밤의 꿈속에서 재회를 상상해본다. 오랜만에 옛 친구를 만나면 흔히 이별 후의 상황을 서로 주고받는 것이 상례이지만 여기서는 도리어 '묻지를 말자' 고 한다. 그것은 피차의 불행이 같고 처지가 비슷하여 서로 물어본들 슬픔만 더해질 것이기 때문이다. 여기서 말하는 '봄' 은 정치적인 봄날, 즉 보수당이 집정하던 원우(元祐) 원년부터 8년(서기 1086 ~ 1093년)까지 그들이 득의양양하던 시기를 일컫는다. '꽃이 지다' 는 그들이 이 기간에 꽃이 지듯이 정치적인 비바람에 박해를 받았던 옛 일을 비유하고 있다. 저자는 눈앞의 처지에 대한 냉정한 사유를 통하여 활달한 것 같지만 실은 깊은 비애에 잠겨 있음을 표현한다.

毛　滂

1064—约1124年，北宋词人。曾任删定官等职，后罢官归里，居仙居寺。自幼酷爱诗文词赋，作品颇多。其词受苏轼、柳永影响，清圆明润，自然深挚，秀雅飘逸，别树一格。其中《惜分飞》表现沉痛别离之情的爱情名作，使毛滂蜚声文坛。

惜分飞

富阳僧舍代作别语，赠妓琼芳。

泪湿阑干花着露，
愁到眉峰碧聚。
此恨平分取，
更无言语空相觑。

断雨残云无意绪，
寂寞朝朝暮暮。
今夜山深处，
断魂分付潮回去。[1]

[1] 词末两句，是词人对今夜情思的设想：自己虽然身在深山僧舍，但“断魂”却已经吩咐江潮，与故人天涯相伴，其情之真，意之切，感人肺腑。

모 방

모 방(毛滂, 서기 1064 ~약 1124 년), 북송(北宋) 사인으로 한때 산정관(刪定官) 등 벼슬을 살았고 파면된 후에는 고향으로 돌아가 선거사(仙居寺)에 은거했다. 어려서부터 시와 사를 좋아하여 많은 작품을 창작하였다. 그의 사는 소식(蘇軾)과 유영(柳永)의 영향을 받아 원활하고 자연스러우며 우아하고 표일하여 독특한 풍격을 지닌다. 그 중《석분비(惜分飛)》는 이별의 고통을 다룬 애정사의 명작으로서 모방으로 하여금 문단에서 명성을 떨치게 했다.

석분비

— 부양(富陽)의 승방에서 이별사를 지어 기녀 경방(瓊芳)에게 보내다

눈물 어린 얼굴 이슬 맺힌 꽃이런가
수심어린 눈썹 푸른 산봉같아라.
이별의 한을 반씩 나눠가지고
말없이 서로 마주 보기만 하네.

비구름 걷혔어도 마음은 달랠 길 없어
아침에도 저녁에도 마냥 쓸쓸할 뿐이니
오늘 밤 깊은 산 속에서
슬픈 넋을 강물에 띄워 보내리라.[1]

---

[1] 마지막 두 구절은 오늘 밤 그리움에 대한 저자의 가상임. 자신은 비록 깊은 산 속의 사찰에 몸을 두고 있는 처지지만 '넋' 을 강물에 띄워보내 옛 연인과 함께 하려 함으로써 그 사랑의 진실함과 절절함이 사람들을 감동케 한다.

谢克家

？—1134 年，宋朝诗人、书法家。宋高宗建炎四年（公元 1130 年）官参知政事。词存《忆君王》一首，这首词是怀念宋徽宗的。金人南侵，徽宗被掳，在国家和民族的危机中，作者写下了这首忠愤填膺的词，其凄凉怨慕之音，溢于字里行间。

忆君王

依依宫柳拂宫墙，
楼殿无人春昼长。
燕子归来依旧忙[1]。
忆君王，
月破黄昏人断肠。

[1] “燕子归来依旧忙”：燕子是无情之物，它哪里知道楼殿依旧，而主人已换，仍然忙着衔泥，在旧梁上筑起新巢，俨然有“旧时王谢堂前燕，飞入寻常百姓家”的沧桑之感。今昔对比，物是人非，词人对故国的怀念之情跃然纸上。

사극가

사극가 (謝克家 서기 ? ~ 1134 년), 송 (宋) 대의 시인이며 서예가로 송 (宋) 고종 건염 4 년 (서기 1130 년) 에 관직이 참지정사 (參知政事) 에 이르렀다 . 유일하게 남아있는 그의 사《억군왕 (憶君王)》은 송 (宋) 휘종을 그리워하며 쓴 것이다 . 금 (金) 나라가 남침하여 휘종 (徽宗) 이 포로되고 국가와 민족이 위기에 처하자 저자는 의분에 넘쳐 이 사를 지었는데 처량하고 원한에 찬 목소리며 슬픔에 잠긴 심정이 구절마다에 스며있다 .

억군왕

실버들 봄바람에 궁전 벽 어루만지고

텅 빈 전각의 봄낮은 길기만 한데

강남 갔던 제비는 돌아와 여전히 분주하구나 .[1]

그리운 군왕이시여

밝은 달 황혼을 좇으니 애가 타오이다 .

---

[1] '강남 갔던 제비는 돌아와 여전히 분주하구나' : 제비는 무정한 동물이라 전각은 이전과 다름없지만 주인이 이미 바뀐 줄을 알 까닭이 없다 . 그러므로 여전히 진흙을 물어다 낡은 들보에 새 둥지를 틀고 있어 엄연히 '옛날 왕사 (王謝) 의 저택 드나들던 제비 / 이제는 여염집 처마밑에 찾아드네 .' 와 같은 창상지변의 느낌을 준다 . 어제와 오늘을 대비하면 경물은 변함 없으나 사람은 바뀌었으니 고국에 대한 저자의 그리움이 생생하게 떠오른다 .

大中华文库

汉韩对照

대중화문고

중한대역

宋词选

송사선집

II

本书编选组　编选

安义运　译

본서 편집팀　정선

안의운　옮김

外文出版社

외문출판사

目　　录

国家出版基金项目
NATIONAL PUBLICATION FOUNDATION

大中华文库

대중화문고

大中华文库

汉韩对照

대 중 화 문 고

중한대역

宋词选

송사선집

II

本书编选组 编选
安义运 译

본서 편집팀 정선
안의운 옮김

外文出版社
외문출판사

目　　录

차 례

徐 俯

1075—1141 年，宋代官员，江西派著名诗人之一，官至参知政事。工诗词，早期诗风受黄庭坚影响，晚年在诗歌创作中力求创新，诗风趋向平实自然，清新淡雅，别具一格。

卜算子

天生百种愁，
挂在斜阳树。[1]
绿叶阴阴占得春，
草满莺啼处。

不见生尘步，
空忆如簧语。
柳外重重叠叠山，
遮不断、
愁来路。

[1] “天生”两句：词一开头，就直抒胸臆，但愁本胸中，怎么会挂斜阳树呢？这句看似无理的话，实际上表达深深的离愁之情。举目远望，唯见斜阳照处，烟雾迷茫，词人触景生情，于是就产生了无尽的愁绪。

서 부

서 부(徐俯, 서기 1075 ~ 1141 년), 송(宋)대의 관리이며 강서(江西)파 유명 시인 중 한사람으로 관직은 참지정사(參知政事)에 이르렀다. 시와 사에 조예가 있고 조기의 시풍은 황정견(黃庭堅)의 영향을 받았다. 만년에는 시가 창작에서 혁신을 추구하여 사풍이 소박하고 자연스러운 추세로 나아가면서 청신하고 우아하며 독특한 풍격을 이루었다.

복산자

타고난 백 가지 수심
해 지는 나무가지에 걸렸는가.[1]
푸른 잎 은근히 봄을 차지하고
무성한 풀밭에 꾀꼬리 우네.

사뿐사뿐 걸음걸이 (더는) 아니 뵈고
쟁쟁한 목소리 헛되이 되새겨 보네.
버들숲 너머엔 산발이 첩첩하거니
어이 막아내리오
그리움이 찾아오는 길을!

---

[1] '타고난' 두 구절: 사의 서두에서 벌써 가슴 속의 벅찬 수심을 그대로 드러내고 있지만 수심은 워낙 가슴속에 있어야 할 것인데 어떻게 해 지는 나무가지에 걸려 있을 수 있겠는가? 얼핏 보기에는 무리한 것 같지만 실은 깊은 이별의 슬픔을 표현하고 있다. 고개들어 멀리 내다보아야 보이는 것은 석조와 어렴풋한 안개뿐이니 저자는 경물을 보고 감개가 일어 이처럼 다함없는 시름을 담아낸 것이다.

叶梦得

1077—1148 年，宋代词人。出身文人世家，兼善诗文。历任户部尚书、翰林学士等官职，晚年隐居湖州卞山玲珑山石林，故号石林居士，所著诗文多以石林为名。

贺新郎

睡起流莺语，
掩苍苔、
房栊向晚，
乱红无数。
吹尽残花无人见，
惟有垂杨自舞。
渐暖霭、
初回轻暑。
宝扇重寻明月影，
暗尘侵、
上有乘鸾女[1]。

[1] 乘鸾女：相传秦穆公的女儿弄玉和女婿萧史都是吹箫高手，两人经常一起吹箫。秦国的少年男女被他们这种浪漫的行为感染，也开始喜爱唱歌跳舞，全国的气氛由严肃变成活泼。这使朝廷臣子很忧心，怕社会风气因此变坏，所以不断向秦穆公反映。萧史和弄玉为了不为难父王，便去了远方。民间为他们的消失编了一段美丽的神话，说他们是仙人下凡，天外飞来龙和凤，载着他们飞走了。后人用他们的故事做扇面画题材，也称作“乘鸾子”。

섭몽득

섭몽득(葉夢得, 서기 1077 ~ 1148 년), 송(宋)대의 사인이며 문인세가 출신으로 시와 문장에 능숙하였다. 호부상서(戶部尙書), 한림학사(翰林學士) 등 관직을 역임했고 만년에 호주(湖州)의 변산(卞山) 영룡산 석림에 은거하였으므로 호를 석림거사(石林居士)라고 하였다. 그의 대부분 시와 문장은 석림이란 이름으로 창작되었다.

하신랑

꾀꼬리 지저귀어 잠을 깨고 보니
이끼 덮인 창가에 황혼이 깃들고
떨어진 붉은 꽃잎 수두룩한데
남은 꽃잎 다 흩날려도 보는 이 없고
실버들만 제멋대로 춤을 추누나.
아지랑이 피는 봄날 더워지려나
달같이 둥근 부채 다시 찾아드니
먼지 낀 부채에 난새 탄 선녀[1] 그려져 있네.

---

[1] '난새를 탄 선녀' : 전설에 따르면 진(秦)목공의 딸 농옥(弄玉)과 사위 소사(蕭史)는 모두 통소 능수여서 두 사람은 늘 함께 통소를 불었다. 진(秦)나라 젊은 남녀들은 그들의 낭만적인 행위를 본받아 노래와 춤을 즐기기 시작하였으며 전국의 분위기도 엄숙하던 데서 활기차게 되었다. 그러나 조정 대신들은 이에 큰 우려를 느끼었고 사회의 기풍이 나빠질가봐 두려워 거듭 진목공에게 주청했다. 이에 소사와 농옥은 부왕을 난처하게 하지 않기 위해 멀리로 떠나버렸다. 민간에서는 그들이 사라진 사실을 두고 아름다운 신화를 꾸미어 그들은 하늘에서 내려온 신선이어서 하늘에서 용과 봉이 내려와 그들을 데려갔다고 했다. 후세 사람들은 이들의 이야기를 소재로 부채에다 그림을 그렸으며 그것을 '난새를 탄 선녀' 라고 했다.

惊旧恨，
遽如许。

江南梦断横江渚。
浪粘天、
葡萄涨绿，
半空烟雨。
无限楼前沧波意，
谁采蘋花寄取？
但怅望、
兰舟容与，
万里云帆何时到？
送孤鸿、
目断千山阻。
谁为我，
唱《金缕》。

놀랍구나 묵은 한이
이처럼 사무치다니.

강남 꿈 깨어 보니 모래섬 가로 놓였고
포도빛 강물 하늘에 닿을 듯 불었는데
허공엔 안개비 자욱하구나.
누각 앞 푸른 물결 끝없는 수심이런가
그 누가 마름꽃 따서 내게 보내주랴?
유유히 떠가는 배 넋 잃고 바라볼 뿐.
만리 밖 돛배는 언제면 이리 오려나?
외기러기 좇던 눈길 첩첩산에 막히누나.
(이젠) 누가 나를 위해
《금루의(金縷衣)》 불러주리오.

汪 藻

公元 1079—1154 年，南宋初文学家。官历显谟阁大学士、左大中大夫等。博览群书，工骈文。其诗词多触及时事，有感而发，寄托深远。

点绛唇[1]

新月娟娟，
夜寒江静山衔斗。
起来搔首，
梅影横窗瘦。

好个霜天，
闲却传杯手。
君知否？
乱鸦啼后，
归兴浓于酒。

[1] 《点绛唇》是一首吟咏归隐的词。上片写冬末初春的夜景，以“梅瘦”自喻，表现满怀的愁情和品格的高洁。下片写闲愁难耐，委婉地表现内心的苦闷以及厌恶官场、乐于退隐的决心。

왕 조

왕 조(汪藻, 서기 1079 ~ 1154 년), 남송(南宋) 초의 문학가로서 벼슬로는 현모각대학사(顯謨閣大學士), 좌대중대부(左大中大夫) 등 직을 역임했다. 많은 책을 섭렵하고 변체문에 조예가 깊다. 그의 사는 대부분 시사를 언급하고 느낀 바를 표현하며 기탁하는 바가 심원하다.

점강순[1]

초승달 연연(娟娟)하고
추운 밤 산정에 북두성 걸렸는데
잠 못들어 일어나 머리 긁적이나니
창에 비친 매화꽃 그림자도 가엾구나.

서리 내린 늦가을 좋은 날씨건만
한가로운 술잔 돌림 내키지 않네.
그대는 알 수 있을가
까마귀 어지러이 울고난 뒤면
고향 생각 술보다 더 간절해짐을.

---

[1] 《점강순(点絳脣)》은 은거자를 읊은 사작품으로 전단은 겨울의 막바지와 이른 봄날의 야경을 다루면서 자신을 '야원 매화꽃'에 비유하여 가슴에 가득찬 시름과 고결한 품격을 표현하고 후단은 부질없는 수심을 달랠 길 없어 마음속 고민과 관리사회에 대한 염오, 그리고 기꺼이 은퇴하려는 결심을 완곡하게 표현했다.

刘一止

1079—1160年，南宋初词人。任监察御史等职。为文敏捷，博学多才。其词题材广泛，擅于融情于景，清丽深婉。代表作《喜迁莺·晓行》很受时人赞赏，他因此获得“刘晓行”的美誉。

喜迁莺

晓行

晓光催角，
听宿鸟未惊，
邻鸡先觉。
迤逦烟村，
马嘶人起，
残月尚穿林薄。
泪痕带霜微凝，
酒力冲寒犹弱。
叹倦客，
悄不禁重染，
风尘京洛。

유일지

유일지(劉一止, 서기 1079 ~ 1160 년), 남송(南宋) 초의 사인으로 감찰어사(監察御史) 등직을 역임했다. 문장에 민첩하고 박식하며 재주가 뛰어났다. 그의 사는 소재가 광범위하고 정감을 경물에 잘 융합시켜 매우 청아하고 부드럽다. 대표작인《희천앵(喜遷鶯)》은 당시 사람들의 상찬을 받았으며 그 자신도 그로 인해 '유효행(劉曉行)' 이란 미명을 얻었다.

희천앵
— 새벽 길을 나서며

새벽 빛은 나팔소리 재촉하고
숲 속의 새들도 아직 깨지 않았건만
이웃집 닭이 먼저 홰를 치누나.
띄엄띄엄 이어진 연기 서린 마을
말이 울고 사람들 길에 나서는데
초승달은 아직도 숲 속을 비치네.
흐르는 눈물은 서리와 한데 엉기고
술기운도 어한(御寒)에는 약하구나.
고달픈 나그네의 탄식소리
차마 못견디게 어려운 것은
고달프고(외로운) 서울의 풍진 생활이어라.

追念人别后，
心事万重，
难觅孤鸿托。
翠幌娇深，
曲屏香暖，
争念岁华飘泊。
怨月恨花烦恼，
不是不曾经著。
这情味，
望一成消减，
新来还恶。

이별 후의 나날 돌이켜 보면
심사는 많고 많아도
소식 전할 기러기 찾을 길 없었네.
비취색 휘장 안의 어여쁜 그녀
둘러친 병풍 안은 향기로 따뜻하리니
세한(歲寒)을 떠도는 이내 고생 어이 알랴.
달도 꽃도 한스러운 괴로움
예전에도 겪어본 적 없지 않거늘.
가슴속의 이 괴로움
점차 사라지기 바라건만
어이하여 갈수록 더 괴로운 거냐

曹 组

生卒年不详，宋代词人。宋徽宗宣和三年（公元1121年）进士，其词以“侧艳”和“滑稽下俚”著称，在北宋末曾传唱一时。代表作《蓦山溪》以拟人手法描写梅的清芳傲骨，是古诗词众多咏梅之作中的一篇佳作。

蓦山溪

梅

洗妆真态，
不作铅花御。
竹外一枝斜，
想佳人、
天寒日暮。
黄昏院落，
无处著清香，
风细细，
雪垂垂，
何况江头路。

月边疏影，
梦到消魂处。

조 조

조 조(曹組, 생졸년 미상), 송(宋)대의 사인으로 송(宋)휘종 선화 3년(서기 1121년)에 진사에 급제했다. 그의 사는 '측염(側艷)'과 '활계하리(滑稽下俚)'로 유명하며 북송(北宋) 말년에는 한때 널리 전해졌다. 대표작인《맥산계(驀山溪》는 의인법으로 매화의 맑은 향기와 강직한 품격을 묘사하였는데 매화를 노래한 수많은 고대 시사 중 가작으로 손꼽힌다.

맥산계
— 매화

화장 지운 참모습 그대로
아무 지분도 바르지 않았네.
대숲 밖으로 삐어져 나온 곁가지
추운 날 해질 무렵 (홀로 선) 가인이런가
황혼이 지는 뜨락 안에는
맑은 향기 남겨 둘 자리조차 없거늘
하물며 산들 바람 불어오고
흰 눈이 부슬부슬 내리는
강가의 길목임에랴.

달빛 아래 성긴 그림자
꿈속에서도 넋을 잃게 하누나.

结子欲黄时，
又须作廉纤细雨。
孤芳一世，
供断有情愁，
消瘦损，
东阳也，
试问花知否？[1]

[1] 词末四句，作者将自己比作南朝宋大臣沈约。沈约是文学家、史学家，曾任东阳太守，帮助梁武帝萧衍谋划并夺取南齐，建立梁朝。晚年与梁武帝产生嫌隙，忧郁而死。作者将自己与梅花和沈约视为一体，表达自己无人赏识、不得重用的愁苦悲伤之情。

매실이 노랗게 익을 무렵이면

또 보슬보슬 가랑비 내리리.

평생을 홀로 풍기는 향기

다정한 사람 시름겹게 하누나.

그대 위해 수척해진 이 몸

동양(東陽) 태수(심약)

묻노니 매화여, 그대는 아는가?[1]

[1] 사의 마지막 네 구절은 자신을 남조(南朝)의 송(宋)나라 대신 심약(沈約)에 비유하고 있다. 신약은 문학가와 사학가로서 한때 동양태수(東陽太守)로 있었고 양(梁)무제 소연(蕭衍)을 도와 남제(南齊)를 계략으로 탈취하여 양(梁)을 세웠다. 만년에 양(梁)무제와 알륵이 생겨 번민 끝에 죽고 말았다. 저자는 자신과 매화 및 심약을 동일체로 보면서 자기를 알아주지 않고 중용하지 않는 데 대한 실망과 슬픔을 표현하고 있다.

徐 伸

生卒年不详，善词，是填词的行家。词仅存《二郎神》一首，此词以真挚的情感，倾诉了作者对侍妾的一往情深，其独特的艺术魅力，打动了当时的读者，因而广被传诵。

二郎神

闷来弹鹊，
又搅碎、
一帘花影。
漫试著春衫，
还思纤手，
熏彻金猊烬冷。
动是愁端如何向，
但怪得、
新来多病。
嗟旧日沈腰，
如今潘鬓，
怎堪临境？

重省。
别时泪湿，

서 신

서 신(徐伸, 생졸년 미상), 사 창작에 익숙하고 격률에 따라 사를 짓는 능수였다. 유일하게 남아있는 이 사작품《이랑신(二郎神)》은 진지한 정감으로 시첩에 대한 저자의 두터운 애정을 털어놓은 것으로서 독특한 예술적 매력으로 당시 독자들을 감동시켰고 따라서 널리 전송되었다.

이랑신

울적한 나머지 까치를 쏘아 쫓아버리고
문발에 비친 꽃그림자도 흐트러뜨리네.
공연히 봄저고리 꺼내 입노라니
그녀의 손길 새삼 그리워지고
향불이 사위어 향로도 싸늘하구나.
어이하랴, 걸핏하면 수심이 찾아드니
요즘들어 다병해진 이 몸 탓할 뿐이네.
예전부터 여윈 몸 허리가 가늘었고
이제는 머리까지 하얗게 세었으니
차마 어찌 거울을 마주 하리오?

다시 생각하니
헤어질 때 흘렸던 눈물 자국

罗衣犹凝。
料为我厌厌，
日高慵起，
长托春酲未醒。
雁足不来，
马蹄难驻，
门掩一庭芳景。
空伫立，
尽日阑杆倚遍，
昼长人静。

아직도 그녀의 옷자락에 남아있으렸다.
그녀 또한 나 때문에 지친 몸으로
해가 높이 뜨도록 일어나지 않고
봄 술이 채 깨지 않았다 둘러대리라.
소식 전할 기러기 오지를 않고
달리는 말발굽 멈추기 어렵나니
문 닫힌 정원에 봄빛만 가득하리라.
공연히 우두커니 섰다가도
닌간 여기저기에 기대어보는 하루
낮은 길고 사람은 적적하리라.

万俟咏

生卒年不详，南宋初词人。以诗赋著名，但屡试不第，于是绝意仕进，纵情歌酒，他善工音律，每出一词，次日即盛传。代表作《昭君怨》清雅情深，将思归的情怀写得娓娓动人。

昭君怨

春到南楼雪尽，
惊动灯期花信。
小雨一番寒，
倚阑干。

莫把阑干频倚，
一望几重烟水。
何处是京华，
暮云遮。

묵기영

묵기영(萬俟咏, 생졸년 미상), 남송(南宋) 초의 사인으로 시와 부(賦)로 세상에 알려졌다. 그러나 과거시험에서 번마다 낙방하자 벼슬길을 단념하고 구속없이 술과 노래로 자유분방한 생활을 하였다. 그는 음률에 정통하여 새 사작품이 나올 때마다 이튿날부터 원근에 널리 전해지곤 하였다. 대표작인《소군원(昭君怨)》은 청아하고 깊은 정감으로 고국에 돌아가고픈 심정을 매우 생동감있게 묘사했다.

소군원

남루(南樓)에도 봄은 찾아와 잔설이 사라지고
대보름 연등절에 봉선화가 놀라 잠을 깨누나.
한 줄금 가랑비 내려 아직은 싸늘한데
홀로 난간에 기대어 섰노라.

난간에 기대어 바라본들 무엇하랴
보이느니 짙은 안개 자욱한 물길 뿐인데
번화한 경성이 있는 곳은 어디메뇨?
저녁 구름에 가리워 보이질 않누나.

陈 克

1081—1137年，南宋初词人。自幼受家庭熏陶，才学日益长进，诗、词、文无不精通。其词继承“花间”和北宋的婉丽之风，语言工丽，佳作较多。代表作《菩萨蛮》因描绘恬淡境界受到历代词话家的赞誉。

菩萨蛮

绿芜墙绕青苔院，
中庭日淡芭蕉卷。
蝴蝶上阶飞，
烘帘自在垂。

玉钩双语燕，
宝甃杨花转。
几处簸钱[1]声，
绿窗春睡轻。

[1] 簸钱：又称打钱、掷钱、摊钱，是古代一种以掷钱赌输赢的游戏。参与者先持钱在手中颠簸，然后掷在台阶或地上，依次摊平，以钱正反面的多寡决定胜负。

진 극

진 극(陳克, 서기 1087~1137년), 남송(南宋) 초의 사인으로 어려서부터 가정의 영향을 받아 재능과 학문이 날로 향상되었고 시와 사, 문장에 모두 정통하였다. 그의 사는 '화간(花間)' 과 북송(北宋) 완려(婉麗)파의 풍격을 이어받아 언어가 바르고 아름다워 가작이 비교적 많다. 대표작인《보살만(菩薩蠻)》은 무사태연한 경지의 묘사로 인해 역대 사인들의 호평을 받았다.

보살만

이끼 깔린 정원에 잡초 덮인 담장 둘러져 있고
한낮의 햇볕에 뜰안의 파초잎 말려있는데
섬돌 위로 나비들이 날아돌고
따뜻한 문발 한가로이 드리웠네.

문발 갈고리 위엔 제비 한쌍 지저귀고
우물 담 둘레엔 버들개지 나뒹구네.
어디선가 파전[1] 소리 들려오는데
푸른 창문 안은 가벼운 봄잠에 취해있네.

---

[1] 파전(簸錢): 타전(打錢), 척전(擲錢), 탄전(攤錢)이라고도 하며 고대에 동전을 던져 승패를 가르는 놀음의 일종. 참가자는 먼저 동전을 손안에서 휘저은 다음 섬돌이나 땅바닥에 던져 순서대로 펴놓는데 동전의 정면과 반면이 많고 적음에 따라 승부를 결정한다.

朱敦儒

1081—1159年，北宋末年著名词人。曾短暂为官，但最终还是辞官归隐，过着世外桃源的生活。他常用词来歌咏隐逸，其旷放清逸词风，自成一家，在当时词坛上占有独特地位。

好事近

渔父词

摇首出红尘，
醒醉更无时节。
活计绿蓑青笠，
惯披霜冲雪。

晚来风定钓丝闲，
上下是新月。
千里水天一色，
看孤鸿明灭。

주돈유

주돈유(朱敦儒, 서기 1081 ~ 1159 년), 북송(北宋) 말년의 이름난 사인으로 한때 조정에서 짧은 기간 벼슬을 살기도 했지만 나중에는 벼슬을 버리고 은거하며 무릉도원의 생활을 했다. 그는 늘 은둔생활을 노래하며 활달하고 청신한 사풍으로 독자적인 한 파를 이루어 당시의 사단에서 독특한 자리를 차지했다.

호사근
— 어옹의 노래

내 고개 저으며 속세를 떠났거니
술에 취하건 말건 구속없는 세월일세.
일할 적엔 삿갓 쓰고 도롱이 걸치나니
찬 서리도 비바람도 대수롭지 않네.

바람 잔 저녁무렵 낚시줄 드리우니
하늘에도 달이요 물속에도 달이구려.
천리 밖에 물과 하늘 일색을 이루는데
고개 들어 바라보니 외기러기 명멸하누나.

相见欢

金陵[1]城上西楼，
倚清秋。
万里夕阳垂地，
大江流。

中原乱，
簪缨散，
几时收？
试倩悲风吹泪，
过扬州。

---

[1] 金陵：南京。靖康之难，汴京沦陷，朱敦儒南逃金陵，这首词就是他客居金陵，登上金陵城西门城楼所写的。

상견환

금릉[1] 성 서대문 성루에 올라
난간에 기대어 가을 풍경 바라보나니
저녁 해 만리 강산 내리비치고
강물은 도도히 흘러가누나.

중원(中原) 땅은 전란에 어지럽고
금잠과 갓끈[2] 들 뿔뿔이 흩어졌나니.
언제면 잃은 땅 되찾으리오?
가을 바람아, 이내 눈물 날라다가
양주[3] 땅 저쪽에 전해주렴.

---

1 금릉(金陵): 즉 남경(南京). '정강(靖康)의 난'으로 변경(汴京)이 함락되자 주돈유는 남쪽의 금릉으로 피난을 갔다. 이 사는 그가 금릉에 잠시 머무는 기간, 금릉성 서대문성루에 올라 쓴 것이다.

2 금잠과 갓끈: 옛날 관리들의 장신구로서 여기서는 관료와 귀족들을 가리킨다.

3 양주(揚州): 오늘의 강소(江蘇)성에 있는 도시로 당시 금나라 군사들이 쳐들어와 교란하던 지역이었다.

西江月

世事短如春梦，
人情薄似秋云。
不须计较苦劳心，
万事原来有命。

幸遇三杯酒好，
况逢一朵花新。
片时欢笑且相亲，
明日阴晴未定。[1]

[1] 词末两句，词人以现在的欢乐相聚自我安慰的同时，又发出不知明天会怎样的感叹，这体现了词人暮年对世情的一种彻悟，流露出一种闲适旷远的风致。

서강월

세상사 짧기가 한자락 춘몽이요
인정은 얇기가 가을 구름 같거니
굳이 힘들게 따져서 무엇하랴?
만사는 워낙 운명에 달린 것을.

다행히 석잔 술 생겨 좋거니
게다가 꽃 한 송이 새로 만남에랴.
잠시나마 즐겁게 웃고 아낀다만은
내일 날씨 흐리고 개임 어이 알리오.[1]

[1] 마지막 두 구절: 저자는 '잠시나마 즐겁게 웃고 아낀다' 는 말로 자신을 위안함과 동시에 '내일 날씨 흐리고 개임 어이 알리오' 라고 탄식함으로써 만년에 세상 물정에 대한 저자의 철저한 깨달음을 구현하며 한적하고도 아득히 먼 풍치를 드러내고 있다.

周紫芝

公元1082—1155年，宋代文学家、诗人。其词风格与诗相近，清丽婉曲，造语自然，无刻意雕琢痕迹，兼数家之长，自成一格。

鹧鸪天

一点残红欲尽时，
乍凉秋气满屏帏。
梧桐叶上三更雨，
叶叶声声是别离。[1]

调宝瑟，
拨金猊，
那时同唱鹧鸪词。
如今风雨西楼夜，
不听清歌也泪垂。

[1] "梧桐叶上"两句，词人以听觉点出"三更秋雨"这个特定环境。夜深人静，灯火将灭，本就让人感到孤寂，淅淅沥沥的秋雨，滴答梧桐的声音更增加了秋意、秋凉，令失眠者更加孤独愁苦。

주자지

주자지(周紫芝, 서기 1082 ~ 1155년), 송(宋)대의 문학가와 시인이다. 그의 사풍은 시에 가까와 수려하고 완곡하며 언어구사가 자연스럽고 일부러 수식한 흔적이 없으며 여러 사인들의 장점을 받아들여 스스로 한 풍격을 이루었다.

자고천

등불 한 점 가물가물 꺼져갈 무렵
갑자기 싸늘한 가을기운 스며드네.
깊은 밤 오동잎에 빗방울 떨어지며
후둑후둑 소리마다 이별을 슬퍼하누나.[1]

거문고줄 조이고
향로에 향을 피우면서
우리《자고사》를 함께 불렀었지.
지금은 비바람 몰아치는 서루(西樓)의 밤
슬픈 노래 아니어도 눈물이 흐르네.

---

[1] '깊은 밤 오동잎에' 두 구절: 저자는 청각적인 '깊은 밤의 가을비' 소리를 특정 환경으로 설정하여 밤이 깊고 인적이 드문데다 등불이 꺼져가므로 외로움을 느끼게 되는 순간 주룩주룩 내리는 가을 비가 가을 분위기와 싸늘함을 더해주고 잠 못드는 이의 고독감을 한층 더 느끼게 한다.

踏莎行[1]

情似游丝，
人如飞絮，
泪珠阁定空相觑。
一溪烟柳万丝垂，
无因系得兰舟住。

雁过斜阳，
草迷烟渚，
如今已是愁无数。
明朝且做莫思量，
如何过得今宵去？

[1] 这是一首别情词。上片写别时之哀伤，下片写别后相思之苦。离人别情，情深意切。

답사행[1]

정은 드리운 실버들 같고
사람은 흩날리는 버들개지 같아
눈물 머금고 서로를 바라보네.
시냇가 안개속 천만가지 실버들도
떠나가는 임의 배 붙잡지 못하누나.

기러기는 석양 너머로 날아가고
방초는 안개 낀 물가에 흐릿한데
수심은 어느새 수없이 쌓였어라.
내일 일은 잠시 생각지 않더라도
기나긴 오늘 밤을 어이 보내리오!

---

[1] 이는 한 수의 이별사로서 전단은 이별할 때의 슬픔을 묘사하였고 후단은 이별 후의 그리움을 다루었다. 이별의 애틋한 정감이 유달리 깊고도 절절하다.

赵 佶

1082—1135年，即宋徽宗，宋朝第八位皇帝。在位期间，穷奢极欲。靖康二年（公元1127年）国亡被俘，后死于五国城（今黑龙江省依兰）。他多才多艺，吹弹、书画、声歌、词赋无不精湛，书法自成一体，被称为“瘦金体”。

燕山亭

北行见杏花

裁剪冰绡，
轻叠数重，
淡著胭脂匀注。
新样靓妆，
艳溢香融，
羞杀蕊珠宫女。
易得凋零，
更多少无情风雨。
愁苦，
问院落凄凉，
几番春暮？

조 길

조 길(趙佶, 서기 1082 ~ 1135 년), 즉 송(宋) 휘종, 송(宋) 대의 제 8 대 황제이다. 재위기간 생활이 지극히 사치스러웠고 국정은 날을 따라 쇠퇴하였다. 정강(靖康) 2 년(서기 1127 년)에 나라가 망하고 자신은 포로되었으며 후에 오국성[五國城, 오늘의 흑룡강성 의란(依蘭)]에서 사망했다. 다재다능하했던 그는 악기 연주, 서화, 노래, 사(詞)와 부(賦) 등 못하는 것이 없었으며 서예는 스스로 한 파를 이루었고 '수금체(瘦金體)' 라고 불리었다.

연산정
— 북행 길에 살구꽃을 보고

마름질한 하얀 깁마냥
여러 겹 포개어 놓고
담담한 연지를 고르게 발랐는가.
새롭게 단장한 모습
이쁨이 넘치고 향기 또한 짙으니
예주(蕊珠)궁 선녀도 무색하리라.
생화는 워낙 쉽게 시들거니
하물며 무정한 비바람 그 얼마인가.
참으로 슬프구나.
처량한 정원에 묻노니
아직도 이런 늦봄 얼마를 겪어야 하나?

凭寄离恨重重，
这双燕，
何曾会人言语。
天遥地远，
万水千山，
知他故宫何处？
怎不思量，
除梦里有时曾去。
无据，
和梦也新来不做。

이별의 깊은 한을 전하고 싶어도
쌍쌍이 나는 저 제비들이야
인간의 말을 어이 알아들으리오!
하늘과 땅은 아득히 멀고
천산 만수가 가로 막으니
고국의 궁궐은 어디에 있는 거냐?
어이 그립지 않으랴
꿈속에서나 가끔 가볼 뿐이니
의지할 데가 없어서인가
요새는 꿈조차 꾸어지지 않누나.

李清照

1084—约 1155 年，号易安居士，宋代著名女词人，婉约词派代表，有“千古第一才女”之称。前期词清新婉约；南渡后，词风变为低回婉转，凄苦深沉，情调感伤。在艺术上，李清照强调协律，崇尚典雅，提出词“别是一家”之说。其词独树一帜，自名一家，人称“易安体”。

如梦令

昨夜雨疏风骤，
浓睡不消残酒。
试问卷帘人，
却道海棠依旧。
知否，
知否？
应是绿肥红瘦。[1]

[1] 词末三句可谓神来之笔，这既是对侍女“海棠依旧”回答的反诘，也像是自言自语：你知道不知道，园中的海棠应该是绿叶繁茂、红花凋零。昨夜雨打风吹，花儿怎么依旧？一语中的，而又满含无可奈何的惜花之情。

이청조

이청조(李淸照, 서기 1084 ~약 1155 년), 호(號)는 역안거사(易安居士)이고 송(宋)대의 이름난 여사인이며 완약파의 대표인물로 '천고의 제일 재녀' 라고 불린다. 전기의 사작품은 참신하고 완약했으나 남쪽으로 피난 간 후기에는 사풍이 변하여 고독과 실망으로 인한 감상적인 격조가 많아졌다. 예술면에서 이청조는 음률의 조화를 강조하고 우아함을 숭상하였으며 사의 '별시일가(別是一家)' 설을 제의했다. 그녀의 사는 독자적인 한 파를 이루고 자칭 '일가(一家)' 라고 하였으며 사람들은 '역안체(易安體)' 라고 일컬었다.

여몽령

간밤엔 비내리고 바람 세찼거니

단잠에도 술기운 채 가셔지지 않네.

문발 걷는 시녀에게 물었더니

해당화 여전히 붉게 피었다누나.

(하지만) 너 아느냐?

너 알겠느냐?

푸른 잎 살지고 붉은 꽃 시들 때임을.[1]

---

1 사의 이 마지막 세 구절은 저자의 신묘한 글재주를 보여준다. 시녀에 대한 가벼운 책망같기도 하면서 또한 혼자말 같기도 하다. 즉 "너 이 데면데면한 년 같으니, 너 모르겠니? 뜨락의 해당화는 지금 푸른 잎이 무성하고 붉은 꽃이 시들 때라는 걸. 어젯밤의 모진 비바람에 꽃이 어찌 여정하겠니?" 이 말속에는 꽃에 대한 어쩔 수 없는 애틋한 정을 담고 있다.

一剪梅

红藕香残玉簟秋。
轻解罗裳，
独上兰舟。
云中谁寄锦书[1]来？
雁字回时，
月满西楼。

花自飘零水自流。
一种相思，
两处闲愁。

[1] 锦书：对书信的一种美称。相传苻坚攻占秦州后，委任窦滔为秦州刺史。但因下属诬告密谋造反，窦滔被苻坚发配至沙州（今敦煌）服苦役。窦滔的妻子苏蕙思念丈夫，便将无限情思写成一首首诗文，并用五彩丝线绣在锦帕之上赠给窦滔。这种用锦织成的字称锦字，又称锦书。

일전매

연꽃 지고 대자리 차가운 가을
비단옷 벗어놓고 평복 차림으로
나 홀로 쪽배에 올랐노라.
저 구름 임이 보낸 금서(錦書)[1] 아닐까?
기러기떼 줄 지어 돌아올 때는
서쪽 누각에 달빛이 가득하리.

꽃은 시들고 물은 흘러가듯
사무치는 그리움 변함이 없어
(우리는) 헤어져 서로를 그리네.[2]

---

[1] 금서(錦書): 편지에 대한 미칭. 전하는 바에 의하면 부견(符堅)은 진주(秦州)를 점령한 후 두도(竇滔)를 진주자사(刺使)로 위임했다. 그러나 부하가 두도를 비밀리에 반란을 꾸민 자라고 모함한 까닭으로 두도는 부견에 의해 사주[沙州, 오늘의 돈황(敦煌)]로 귀양 가서 고역에 시달리게 되었다. 두도의 아내 소혜(蘇蕙)는 남편에 대한 절절한 그리움을 시로 써서 오색 실로 비단 손수건에 수놓아 두도에게 보냈다. 이렇게 비단실로 수놓은 글자를 금자(錦字) 또는 금서라고 한다.

[2] '꽃은 시들고' 세 구절: 낙화가 날려가고 세월이 흘러가듯 저자는 남편을 그리고 남편 또한 자기를 그리고 있음을 묘사하면서 부부간 애정의 묵계를 표현하고 있다.

此情无计可消除，
才下眉头，
却上心头。

깊은 정 마냥 못 잊어
찡그린 이맛살 펴기도 전에
(수심은) 또다시 가슴에 맺히누나 .[1]

[1] 사의 이 마지막 세 구절은 예로부터 사람들에게 잘 알려진 명구이다 . 원래는 범중엄 (范仲淹) 의 '이 일은 모두 / 미간과 가슴에 닿아 / 서로 피할 길 없네 .' 에서 탈태하여 이른바 '푸른 물감은 쪽에서 나왔지만 쪽보다 더 푸르다' 를 성공적으로 점화하였다 . 마지막 여덟 글자인 '미두 (眉頭 , 이맛살)' 와 신두 (心頭 , 가슴에)' , '재하 (才下 , ……도 전에)' 와 '우상 (又上 , 또다시)' 은 각각 대응적으로 기복을 이룸으로써 언어구조가 매우 깔끔하고 지울 수 없는 그리움이 얼마나 빨리 , 순식간에 이맛살에서 가슴 속에 이르는가를 교묘하게 표현하였다 . 아무런 수식도 없이 똑똑히 밝힘으로써 오히려 한결 더 예술적 매력을 지닌다 .

醉花阴

薄雾浓云愁永昼，
瑞脑消金兽。
佳节又重阳，
玉枕纱厨，
半夜凉初透。

东篱[1]把酒黄昏后，
有暗香盈袖。
莫道不消魂，
帘卷西风，
人比黄花瘦。[2]

---

[1] 东篱：种菊花的地方，陶渊明“采菊东篱下，悠然见南山。”的诗句备受称赞，因此后人便多用“东篱”代指种菊之处，“东篱”亦成为诗人常用的咏菊典故。

[2] 末句借花喻人，黄色的菊花，花瓣又细又长，容易与“瘦”相联系，表现相思之深沉；菊花优雅高洁，傲立寒风，与作者的精神品格有相通之处，表达了作者的高洁之志和脱俗情趣。

취화음

짙은 구름 엷은 안개에 긴 낮이 싫은데
구리향로엔 서뇌[1] 향이 사위어가네.
좋은 계절에 또 중양(重陽)절이라
옥침 베고 휘장안에 누웠노라니
간밤엔 찬 기운 처음으로 스며들었네.

해질무렵 동쪽 울타리[2] 에서 술잔을 드니
그윽한 꽃향기 소매 속을 파고드누나.
풀길없는 이내 시름 말해서 무엇하랴.
(싸늘한) 서풍에 문발이 휘말리고
사람은 여위어 황국보다 더 초췌하네.[3]

---

[1] 서뇌(瑞腦): 좋은 향의 일종.

[2] '동쪽 울타리(東籬)' : 도연명(陶淵明)의 시구 '동쪽 울타리 밑에서 국화송이 꺾어 들고 / 저 멀리 남산을 유유히 바라보네.(采菊東籬下, 悠然見南山)' 는 고금의 명구이다. 따라서 사람들은 흔히 '동쪽 울타리(東籬)' 를 국화가 있는 장소로 간주하며 '동쪽 울타리' 또한 시인들이 국화를 노래하는 상용 전고로 되었다.

[3] 꽃을 빌어 사람을 비유한 이 마지막 구절: 누른 빛 국화는 화판이 길고 가늘어 '여위다(瘦)' 와 쉽게 연결되고 그리움의 깊이를 더해준다. 우아하고 고결하며, 찬바람 앞에서도 끄떡없는 국화는 저자의 정신적 품격과도 상통하여 저자의 고결한 품위와 세속을 벗어난 정취를 보여준다.

武陵春[1]

风住尘香花已尽，
日晚倦梳头。
物是人非事事休，
欲语泪先流。

闻说双溪春尚好，
也拟泛轻舟。
只恐双溪舴艋舟，
载不动许多愁。

[1] 这首词是作者中年孀居浙江时所作，其时作者孑然一身，漂泊流离，处境悲凉，词中所表现的忧愁苦闷之情非一般的闺情闺怨词所能比。

무릉춘[1]

바람 자고 꽃이 진 땅에 향기만 남아
날이 저물도록 머리 빗기 싫구나.
풍물은 변함없어도 사람은 틀리니
심사를 말하기 전에 눈물이 앞서네.

쌍계[2] 에는 봄빛이 지금도 좋다 하니
(한번 가서) 뱃놀이 해봄도 좋으련만
쌍계의 거룻배 너무 작을가 걱정이니
이 많은 수심을 어이 다 실으리오.

---

1 이 사는 저자가 중년에 절강(浙江)에서 과부로 있을 때 지은 것이다. 당시 저자는 홀몸으로 정처없이 떠돌아다니며 슬픔과 외로움에 시달리는 처지였다. 작품에서 표현된 시름과 고민은 일반적인 규원사(閨怨詞)와는 많이 틀린다.

2 쌍계(雙溪): 절강(浙江)성 금화(金華)현에 있다. 동항(東港)과 서항(西港) 두 물길이 금화에서 합류하는데, 무항(婺港) 또는 쌍계라고 한다. 당송(唐宋)시대에 이미 문인묵객들에 의해 음풍영월의 승지로 되어 있었다.

声声慢[1]

寻寻觅觅，
冷冷清清，
凄凄惨惨戚戚。
乍暖还寒时候，
最难将息。
三杯两盏淡酒，
怎敌他晚来风急？
雁过也，
正伤心，
却是旧时相识。

满地黄花堆积。
憔悴损，
如今有谁堪摘？

---

[1] 这首词是李清照极具代表性的作品。开头连下十四个叠字，形象地抒写了作者的凄楚寂寞之情；最后又独辟蹊径以“怎一个愁字了得”收尾，表面上看欲说还休，实际上将愁苦凄凉、孤独落寞等情绪表现得淋漓尽致。

성성만[1]

아무리 찾고 또 찾아도
마냥 썰렁하고 외롭구나
쓸쓸하고 구슬픈 이내 신세.
더웠다 추웠다 변덕 많은 날씨라
이 한몸 주체하기 참으로 어렵구나.
두세 잔 박주만으로야
어이 세찬 바람 견뎌내랴?
(저기) 날아가는 기러기 보나니
이내 마음 더욱 괴로워지네
(우리는) 예전부터 눈에 익은 사이라서.

노란 꽃잎 땅 위에 가득 쌓이고
꽃은 시들어 볼품 없으니
이제 누가 와서 꽃을 더 꺾으리오.

[1] 이 사는 이청조의 가장 대표적인 작품이다. 서두에서 7쌍 글자를 중첩시켜 저자의 처량하고 쓸쓸한 심정을 형상적으로 묘사했다. 그리고 마지막에 '어이 시름 '수(愁)' 자 하나에 다 담으리오' 라는 말로 마무리함으로써 겉으로는 말을 하려다 마는 것 같지만 실제로는 슬프고 처량하며 고독하고 쓸쓸한 정서를 남김없이 표현하고 있다.

守着窗儿，
独自怎生得黑！
梧桐更兼细雨，
到黄昏、
点点滴滴。
这次第，
怎一个愁字了得！

나 홀로 창가에 지키고 앉아
어찌 부질없이 어둡기만 기다리랴?
후둑후둑 내리는 차거운 저녁비에
오동잎 떠는 소리 애처롭구나.
이 모든 정경을
어이 시름 '수(愁)'자 하나에 다 담으리오!

点绛唇

寂寞深闺，
柔肠一寸愁千缕。
惜春春去，
几点催花雨。

倚遍阑干，
只是无情绪。
人何处，
连天衰草，
望断归来路。[1]

[1] 词末三句，“人何处”的疑问既点明了女子凭栏远望的目的，又揭示了女子柔肠寸断、愁思千缕的原因。原来是思念远方的心上人。

점강순

깊은 규방엔 적막이 깃들고
(이내) 작은 가슴엔 수심이 천만 갈래
봄은 아낄수록 빨리 사라지는가
보슬비에 꽃은 지고 봄은 가누나 .

이 난간 저 난간 기대어 보지만
아무리 해도 기분이 안나네 .
그리운 임은 어데 계신가 ?
시든 잡초만 끝없이 펼쳐져 있을 뿐
임이 돌아오실 길은 보이질 않네 .[1]

[1] 마지막 세 구절 : '그리운 임은 어데 계신가 ?' 라는 물음은 여인이 난간에 기대어 멀리 바라보는 목적을 설명함과 동시에 작은 가슴에 천만 갈래 수심을 담아야 하는 원인을 밝히고 있다 . 그것은 멀리 떠나간 임을 그리기 때문이었다 .

渔家傲

天接云涛连晓雾，
星河欲转千帆舞。
仿佛梦魂归帝所，
闻天语，
殷勤问我归何处？

我报路长嗟日暮，
学诗谩有惊人句。
九万里风鹏正举。
风休住，
蓬舟吹取三山[1]去！

1 三山：传说渤海中有蓬莱、方丈、瀛洲三座仙山，为仙人所居住，可以望见，但乘船前往，临近时就被风吹开，终无人能到。

어가오

하늘엔 구름물결, 새벽 안개 자욱하고
은하수 기울어 수많은 돛배 흐르는 듯
내 꿈결에 천궁을 찾았나보다.
들리느니 옥제님 말씀
"그대는 어디로 가려는고?"

"갈 길이 먼데다 날까지 저물어
열심히 닦은 학문 아무 보람 없나이다."
구만리 창공에 대봉새[1] 높이 나니.
바람아, 부디 멈추지 말아다오
배 띄워 바람타고 삼산[2] 으로 가리라.

---

[1] 대봉새 : 장자(庄子)의《소요유(逍遙遊)》에 나오는 새의 이름.《소요유》에는 이렇게 씌어 있다. "북녘 바다에 살고있던 큰 물고기 곤어가 변한 것이 대봉새이다. ……대봉새는 바람을 타고 한번 나래치면 단번에 9 만리를 날아간다.……"

[2] 삼산(三山): 고대 신화에 나오는 발해의 세 선산, 즉 봉래(蓬莱), 방장(方丈), 영주(瀛洲)를 말한다. 신선들이 산다는 이곳은 멀리서 바라볼 수는 있어도 배를 타고 다가가면 그때마다 바람에 밀려나므로 아무도 가닿지 못한다고 한다.

永遇乐

落日熔金，
暮云合璧，
人在何处？
染柳烟浓，
吹梅笛怨，
春意知几许！
元宵佳节，
融和天气，
次第岂无风雨？
来相召，
香车宝马，
谢他酒朋诗侣。

中州盛日，
闺门多暇，
记得偏重三五[1]。

[1] 三五：每月阴历的十五日，此处指正月十五元宵节。中国宋代以元宵为重要节日，因此前面说“偏重”。

영우락

서산에 지는 해 금빛으로 눈부시고
저녁 구름 옥처럼 아름다운데
사람들은 지금 어디에 있는 건가?
자욱한 물안개 버들잎 물들이고
《매화락》 피리소리 애잔하니
봄빛은 아직 얼마나 남은 거냐?
즐거운 대보름 명절에는
날씨도 때 맞춰 화창하건만
이때라고 어찌 비바람 없으리오.
벗들이 나를 불러
화려한 꽃수레 보내왔어도
술벗과 시우(詩友)의 성의 사절하려네.

중주(中州)[1]가 번영했던 나날에
규방의 여인들 퍽으나 한가로워
삼오야[2] 대보름을 유달리 편중했었지.

---

[1] 중주(中州): 중원. 구주(九州)의 중앙에 있다 하여 하남(河南)지역을 일컫는 표현으로 여기서는 북송(北宋)의 수도 변경(汴京)을 말한다.

[2] 삼오(三五): 음력으로 매월 15일, 여기서는 정월 15일 원소절을 말한다. 중국 송(宋)대 때에 원소절은 중요한 명절이었으므로 앞에서 '유달리 편중했었다'고 한 것이다.

铺翠冠儿，
撚金雪柳，
簇带争济楚。
如今憔悴，
风鬟雾鬓，
怕见夜间出去。
不如向帘儿底下，
听人笑语。

물총새 깃털 꽂은 모자며
금실로 엮은 하얀 버들가지
저마다 머리단장 뽐내었더라.
허나 지금 나는 초췌한 얼굴에
트레머리 흐트러어지고 살쩍도 세어
밤나들이 내키질 않네
차라리 문발을 낮게 드리우고
남들의 웃음소리 들어주리라.

吕本中

1084—1145年，南宋诗人、词人、理学家。官至中书舍人，后因忤秦桧罢官。其词以婉丽见长，也有悲慨时事、渴望收复中原故土的词作。感情浓郁，语意深沉。代表词作《采桑子》借喻明月来倾诉别离之情，新颖别致，饶有民歌风味，堪称妙手天成的上乘之作。

采桑子

恨君不似江楼月，
南北东西。
南北东西，
只有相随无别离。

恨君却似江楼月，
暂满还亏。
暂满还亏，
待得团圆是几时？

여본중

여본중(呂本中, 서기 1084년~1145년), 남송(南宋)의 시인과 사인, 이학(理學)자로서 벼슬은 중서사인(中書舍人)에 이르렀고 후에 진회(秦檜)를 거슬렀다가 파직되었다. 그의 사는 아름답고 우아하며 현실에 분개하고 중원 땅의 수복을 갈망하는 작품도 적지 않다. 대표적인 사작품《채상자(采桑子)》는 밝은 달을 빌어 이별의 정을 설파한 것으로 참신하고 독특하며 민요적인 맛이 다분하므로 천성 뛰어난 솜씨에 의한 최상의 작품으로 손꼽힌다.

채상자

야속한 임은 강변 누각의 달 같지 않네요.
동서남북 어디서도.
동서남북 어디서도,
서로 따르며 이별이 없을 거라고 하시더니.

야속한 임은 강변 누각의 달을 닮았네요.
둥글었다간 이지러지고.
둥글었다간 이지러지고,
언제까지 기다려야 다시 만나게 될까요?

向子湮

1085—1152年，宋代政治家、文学家。累官户部侍郎、知平江府，因反对秦桧议和，落职居临江。其诗词以南渡为界，前期风格绮丽，后期多忧国忧时之作，《阮郎归》融家国之悲为一体，表现了爱国志士的悲愤之情，是其爱国忧时的代表作。

阮郎归

绍兴乙卯大雪行鄱阳道中

江南江北雪漫漫，
遥知易水寒[1]。
同云深处望三关，
断肠山又山。

[1] 易水寒：相传战国荆轲为燕太子丹前往秦国刺杀秦王，丹在易水（今河北易县境）边为他饯行。高渐离击筑，荆轲和而歌曰："风萧萧兮易水寒，壮士一去兮不复还"。此处借用历史典故，表明生离死别之情。

향자인

향자인(向子湮, 서기 1085 년~ 1152 년), 송(宋)대의 정치가와 문학가로 벼슬은 호부시랑(戶部侍郎), 평강부지사(平江府知事) 등 직을 역임하였으나 진회(秦檜)의 강화 주장을 반대하였으므로 임강(臨江)에 강직되었다. 그의 시와 사는 남으로의 피난을 계선으로 하여 전기에는 풍격이 아름다웠으나 후기에는 대부분 나라와 시국을 우려하여 쓴 작품이다. 《원랑귀(阮郎歸)》는 애국우시(愛國忧时)의 대표작으로 애국지사의 비분을 담고 있다.

원랑귀
— 소흥 을묘년 눈 오는 날 파양(鄱陽)으로 가는 길에서

강남과 강북에 온통 흰 눈이 덮였으니
머나먼 역수의 추위[1] 얼마나 지독하랴?
짙은 구름 아래 멀리 삼관[2]을 바라보나니
첩첩한 산봉에 막혀 애만 끓게 하누나.

---

1 '역수의 추위(易水寒)': 전설에 따르면 전국(戰國)시대에 형가(荊軻)는 연(燕)나라 태자 단(丹)을 위해 진(秦)왕을 암살하러 떠나게 되었는데 단은 역수[易水, 오늘의 하북(河北)성 역현(易縣) 경내]에서 그를 위해 송별연을 열었다. 고점(高漸)이 자리에서 일어나 축(築)을 연주하자 형가는 그에 맞춰 "바람 부는 역수의 추위여 / 한 번 떠난 장사는 다시 돌아오지 않으리." 라고 노래를 불렀다고 한다. 여기서는 역사적 전고를 빌어 영원한 이별과 강적을 소멸하려는 결심을 표명하고 있다.

2 삼관(三關): 북방의 중요한 세 개 관문, 즉 송(宋)나라와 금(金)나라의 경계인 신양군[信陽軍, 오늘의 하남(河南)성 신양(信陽) 남쪽] 일대의 평정관(平靖關, 서관), 무승관(武勝關, 동관), 황견관[黃峴關, 백안관(百雁關)]으로 북벌을 하려면 반드시 거쳐야 하는 길목이다.

天可老，
海能翻，
消除此恨难。
频闻遣使问平安，
几时鸾辂还。

설사 하늘이 늙어
바다가 뒤집힌다 해도
이 원한 가시기 어려우리.
빈번히 사신 띄워 안부를 묻는다지만
천자님 수레 언제면 돌아오려나?

蔡 伸

1088—1156年，宋代词人。擅书法，工词，词风雄健俊爽。

谒金门

溪声咽，
溪上有人离别。
别语叮咛和泪说。
罗巾沾泪血。

尽做刚肠如铁。
到此也应愁绝。
回首断山帆影灭。
画船空载月。

채 신

채 신(蔡伸, 서기 1088 년~ 1156 년), 송(宋)대의 사인이다. 서예에 뛰어났으며 사(詞)에도 능숙하였다. 그의 사풍은 웅건하고도 준수하다.

알금문

흐느끼는 냇물 소리
냇가에서 누군가 이별을 아끼네.
잘 있소, 잘 가오 울먹이는 목소리
명주수건 피눈물에 얼룩지누나.

무쇠같이 강직한 사람
여기서 수심은 없애야 하련만.
돌아보니 돛그림자 산너머에 사라지고
꽃배는 텅 빈채 달빛만 실었구나.

李重元

生卒年不详，工词，本书收选的《忆王孙》是四首中的春词，通过暮春景物来表达伤春怀人之情，深切感人。

忆王孙

春词

萋萋芳草忆王孙，
柳外楼高空断魂。
杜宇声声不忍闻。
欲黄昏，
雨打梨花深闭门。

이중원

이중원(李重元, 생졸년 미상), 사(詞) 창작에 능숙하다. 이 선집에 수록된 그의 사《억왕손》은 4 수 중의 춘사(春詞)로서 늦봄의 경물을 빌어 봄을 아끼며 왕손을 그리는 저자의 정감을 표출함으로써 깊은 감동을 불러일으킨다.

억왕손
— 춘사

무성한 방초는 왕손(王孫)을 더 그립게 하누나.
버들 밖 높은 누각에 올라 넋을 놓고 있노라니
두견새의 구슬픈 울음소리 차마 못 듣겠네.
해는 어느덧 저물어 가고
빗줄기 배꽃 내리치니 방문을 굳게 닫노라.

李 玉

生卒年不详，本书收录其词一首。此词描写一位闺妇思念远方的离人，运笔细腻文雅，堪称情韵并胜之作。

贺新郎

春情

篆缕消金鼎。
醉沉沉、
庭阴转午，
画堂人静。
芳草王孙知何处？
惟有杨花糁径。
渐玉枕、
腾腾春醒。
帘外残红春已透，
镇无聊、
殢酒厌厌病。
云鬟乱，
未忺整。

이 옥

이 옥(李玉, 생졸년 미상), 이 선집에 그의 사 1수가 수록되어 있다. 이 사는 멀리 떠나간 임을 그리워하는 규방의 한 여인을 묘사한 것으로 필치가 섬세하고 우아하며 이른바 정감과 운치를 겸비한 걸작에 속한다.

하신랑
— 춘정

향로엔 향불이 사위어가고
취중에 어느덧 한낮이 지나
대청 안은 인적없이 고요하구나.
방초는 푸르건만 임은 어디 계신가?
길가엔 버들개지만 흩어져 있네.
침석에서 문뜩 봄꿈을 깨어보니
주렴 밖에 꽃은 지고 봄은 가버렸네.
무료히 술에 지쳐 노곤한 나날.
흐트러진 운발도
빗고 싶은 생각 안나누나.

江南旧事休重省，
遍天涯寻消问息，
断鸿难倩。
月满西楼凭阑久，
依旧归期未定。
又只恐、
瓶沉金井。
嘶骑不来银烛暗，
枉教人、
立尽梧桐影。
谁伴我，
对鸾镜。

강남의 옛일 더는 생각지 말자
하늘 끝까지 찾아가 임의 소식 알고파도
가버린 기러기에게 어이 부탁하리오.
달빛 어린 누각 난간에 오래도록 기대섰어도
임은 여전히 돌아올 날 기약할 수 없나보다.
두렵구나, 우물에 빠진 병꼴이 될까봐
임이 탄 말은 아니 오고 촟불만 어두워지니
부질없이 오동나무 그림자 지키고 섰네.
그 누가 나와 함께
난새 거울 마주하리오.

聂胜琼

生卒年不详，北宋名妓，与李之问情笃。李与之分别归家后五日，聂以《鹧鸪天》寄之。李妻见词而喜，助夫娶回为妾。

鹧鸪天

寄李之问

玉惨花愁出凤城，
莲花楼下柳青青。
尊前一唱阳关曲[1]，
别个人人第五程。

寻好梦，
梦难成，
有谁知我此时情。
枕前泪共帘前雨，
隔个窗儿滴到明。

[1] 阳关曲：指唐代诗人王维《送元二使安西》（又名《渭城曲》）一诗。诗中有“劝君更尽一杯酒，西出阳关无故人”句。

섭승경

섭승경(聂胜琼, 생졸년 미상), 북송(北宋)의 이름난 기녀로 이지문(李之問)과 정이 두터웠다. 이지문이 집으로 돌아간지 닷새만에 그녀가 사《자고천(鹧鸪天)》을 지어 이지문에게 보냈고 그 사를 읽어본 이지문의 아내는 매우 기뻐하며 남편을 도와 그녀를 첩으로 맞아들이게 했다.

자고천
— 이지문(李之問)에게

(임께서) 봉성을 떠날 적에 이몸은 참담했고
연화루 아래 버들은 한창 푸르렀지요.
(우린) 술잔 들어《양관곡》[1] 을 불렀고
떠나신 임은 (한 걸음 한걸음) 멀어갔었죠.

달콤한 꿈을 꾸고 싶었건만
꿈은 아니 오네요
그 누가 이내 마음 알아주리까?
베갯머리의 눈물 섬돌에 내리는 비와 어우르고
(주룩주룩) 빗소리 창밖에서 날을 새웁니다.

---

[1] 《양곡관》: 당(唐)대 시인 왕유(王維)의 시《안서(安西)로 출사하는 원이(元二)를 바래며》[위성곡(渭城曲)이라고도 함]를 말한다. 그 시에는 "권하노니 그대 이 잔을 지우게나 / 서쪽으로 양관을 벗어나면 더는 옛 친구 없으리니"라는 구절이 있다.

陈与义

1090—1138 年，南宋初年江西诗派的杰出诗人。宋徽宗时进士，任太学博士等职。善诗，也工于填词。其词别具风格，语意超绝，疏朗明快，自然浑成。

临江仙

夜登小阁忆洛中旧游

忆昔午桥桥上饮，
坐中多是豪英。
长沟流月去无声。
杏花疏影里，
吹笛到天明。[1]

二十余年如一梦，
此身虽在堪惊。
闲登小阁看新晴。
古今多少事，
渔唱起三更。

---

[1] “杏花疏影里，吹笛到天明”两句，“杏花”点明春天这一季节特征，“疏影”的淡笔勾勒，写出月光洒下来的稀疏花影，表现了杏花独有的美。在花影下吹笛到天明，表现了作者当年生活的浪漫、情趣的高雅、心境的闲适。

진여의

진여의(陳與義, 서기 1090년~1138년), 남송(南宋) 초기 강서(江西)시파의 걸출한 시인으로 송(宋)휘종 때 진사에 급제하여 태학박사(太學博士) 등 직을 맡았다. 시에 능숙하였고 사를 곧잘 지었다. 그의 사는 풍격이 독특하고 어의가 기발하며 흐름이 명쾌하고 자연스럽다.

임강선
— 밤중에 다락에 올라 낙양에서 벗들과 노닐던 옛 일을 떠올리며

옛날 오교(午橋)에서 술 마실 적에는
여러 영재와 호걸들이 함께 했었지.
강물은 달빛 아래 소리 없이 흐르고
성긴 살구꽃 그림자 속에서
날이 지새도록 피리를 불렀었네.[1]

꿈같이 흘러간 20여 년 세월이여
이 몸은 놀라웁게 여전하구나.
누각에 올라 맑은 경치 바라보나니
고금에 얼마나 많은 일이 있었던가
어부는 밤중까지 노래에 담는구나.

[1] '성긴 살구꽃 그림자 속에서 / 날이 지새도록 피리를 불렀었네.' 두 구절: '살구꽃' 은 봄날의 계절적 특징을 밝히고 '성긴 그림자' 는 담담한 필치로 몽롱한 달빛 아래 성긴 살구꽃의 독특한 아름다움을 묘사한 것이다. 그리고 꽃그림자 아래서 날이 지새도록 피리를 불었다는 것은 저자가 당년에 누렸던 낭만적인 생활, 우아한 정취, 한가로운 심경을 말하지 않아도 알 수 있게 한다.

张元幹

1091—1161年，号芦川居士，南宋著名爱国词人。曾任县丞，后因不满秦桧愤而辞官。能诗、能词、能文，尤以词著名。他继承了苏轼开创的豪放派的词风，将词的内容更紧密地与现实结合起来，其词的题材和风格，对后来的辛弃疾词派产生了重要影响。

点绛唇

呈洛滨、筠溪二老

清夜沉沉，
暗蛩[1]啼处檐花落。
乍凉帘幕，
香绕屏山角。

堪恨归鸿，
情似秋云薄。
书难托，
尽交寂寞，
忘了前时约。

[1] 蛩：蟋蟀。

장원간

장원간(張元干, 서기 1091년년~ 1161년), 호(號)는 노천거사(蘆川居史), 남송(南宋)의 애국사인으로 한때 현승(縣丞)의 벼슬을 살았으나 나중에 진회(秦檜)에 대한 불만으로 관직을 사퇴했다. 시와 사, 산문에 모두 능숙하였지만 특히 사창작에 뛰어났다. 그는 소식(蘇軾)이 창시한 호방파 사풍을 계승하여 사의 내용을 현실 투쟁과 보다 긴밀하게 결합시켜 사의 경계를 개척하고 사에 새로운 생명을 부여하였다. 그의 사 풍격과 소재는 이후의 신기질(辛棄疾)사파에 중요한 영향을 미쳤다.

점강순

— 낙빈(絡濱), 균계(筠溪) 두 어르신께

고요한 밤 깊어가고
처마밑 낙화 속에 귀뚜라미 우는데
갑자기 문발 사이로 찬바람 스며들어
향로의 연기 병풍 위로 피어오르네.

그냥 돌아오는 기러기 얄밉구나
가을 구름처럼 박정하니.
소식을랑 전할 길 없어
나 홀로 그리움 달래며
옛날의 그 약속 잊으리라 단념하네.

贺新郎
送胡邦衡待制赴新州

梦绕神州路。
怅秋风、
连营画角[1]，
故宫离黍。
底事昆仑倾砥柱，
九地黄流乱注？[2]
聚万落千村狐兔。
天意从来高难问，
况人情老易悲难诉，
更南浦、
送君去。

---

[1] 画角：古管乐器。传自西羌，形如竹筒，本细末大，以竹木或皮革等制成，因表面有彩绘，故称画角。发声哀厉高亢，古时军中多用以警昏晓、振士气、肃军容。帝王出巡，亦用以报警戒严。

[2] "底事"两句：传说昆仑山有天柱，天柱崩则天塌；黄河中有砥柱，砥柱崩则黄河水泛滥。两句极言九州覆灭之灾。

하신랑
— 신주로 귀양가는 호방형을 바래면서

오매에도 잊지 못할 중원[1] 땅이여
가을바람 쓸쓸하고 화각[2] 소리 구슬픈데
변경[3] 은 궁전마저 쑥밭 되었네.
어이하여 곤륜산의 천주가 기울고
황하의 물 곳곳에서 범람하느냐?[4]
도시와 마을에선 호토[5] 들이 날뛰누나.
천자님 높은 뜻 종래로 알기 어렵거늘
박정하고 구슬픈 이 세상 어이하리오.
오늘 또 남포에서
떠나는 그대를 바래노라.

---

[1] 중원(中原): 원문에서의 신주(神州, 옛날 중국을 일컫는 말), 여기서는 금나라 군사들에게 강점된 황하 중하류지역을 말한다.

[2] 화각(畵角): 고대 관악기의 일종. 서강(西羌)에서 유전되었고 대나무통처럼 생겼는데 줄기는 가늘고 꼬리가 크며 대나무 또는 가죽으로 만든 다음 표면에 채색그림을 장식하였으므로 지어진 이름이다. 소리가 애처로우면서도 우렁차므로 고대에 군영에서 아침저녁의 경보나 사기를 돋구거나 군용을 엄숙히 하는데 사용되었다. 제왕들이 거동할 때도 경보 및 계엄용으로 썼다.

[3] 변경(汴京): 북송(北宋)의 서울, 오늘의 하남성 개봉(開封)시.

[4] '어이하여' 두 구절: 전설에 따르면 곤륜산에 천주(天柱, 하늘기둥)가 있어 천주가 기울면 하늘이 무너지고 황하에 지주(砥柱)가 있어 지주가 무너지면 황하의 물이 범람한다고 한다. 이 두 구절은 구주(九州, 온 나라)가 망하게 되었음을 경고했다.

[5] 호토(狐兎): 여우와 토끼. 여기서는 금나라 병사들을 가리킴.

凉生岸柳催残暑。
耿斜河，
疏星淡月，
断云微度。
万里江山知何处？
回首对床夜语。
雁不到，
书成谁与？
目尽青天怀今古，
肯儿曹恩怨相尔汝！
举大白，
听《金缕》。

강기슭 실버들 바람에 더위 쫓고
은하수 기울어 별빛도 희미한데
떼구름 서서히 밤하늘 흘러가네 .
그대 가는 곳, 만리강산 어디련가 ?
지금은 마주 누워 이야기로 밤을 패지만
기러기도 못가는 그곳, 어이 편지 띄우리오
천하를 굽어보며 고금의 대사 운운할 제
우리 어찌 아녀자마냥 지난 일 따지랴 !
차라리 큰 술잔 기울이며
《금루곡》이나 들어보세 .

菩萨蛮

三月晦，送春有集，坐中偶书。

春来春去催人老，
老夫争肯输年少。[1]
醉后少年狂，
白髭殊未妨。

插花还起舞，
管领风光处。
把酒共留春，
莫教花笑人。

[1] 这首词起句就用浅近的语言，写出了作者对春去的内心感应。春来春去，时光匆匆流逝。这对于垂老之人，最容易引发世事变迁、朱颜易改的感伤之情。词人虽然已是“老夫”，但却老当益壮，充满活力，这自然的情感流露，无不体现着词人不服老、不惧老的旷达洒脱。

보살만

—3 월 그믐, 봄을 보내는 모임이 있어 좌중에서 우연히 짓노라

봄이 오가는 세월 사람을 늙게 하지만
내 어이 젊은이에게 질까보냐?[1]
술에 취하면 젊은이처럼 기세 높아지거늘
턱수염 흰들 무슨 대수랴.

머리에 꽃을 꽂고 춤을 추면서
화창한 봄날 경치 내가 통솔하며
술잔 들고 봄을 머물게 하나니
꽃이여, 나를 주제넘다 웃지를 마라.

1 이 사는 시작부터 평이한 말로 가는 봄에 대한 저자의 내심 감흥을 다루었다. 봄이 오고 가듯 세월은 총총히 흘러간다. 이는 노경에 이른 사람으로써 가장 쉽게 느끼게 되는 인간사의 번잡함과 홍안의 무상함이다. 저자는 비록 늙은 몸이지만 아직 기력과 정력이 왕성하다고 자부한다. 이는 자연스러운 감정의 유출로서 늙었음을 인정하려 하지 않는 소탈한 흉금을 보여준다.

胡 铨

1102—1180年，南宋政治家、文学家，“南宋四名臣”之一。他主张以文“传道”，其文内容丰富，驰骋古今，多长篇大论。

好事近[1]

富贵本无心，
何事故乡轻别？
空使猿惊鹤怨，
误薜萝秋月。

囊锥[2]刚要出头来，

[1] 胡铨的一生，始终坚持抗金，反对议和。绍兴八年（公元1138年），秦桧主和，胡铨力斥，乞斩秦桧，秦桧等人由恐惧而变恼怒，对胡铨加以迫害。这首词就是胡铨作为“罪人”在险恶的政治环境下写的，因而闻名。

[2] 囊锥：相传战国时，赵平原君将去楚定约，毛遂自荐从行。平原君说：“贤能的人处在世界上，就好比锥子处在囊中，它的尖梢立即就要显现出来。”言下之意是他认为毛遂没有什么突出才能，不能一道前往。毛遂回答说：“不过是我今天才请求进到囊中罢了。要是我早就处在囊中，整个锋芒都会露出来。”后来毛遂跟平原君同去。这里用以比喻贤士才能突出。

호 전

호 전 (서기 1102 년 ~ 1180 년), 남송 (南宋) 의 정치가와 문학가이며 '남송 4 대 명신' 중 한 사람이다 . 그는 글로 '전도 (傳道)' 할 것을 주장하였으며 그의 작품은 내용이 풍부하고 고금을 섭렵하여 장편 대론이 많다 .

호사근[1]

(내) 워낙 부귀영화 누릴 마음 없었거늘
어이하여 경솔하게 고향을 떠났던가 ?
헛되이 원숭이와 두루미만 놀라게 하고
고향 산천의 평화로운 세월 그르쳤어라 .

자루속 송곳[2] 되어 출세라도 해보려니

[1] 호 전 (胡銓) 은 한평생 항금 (抗金) 을 견지하고 강화 (講和) 를 반대하였다 . 소흥 (紹興) 8 년 (서기 1138 년), 진회 (秦檜) 가 강화를 주장하자 호전은 그들의 투항주의를 질책하며 진회를 참할 것을 요구했다 . 이에 두렵고 격노한 진회들은 호전을 박해했다 . 이 사는 호전이 '죄인' 이 된 험악한 정치환경에서 쓴 것이므로 유명해졌다 .

[2] 자루속의 송곳 (囊錐): 전설에 의하면 전국 (戰國) 시대에 조 (趙) 나라 평원군 (平原君) 이 초 (楚) 나라에 가서 조약을 맺으려 하자 모수 (毛遂) 가 따라 갈 것을 자진해 나섰다 . 평원군이 그에게 "현능한 사람은 세상에서 마치 자루속에 든 송곳마냥 서슬이 곧 드러나게 마련이오 ." 라고 했다 . 그 말 속에는 모수가 별로 특별한 재능이 없으므로 함께 갈 수 없다는 뜻이 담겨 있었다 . 이에 모수는 "소인은 오늘 비로소 자루속에 들어갈 것을 청원했나이다 . 소인이 일찍부터 자루속에 들어 있었더라면 언녕 서슬이 드러났을 것이옵니다 ." 라고 대답했다 . 나중에 모수는 평원군을 따라가게 되었다고 한다 . 여기서는 현인지사의 뛰어난 재능을 비유하고 있다 .

不道甚时节。
欲驾巾车归去，
有豺狼当辙。

이 세상 험한 물정 미처 몰랐네.
(이제) 작은 수레 몰아 되돌아 가려해도
승냥이와 이리들이 앞 길을 막아서누나.

岳 飞

1103—1142年，南宋抗金名将。20岁从军，屡建战功，曾任枢密副使等职，后因坚持抗战被秦桧所害。岳飞的文学才华也是将帅中少有的，文学作品有诗、词、散文，但流传不多。其内容多抒发爱国精神，风格慷慨激昂，沉郁悲壮。

满江红

怒发冲冠，
凭阑处、
潇潇雨歇。
抬望眼，
仰天长啸，
壮怀激烈。
三十功名尘与土，
八千里路云和月。
莫等闲、白了少年头，
空悲切。[1]

[1] “莫等闲、白了少年头，空悲切”反映了作者积极进取的精神。既是岳飞的自勉之词，也是对抗金将士的鼓励和鞭策。这不仅对当时抗击金兵，收复中原的斗争，起到了鼓舞斗志的作用，而且对世人也极具告诫意义。

악 비

악 비(岳飛, 서기 1103년~1142년), 남송(南宋)의 항금(抗金) 명장이다. 20살에 종군하여 여러 차례 공을 세우고 승진하여 추밀부사(樞密副使) 등 직에 이르렀으나 나중에 항금전쟁을 견지함으로 인해 진회(秦檜)에게 살해되었다. 악비의 문학적 재질도 장수들 중에서 뛰어났으며 문학작품으로는 시와 사, 산문이 있었지만 유전된 것은 많지 않다. 작품의 내용은 태반이 애국감정을 토로하는 것이고 풍격이 강개 격앙하며 침울하고 비장하다.

만강홍

치미는 분노를 안고
난간에 기대여 섰노라니
어느덧 내리던 비도 멎는구나.
고개들어 저 멀리
하늘을 우러러 웨치나니
가슴속에 붉은 피 끓어번지네.
공명없이 살아온 삼십년
파란 많은 팔천리 길
고귀한 이 청춘 어이 헛되게 보내랴?
늙어서 후회함은 부질없는 일이거늘.[1]

---

[1] '고귀한 이 청춘 어이 헛되게 보내랴? / 늙어서 후회함은 부질없는 일이거늘'은 저자의 적극적인 진취정신을 반영한다. 악비 자신에 대한 격려일 뿐 아니라 항금 장병들에 대한 고무와 격려이기도 하다. 이는 당시 금나라 군사들의 침략에 항거하고 중원을 수복하기 위한 투쟁에서 아군의 투지를 고무하는 역할을 하였을 뿐만 아니라 세인들에 대한 경고이기도 하였다.

靖康耻[1]，
犹未雪；
臣子恨，
何时灭！
驾长车踏破，
贺兰山缺。
壮志饥餐胡虏[2]肉，
笑谈渴饮匈奴血。
待从头收拾旧山河，
朝天阙。

[1] 靖康耻：中国历史上一次著名事件。宋钦宗靖康二年（1127年），金兵攻陷汴京，虏走宋徽宗、宋钦宗父子，北宋灭亡。这被宋人视为耻辱，故称“靖康耻”。

[2] 胡虏：中国古代汉人将北方、西北少数民族称为“胡”。

정강의 치욕[1]
씻지 못했거니
신하로서 맺힌 원한
언제면 풀어보리오?
이제 전차를 휘몰아
하란산 어구로 돌진하여
오랑캐[2]의 살로 주린 배를 채우고
담소하며 흉노의 피 한껏 마시리.
조국강산 되찾는 그날
내 황궁에 가서 천자님 만나뵈리.

[1] '정강의 치욕': 중국 역사상 한 차례의 이름난 사건이다. 송(宋) 흠종 정강(靖康) 2년(1127년)에 금나라 군사들이 변경(汴京)을 함락하고 송(宋) 휘종과 송(宋) 흠종 부자를 납치함으로써 북송(北宋)이 멸망했다. 이는 송(宋)나라 사람들에게 더없는 치욕이었으므로 '정강의 치욕'이라고 함.

[2] 오랑캐: 중국 고대에 한인(漢人)들은 북방과 서북 지방의 소수민족을 '오랑캐'라고 불렀다.

康与之

生卒年不详，高宗建炎初（1127年）上书“中兴十策”不为用。后依附秦桧，为秦门下十客之一。词学柳永，风格婉丽。擅写少妇离情，多应制之作，但音律严整，讲究措词，情韵深长。

长相思

游西湖

南高峰，
北高峰，
一片湖光烟霭中。
春来愁杀侬。

郎意浓，
妾意浓。
油壁车轻郎马骢，
相逢九里松[1]。

---

[1] 九里松：相传袁仁敬在杭州任刺史，闲暇之余常去春桥（今洪春桥至灵隐、天竺）一带游览，于是命人在灵隐道路两旁种植松树，久而久之，松霭连云，苍翠夹道，人称九里松。后即以九里松名其地。

강여지

강여지(康與之, 생졸년 미상), 고종(高宗) 건염(建炎) 초(서기 1127년)에 '중흥 10책(中興十策)'을 상주했으나 채납되지 않았다. 후에 진회(秦檜)에게 아부하여 진회문하의 10객 중 하나로 되었다. 그의 사는 유영(柳永)을 따라 배워 풍격이 완곡하고 아름답다. 젊은 여인들의 이별의 정을 능숙하게 다루었고 대부분 응제 작품이지만 음률이 정연하고 어휘 선택을 중요시하였으므로 정감과 여운이 심장하다.

장상사
— 서호(西湖)를 유람하며

남쪽에 높은 봉
북쪽에도 높은 봉인데
드넓은 호수 연무 속에 묻히니
봄을 맞아 이내 수심 더더욱 커지누나.

낭군님 깊은 정
소첩도 깊은 정 품고서
소첩의 유벽차 낭군님 청총마와 어우르며
우린 구리송[1]에서 만났었네.

---

[1] 구리송(九里松): 전하는 바에 의하면 원인경(袁仁敬)이 항주(杭州) 자사(刺史)로 있을 때 늘 여가를 타서 춘교[오늘의 홍춘교(洪春橋)에서 영은(靈隱), 천축(天竺)까지] 일대를 유람하곤 하였으므로 영은도로 양켠에다 소나무를 심도록 하였다. 세월이 흐르면서 소나무들이 무성한 가로수를 이루었으므로 사람들은 이곳을 구리송(九里松)이라고 불렀고 후에 구리송은 이곳의 지명으로 되었다.

韩元吉

1118—1187 年，南宋词人。平生交游甚广，多有诗词唱和。词风雄浑、豪放，与辛弃疾很接近。

霜天晓角 [1]
题采石蛾眉亭

倚天绝壁，
直下江千尺。
天际两蛾凝黛 [2]，
愁与恨，
几时极？

暮潮风正急，
酒阑闻塞笛。
试问谪仙何处？
青山外，
远烟碧。

---

[1] 这首词以景写情，融情于景，通过题咏山水，表达词人对国事的忧虑以及对国家山河的热爱之情。

[2] 两蛾凝黛：长江两岸东西对峙的天门二山（即东西梁山）好像美人的蛾眉。

한원길

한원길 (韓元吉 , 서기 1118 년~ 1187 년), 남송 (南宋) 의 사인으로 평생 교제가 매우 넓었고 대부분 시와 사를 서로 주고 받았다 . 그의 사풍은 웅혼하고 호방하여 신기질 (辛棄疾) 의 사와 근사하다 .

상천효각[1]
— 채석기 (采石矶) 의 아미정 (蛾眉亭) 에 적노라

하늘을 기대고 솟은 낭떠러지에
강물은 곧추 천길 밑으로 떨어지네 .
마주 선 두 산봉[2] 찌푸린 눈썹이런가
이내 수심 , 이내 원한
언제면 가셔지랴 ?

저녁 강물은 바람따라 세차게 흐르고
술을 깨고나니 군영의 피리소리 들려오네 .
물어보자 , 적선 (謫仙) 이백은 어데 있는가 ?
저 멀리 푸른 산 너머
안개 덮인 변지에 있으려나 .

---

[1] 이 사는 경물로 정감을 토로하고 정감과 경물을 한데 융합하였다 . 산천에 대한 노래를 통해 저자는 국가 대사에 대한 우려와 조국 강산에 대한 사랑을 표현하고 있다 .

[2] 장강 (양자강) 양안에 동서로 마주 선 두 천문산 [天門山 , 즉 동서 양산 (梁山)], 마치 미인의 두 눈썹 같다 .

好事近

汴京赐宴，闻教坊乐，有感。

凝碧[1]旧池头，
一听管弦凄切。
多少梨园[2]声在，
总不堪华发。

杏花无处避春愁，
也傍野烟发。
惟有御沟声断，
似知人呜咽。

---

[1] 凝碧：即凝碧池，在洛阳的宫中。相传安禄山攻陷洛阳后，曾“大会凝碧池”。

[2] 梨园：中国唐代训练乐工的机构。史载，玄宗既知音律，又酷爱法曲，选坐部伎子弟三百人，教于梨园。声有误者，帝必觉而正之，号皇帝梨园弟子。后泛指演剧的地方为梨园。

호사근

— 변경의 사연에서 교방의 음악을 듣고 느낀 바 있어

응벽[1] 의 옛 못가에서
음악소리 들으니 처량하기 그지없네.
이원[2] 의 노랫가락 많이 있지만
악공들의 백발은 차마 못 보겠구나.

살구꽃도 봄날의 시름 피할 길 없는가
안개 덮인 들판에 피어났구나.
어원의 개울에 물소리 멎었거니
목메어 흐느끼는 내 마음 알아주는 듯.

---

[1] 응벽(凝碧): 즉 낙양(洛陽) 궁궐 정원에 있던 응벽지를 말함. 전하는 바에 의하면 안록산(安祿山)은 낙양을 함락한 후 '응벽지에서 대회를 열었다'고 한다.

[2] 이원(梨園): 중국 당(唐)대에 악공들을 훈련시키던 기구. 사료에 따르면 음률을 잘 알 뿐만 아니라 법문의 음곡을 몹시 좋아했던 현종(玄宗)은 좌부기(坐部伎) 제자 300명을 선발하여 이원에서 가르쳤다고 한다. 누구든 음곡을 잘못 내는 자가 있으면 황제가 틀림없이 알아내고 바로 잡았으므로 그들을 황제 이원의 제자라고 불렀다. 후에는 무릇 연극을 하는 장소를 일러 이원이라고 했다.

朱淑真

生卒年不详，南宋女诗人，是唐宋以来留存作品较丰盛的女作家之一。因与所嫁之人志趣不合，夫妻不睦，郁郁而亡。诗词俱工，格调感伤悲婉，后世人称之曰“红艳诗人”。

谒金门

春已半，
触目此情无限。
十二阑干闲倚遍，
愁来天不管。

好是风和日暖，
输与莺莺燕燕。
满院落花帘不卷，
断肠芳草远。

주숙진

주숙진(朱淑眞, 생졸년 미상), 남송(南宋)의 여류시인으로 당송 이래 남긴 작품이 비교적 많은 여류 작가 중 한 사람이다. 남편을 잘못 만나 취향이 서로 다르고 화목하지 못해 우울증으로 별세했다. 시와 사에 모두 능숙하였고 사작품은 격조가 감상적이고 구슬펐으므로 후세에 사람들은 '홍염(紅艶)시인' 이라고 불렀다.

알금문

봄도 어느덧 반은 가버리고
보이는 건 모두 슬픔만 자아내네.
열두 난간 빠짐없이 기대 보아도
하늘은 이내 근심 아랑곳 않누나.

햇볕 따사로운 화창한 봄날이건만
이 몸은 쌍을 이룬 꾀꼬리, 제비보다 못하구나.
낙화가 지저분한 정원, 문발도 거두지 않고
아득히 펼쳐진 방초만 보며 애간장 태우네.

蝶恋花

楼外垂杨千万缕，
欲系青春，
少住春还去。
犹自风前飘柳絮，
随春且看归何处？

绿满山川闻杜宇，
便做无情，
莫也愁人苦。
把酒送春春不语，
黄昏却下潇潇雨。[1]

[1] 词末两句独具神韵，以悄然无语的春天和黄昏时的凄风苦雨，表达词人惆怅而忧伤的心情。

접련화

누각 밖에 실버들 휘휘 늘어져
가는 봄 붙잡으려 애써도
봄은 잠간 왔다 가버리고 마누나.
버들개지 바람따라 흩날리며
봄을 좇아 어디로 가는 거냐?

산천은 푸르고 두견새 슬피 우는데
설사 울음소리 무정타 할지라도
부디 사람을 구슬프게 말아다오.
술잔 들어 봄을 보내려니 봄은 말없고
황혼 무렵 보슬비만 가볍게 속삭이누나.[1]

---

[1] 마지막 두 구절은 말없이 사라지는 봄날과 황혼 무렵의 쓸쓸한 비바람으로 저자의 실망과 슬픔을 표현한다. 술잔 들어 보내는 봄날은 마치 무한한 실망과 슬픔을 안은 듯 아무 말이 없고 황혼 무렵에 내리는 보슬비는 마치 작별을 고하는 봄날의 속삭임 같다. 여기서 '말없이'와 '속삭임'은 서로 대응되고 구상이 교묘하여 봄을 아끼고 슬퍼하는 저자의 정감을 완곡하고 함축성있게 표현하였을 뿐만 아니라 언어가 간결하고 의미가 심원하다.

赵彦端

1121—1175 年，南宋词人。约绍兴八年（1138 年）进士，官至左司郎官。其词风婉约，代表作《点绛唇》不失为一首风格淡雅的好词。

点绛唇
途中逢管倅

憔悴天涯，
故人相遇情如故。
别离何遽，
忍唱阳关句？

我是行人，
更送行人去。
愁无据。
寒蝉鸣处，
回首斜阳暮。

조언단

조언단(趙彦端, 서기 1121년~1175년), 남송(南宋) 사인으로 대개 소흥(紹興) 8년(서기 1138년)에 진사에 급제하여 최종 관직은 좌사랑관(左司郎官)에 이르렀다. 그는 사풍이 완약하고 대표작인《점강순(点絳脣)》은 풍격이 단아한 가작으로 손색이 없다.

점강순
— 도중에 관쉬(管倅)를 만나

초췌한 모습으로 타향에서
옛 친구 만나 반갑기 그지없건만
어이하여 이토록 이별을 서두르는가?
차마 어찌 '양관'의 노래 부르리오?

이 몸은 원낙 나그네 신세
도리어 떠나가는 나그네를 바래다니.
끊임없이 파고드는 수심
매미소리 구슬피 들리는 곳에
돌아보니 저녁해 이미 기울었구나.

陆 游

1125—1210 年，南宋文学家、史学家、诗人。官至宝章阁待制。陆游一生笔耕不辍，诗、词、文都有很高成就，其词风格多样，而最能体现陆游的身世经历和个性特色的，是慷慨雄浑的词作。代表作有《钗头凤》《鹧鸪天》等。

鹧鸪天

家住苍烟落照间，
丝毫尘事不相关。
斟残玉瀣[1]行穿竹，
卷罢《黄庭》[2]卧看山。

贪啸傲，
任衰残，
不妨随处一开颜。
元知造物心肠别，
老却英雄似等闲。

---

[1] 玉瀣：一种美酒。
[2] 黄庭：道家经典著作，论养生之道。

육 유

육 유(陸游, 서기 1125 년~ 1210 년), 남송(南宋)의 문학가와 사학가이며 시인으로 벼슬은 보장각대제(寶章閣待制)에 이르렀다. 육유는 평생 글쓰기를 멈추지 않았고 시(詩)와 사(詞), 문장에서 모두 성과가 뛰어났다. 그의 사는 풍격이 다양하지만 자신의 신세와 경력, 개성 특징을 가장 잘 표현한 것으로 꼽는다면 강개하고 웅혼한 사작품을 들 수 있다. 대표작으로《차두봉(钗头凤)》,《자고천(鹧鸪天)》등이 있다.

자고천

푸른 산천과 낙조 속에 터를 잡고
속세의 만사와 인연을 끊고 사네.
술잔을 기울였다가, 죽림도 거닐고
《황정》[1] 을 읽다가 누워서 산을 보네.

(구속 없는) 소요를 탐내거니
이 몸이 쇠잔한들 어떠랴
어디서건 스스로 마음껏 즐기노라.
조물주는 워낙 심성이 유별나서
헛되이 늙어가는 이 영웅 보고만 있네.

---

[1] 《황정(黃庭)》: 도가의 경전으로 양생의 도를 논술한 것이다.

钗头凤[1]

红酥手，
黄縢酒[2]，
满城春色宫墙[3]柳。
东风[4]恶，
欢情薄。
一怀愁绪，
几年离索。
错，错，错！

春如旧，
人空瘦，

[1] 陆游与原配夫人唐婉情投意合，夫妻恩爱，但陆游的母亲担心他儿女情长，荒废功业，于是棒打鸳鸯。此词描写的就是陆唐二人的爱情悲剧。全词记述了二人被迫分开后，在禹迹寺南沈园的一次偶然相遇的情景，表达了他们的眷恋相思之情和凄楚心境。

[2] 黄縢酒：一种官酿的酒。宋代时官酿的酒因用黄罗帕或黄纸封口，故而得名。

[3] 宫墙：南宋以绍兴为陪都，绍兴有一段围墙，故有宫墙之说。

[4] 东风：比喻造成词人爱情悲剧的“恶”势力，喻指陆游的母亲。

차두봉[1]

비단같이 부드러운 손길로
황등주[2] 부어주던 그대여
성안엔 봄빛, 궁궐[3] 밖엔 푸른 버들이었지.
사나운 동풍[4]에
다정하던 인연 사라져버렸네.
한가슴 시름 안고
외로웠던 나날 몇 해였던가?
아, 돌이킬 수 없는 잘못이여!

봄은 예나 다름없건만
사람은 보람없이 여위어만 가고

---

[1] 저자와 조강지처 당완(唐婉)은 의기 투합하여 서로 깊이 사랑하는 부부였으나 아들이 사랑에 취해 전도를 망치게 될가봐 우려한 시어머니는 이들을 억지로 갈라놓았다. 이 사는 육유와 당완의 애정 비극을 묘사한 것이다. 작품은 이들 두 사람이 강요에 못이겨 갈라진 후, 한 번은 우적사(禹迹寺) 남심원(南沈園)에서 우연히 만나게 된 정경을 다루었는데 그들간의 끈끈한 사랑과 절실한 그리움을 표현하면서 저자의 원망과 고뇌, 그리고 말할 수 없는 괴로움과 치정을 설파했다.

[2] 황등주(黃騰酒): 관청에서 양조한 술. 송(宋)대 때에 관청에서 양조한 술은 누른 색 손수건이나 종이로 밀봉하였으므로 지어진 이름이다.

[3] 궁궐(宮墻): 남송(南宋)은 소흥(紹興)을 제2수도로 삼아 소흥의 한 구간에 담장을 쌓았으므로 여기서는 궁궐이라고 함.

[4] 동풍(東風): 저자의 애정 비극을 빚어낸 '악(惡)' 세력을 지칭한 것으로 육유의 어머니를 비유하고 있다.

泪痕红浥鲛绡透。
桃花落，
闲池阁。
山盟虽在，
锦书难托。
莫，莫，莫！

연지 묻은 손수건 눈물에 흠뻑 젖었네.
복숭아꽃 스러지고
정원마저 쓸쓸한데
사랑의 맹세 변함 없어도
편지조차 부탁하기 어렵구나.
(아, 어쩔 수 없는) 이내 신세여!

卜算子
咏梅

驿外断桥边，
寂寞开无主。
已是黄昏独自愁，
更著风和雨。

无意苦争春，
一任群芳[1]妒。
零落成泥碾作尘，
只有香如故。[2]

[1] 群芳：群花、百花。这里借指诗人政敌——苟且偷安的主和派。

[2] 词末两句表面上是赞美梅花的高洁品格，即使饱受摧残，也芳香如故。但联系陆游的不幸经历可知，这其实是他身处逆境矢志不渝、坚持与恶势力作斗争的精神写照。

복산자
— 매화를 읊노라

역참 밖 끊어진 다릿목에
임자없이 홀로 쓸쓸히 피였네.
날은 저물고 홀로 시름겨운데
비바람 또한 지꿎게 불어치누나.

구태여 봄빛 다투어 무엇하랴
뭇꽃[1] 들의 시샘에 내맡겼는가.
꽃잎은 져서 진흙 속에 묻혀도
그윽한 향기만은 변함없어라.[2]

---

[1] 뭇꽃(群芳): 여기서는 저자의 정적(政敵), 되는대로 살아가려는 주화파(主和派)를 가리킴.

[2] 마지막 두 구절은 겉으로는 매화꽃의 고결한 품격, 이를테면 온갖 시달림에 부대껴도 그윽한 향기만은 변함없음을 노래하였다. 그러나 육유의 불행한 경력을 알고 보면 작품은 사실 그가 역경 속에서도 굴함없이 악세력과의 투쟁을 견지하는 정신면모를 보여준다.

长相思

面苍然，
鬓皤然，
满腹诗书不直钱。
官闲常昼眠。

画凌烟[1]，
上甘泉[2]，
自古功名属少年。
知心惟杜鹃。

[1] 凌烟：代指建立功名，凌烟即凌烟阁，是唐太宗李世民为表彰功臣而建的高阁，阁中绘有功臣画像。

[2] 上甘泉：指得到皇帝征召。甘泉即甘泉宫（今陕西淳化西北甘泉山），汉武帝扩建，他常在此接见诸侯及国外宾客。

장상사

안색은 창백하고
살쩍도 희끗희끗
뱃속에 먹물이 가득 찼어도 무용지물일세.
한직이라 늘 낮잠만 잔다네.

능연[1]에 그려질 까닭이 없고
감천[2]에 불려갈 이유도 없거니
공명은 예로부터 젊은이들 몫이라
이내 마음 두견새나 알아줄까.

[1] 능연(凌烟): 즉 능연각. 당 태종 이세민은 공신들을 표창하기 위해 누각을 건조하고 안에다 공신들의 화상을 그려 놓았다.

[2] 감천(甘泉): 즉 감천궁(오늘의 섬서성 순화 북서부의 감천산). 한(漢) 무제가 확장 건조한 것으로 늘 이곳에서 제후와 대신 및 외국 손님들을 접견하였으므로 이곳에 오게 되는 것은 황제에게 중용됨을 말한다.

诉衷情

当年万里觅封侯，
匹马戍梁州。
关河梦断何处，
尘暗旧貂裘[1]。

胡未灭，
鬓先秋，
泪空流。
此生谁料，
心在天山，
身老沧洲[2]。

---

[1] 尘暗旧貂裘：据说苏秦以连横之策游说秦王，十次上书都不成功。他黑貂皮衣破了，百两黄金也用光了，资用匮乏，不得已离开秦国回家。这里借用苏秦的故事，说自己不受重用，未能施展抱负。

[2] 沧洲：靠近水的地方，古时常用来泛指隐士居住之地。这里是指作者位于镜湖之滨的家乡。

소충정

한때는 공명 위해 만리 길 내달리며
말 타고 머나먼 양주(梁州) 땅 지켰어라.
꿈같은 종군의 나날 어디서였나?
담비옷 먼지 끼고 낡아버렸네.[1]

오랑캐 미처 물리치지 못했는데
머리엔 어느새 흰서리 내렸으니
속절없이 눈물만 흘리네.
그 누가 알았으랴 이내 평생
마음은 천산[2]에 가 있건만
이 몸이 창주[3]에서 늙어갈 줄을!

---

1 '담비옷 먼지 끼고 낡아버렷네': 듣건대 소진(蘇秦)은 '연횡지책(連橫之策)'으로 진(秦)왕을 설복하기 위해 열 차례나 상주했으나 모두 성공하지 못했다. 결국 그는 검은 담비옷(군복)이 해지고 100 냥의 황금도 동나게 되자 자금 부족으로 부득이 진(秦)을 떠나 고향으로 돌아오고 말았다. 여기서는 소진의 이야기를 빌어 저자 자신이 중용되지 못해 포부를 실현할 수 없음을 비유했다.

2 천산(天山): 오늘의 신강위구르자치구 북부에 위치, 여기서는 남송의 서북 변계선을 가리킨다.

3 창주(滄洲): 물을 끼고 있는 고장. 옛날에는 흔히 은둔자들이 숨어 사는 곳을 두루 지칭했다. 여기서는 경호(鏡湖) 기슭에 자리한 저자의 고향을 말한다.

鹊桥仙

一竿风月，
一蓑烟雨，
家在钓台西住[1]。
卖鱼生怕近城门，
况肯到红尘深处？

潮生理棹，
潮平系缆，
潮落浩歌归去。
时人错把比严光，
我自是无名渔父。

---

[1] 家在钓台西住：钓台在浙江桐庐富春江滨，是东汉严光隐居之所。这里借用了严光不应汉光武的征召，独自披羊裘钓富春江上的典故，比喻渔父的心情近似严光。

작교선

달빛 아래 낚싯대 드리우고
안개비엔 도롱이 걸치면서
(엄광의) 낙시터 서쪽에 산다네.[1]
어부는 성문조차 가까이 않거늘
어찌 속세에 깊이 다가가리오?

조수가 일 적엔 노를 젓고
조수가 질 적엔 닻줄을 내리다가
썰물이 지면 노래 부르며 돌아온다네.
사람들은 나를 엄광인가 잘못 알지만
나는 한낱 이름없는 어부일 뿐.

---

[1] '(엄광의) 낙시터 서쪽에 산다네' : 절강(浙江) 동려(桐廬)의 부춘강 기슭에 위치한 낚시터는 동한(東漢) 엄광(嚴光)의 은거지였다. 여기서는 엄광이 한(漢) 광무의 징집에 응하지 않고 홀로 양가죽 옷을 걸치고 절강의 부춘강에서 낚시질을 했다는 전고를 빌어 어부의 심정이 엄광과 같음을 비유하고 있다.

范成大

1126—1193年，号石湖居士，南宋名臣、文学家、诗人。官至参知政事，晚年退居故里。以诗词著名，为南宋诗坛四大家之一。其诗风格平易浅显、清新妩媚；词风似诗，清逸淡远，也有愤慨苍凉之作。

南柯子

怅望梅花驿，
凝情杜若洲。
香云低处有高楼，
可惜高楼不近木兰舟。

缄素双鱼远，
题红片叶秋。
欲凭江水寄离愁，
江已东流，
那肯更西流。

범성대

범성대(范成大, 서기 1126년~1193년), 호(號)는 석호거사(石湖居士), 남송(南宋)의 명신이며 문학가와 시인으로 벼슬은 참지정사(參知政事)에 이르렀고 만년에 고향에 돌아와 은거했다. 그는 시와 사로 이름난 남송(南宋) 시단 4대가의 한 사람이다. 그의 시는 풍격이 간결하고 알기 쉬우며 참신하고 아름답다. 사풍도 시풍을 닮아 청일하고 태연하며 때로는 분함과 쓸쓸함을 토로한 작품도 없지 않다.

남가자

매화역에 나와 (기다리고) 기다려도
(그리운) 정은 두약주에 엉겨 붙었나봐.
꽃구름 아래 높이 솟은 누각이라
아쉽게도 목란배는 가 닿지 못하누나.

편지 전할 '쌍어'[1]는 길이 멀고
단풍잎에 적은 시는 오래 가지 못하리니.
그리움을 강물에 띄워 보내고파도
동으로 흐르는 강물을
어찌 서쪽으로 돌아서게 하리오.

---

[1] 옛날 사람들은 물고기무늬를 새긴 목판으로 우편을 대신하여 편지를 두 목판사이에 끼우고 중간을 잘 동여맨 다음 부쳐 보내곤 하였다.

忆秦娥[1]

楼阴缺，
阑干影卧东厢月。
东厢月，
一天风露，
杏花如雪。

隔烟催漏金虬咽，
罗帏暗淡灯花结。
灯花结，
片时春梦，
江南天阔。

---

[1] 这首词通过描写春日晚景，表达怀人愁思。但突破了传统春闺怀远词的浓艳之风，写景言情不事雕琢，显得真切自然。

억진아[1]

누각의 그림자 이지러지고
난간 그림자 누웠구나, 달빛어린 동쪽 곁채에.
달빛어린 동쪽 곁채에
종일 찬 바람에 이슬 맺히어
살구꽃 눈인양 하얗구나.

안개 속에 물시계 밤을 재촉하고
어스름한 휘장 안은 등심이 꽃 피우니
등심이 꽃 피우니
봄 밤의 꿈은 짧아도
강남의 하늘 넓기만 하네.

[1] 이 사는 봄날 황혼 무렵의 경물에 대한 묘사를 통해 임을 그리는 규방 여인의 수심을 다루었다. 하지만 전통적인 춘규(春閨) 회원사(懷遠詞)의 화려한 기풍에서 벗어나 환경묘사나 정감묘사에서 지나친 수식을 삼가함으로써 보다 진실하고 자연스럽다.

霜天晓角
梅

晚晴风歇，
一夜春威折。
脉脉花疏天淡，
云来去，
数枝雪。

胜绝，
愁亦绝，
此情谁共说？
惟有两行低雁，
知人倚、
画楼月。

상천효각

— 매화

저녁 무렵 날이 개고 바람 자더니
하룻밤 사이에 봄추위 한풀 꺾였구나.
새로 피는 성긴 꽃, 하늘같이 연하고
흘러가고 흘러오는 구름 아래
가지마다에 눈꽃이 피었네

그 모습 아름답기 그지없고
시름 또한 끝이 없는데.
이 정을 누구와 말해야 하나?
저기 두 줄로 낮게 나는 기러기만은
달빛 아래 누각에 기대선
이내 마음 알아주리라.

杨万里

1127—1206 年，南宋著名文学家，“中兴四大诗人”之一。学者称其为“诚斋先生”。一生作诗两万多首，被誉为一代诗宗。其词风格清新，富有情趣。

好事近

月未到诚斋[1]，
先到万花川谷[2]。
不是诚斋无月，
隔一庭修竹。

如今才是十三夜，
月色已如玉。
未是秋光奇绝，
看十五十六。

---

[1] 诚斋：作者字号，也是作者在江西吉水的书房名。
[2] 万花川谷：诚斋不远处一座苑圃的名字。

양만리

양만리 (楊萬里 , 서기 1127 년~ 1206 년), 남송 (南宋) 의 이름난 문학가이며 '중흥 (中興) 4 대 시인' 의 한 사람이다 . 학자들은 그를 '성재 (诚斋) 선생' 이라고 불렀다 . 평생에 시 2 만여 수를 지었으므로 일대의 시종 (詩宗) 이란 명성을 지니었다 . 그의 사도 시를 닮아 풍격이 청신하고 정취가 다분하다 .

호사근

달빛은 성재[1] 를 비추기 전에
먼저 만화천곡[2] 에 와 있구나 .
성재에 달빛이 없어서가 아니라
중간에 죽림이 있기 때문인가봐 .

오늘은 겨우 열 사흗날 밤이건만
달빛은 벌써 옥처럼 밝구나 .
아직은 가을의 절경 아니거니
십오야 , 십육야의 만월을 기다려야지 .

---

[1] 성재 (誠齋): 저자의 자호이며 또한 강서 (江西) 길수 (吉水) 에 있는 저자의 서재이름이기도 하다 .

[2] 만화천곡 (萬花川谷): 성재에서 멀지 않은 곳에 있는 정원의 이름이다 .

昭君怨

晚饮诚斋，忽有一鸥来泊松上，已而复去，感而赋之。

偶听松梢扑鹿[1]，
知是沙鸥来宿。
稚子莫喧哗，
恐惊他。

俄顷忽然飞去，
飞去不知何处。
我已乞归休，
报沙鸥。

[1] 扑鹿：象声词。

소군원

— 저녁 무렵 성재(誠齋)에서 술잔을 기울이노라니 문뜩 갈매기 한 마리가 날아와 소나무가지에 앉았다가 이내 가버리므로 내 느낀 바를 읊노라

별안간 솔숲에서 푸드득 소리
갈매기 날아와 깃들고 있나봐.
꼬마들아, 부디 떠들지 마라
저 녀석 놀라지 않게.

(녀석은) 경각에 훌쩍 날아가 버리니
가는 곳은 어디메냐?
내 벼슬 버리고 은퇴한 소식
너 갈매기에게 알려야 하는데.

严 蕊

生卒年不详，原姓周，字幼芳，南宋中期女词人。出身低微，自小习乐礼诗书，后沦为台州营妓，改严蕊艺名。善操琴、弈棋、歌舞、丝竹、书画，学识通晓古今，诗词语意清新，有人不远千里慕名相访。

如梦令[1]

道是梨花不是，
道是杏花不是。
白白与红红，
别是东风情味。
曾记，
曾记，
人在武陵[2]微醉。

[1] 此词是严蕊的一首小令，词中将红白桃花与梨花、杏花对比，无一字提及桃花，却生动传神地写出了桃花的特色。

[2] 武陵：陶渊明《桃花源记》中发现桃花源的渔人就是武陵人，此处暗示所咏的是桃花。

엄예

엄예(嚴蕊, 생졸년 미상), 본래는 성이 주(周)씨였고 자가 유방(幼芳)이며, 남송(南宋) 중기의 여류사인이다. 비천한 출신으로 어려서부터 예악과 시서를 배웠으나 후에 대주(台州)의 관비로 영락하여 예명을 엄예로 고쳤다. 현금, 바둑, 가무, 음악, 서화에 능숙하고 학식이 고금을 통달하였으며 시와 사 창작에서 어의(語意)가 참신하였으므로 어떤 사람들은 천리길을 마다하고 명성을 듣고 찾아왔다.

여몽령[1]

배꽃인가 했더니 아니요
살구꽃인가 했더니 (그것도) 아니라네.
하얗고 또 발그레하니
어쩌면 동풍에 실려온 정분이 아닐까요.
기억나네요,
기억나네요.
무릉[2]에서 우리 잠간 취했었지요.

[1] 이 사는 엄예(嚴蕊)의 작품 소령(小令)으로 붉고도 하얀 복숭아꽃을 배꽃, 살구꽃과 비교하면서도 복숭아꽃이란 말은 한마디도 없이 복숭아꽃의 특색을 생생하게 묘사하고 있다.

[2] 무릉(武陵): 도연명(桃淵明)의《도화원기(桃花源記)》에서 도화원을 발견한 어부가 바로 무릉사람이었다. 여기서는 북숭아꽃을 노래하고 있음를 암시한다.

唐婉

1130—1156 年，南宋女词人。自幼文静灵秀，才华横溢。她是陆游的第一任妻子，与陆游两情相悦，后因陆母偏见而被折散。在沈园偶然相遇，陆游写下《钗头凤（红酥手）》，唐婉回到家中，愁怨难解，于是和了这首著名的《钗头凤（世情薄）》相答。不久后，一代佳人抑郁而终，香消玉殒。

钗头凤

世情薄，
人情恶，
雨送黄昏花易落。
晓风干，
泪痕残。
欲笺心事，
独语斜阑。
难，难，难！

人成各，
今非昨，
病魂常似秋千索。

당 완

당 완(唐婉, 서기 1130년~1156년), 남송(南宋)의 여류사인으로 어려서부터 얌전하고 우수하며 재능이 뛰어났다. 그녀는 육유(陸游)의 첫 부인으로 육유와 정분이 매우 두터웠으나 시어머니의 편견에 의해 갈라져야 했다. 한번은 심원(沈園)에서 두 사람이 우연히 만나게 되어 육유가 《채두봉(釵頭鳳, 홍소수)》을 지었고 집으로 돌아온 당완은 그립고 원통함을 이기지 못해 이 이름난 《채두봉(釵頭鳳, 세상물정……)》을 지어 화답했다. 얼마 후 일대의 가인은 우울증으로 세상을 뜨고 말았다.

차두봉

세상 물정 각박하고
인정 세태 험악하니
비내리는 황혼 무렵 꽃도 쉽게 집니다.
새벽 바람에 눈물은 말랐어도
눈물자국 그냥 남아있어
이 심사 종이에 담아보려고
홀로 난간에 기대어 섰건만.
어렵고, 어렵고, 또 어렵네요!

우린 서로 갈라진 신세
지금은 옛날과 달라서
병든 몸 그네줄마냥 휘청거린답니다.

角声寒，
夜阑珊。
怕人寻问，
咽泪装欢。
瞒，瞒，瞒！

차가운 호각소리에

긴긴 밤을 뜬 눈으로 지새웁니다.

누가 혹시 물어볼까 두려워

눈물 삼키고 억지로 웃어 보이지만.

감추고, 감추고, 또 감추네요!

张孝祥

1132—1169年，南宋著名词人、书法家。历任中书舍人等职，颇有政绩。善诗文，工于词。词风豪放，是南宋词坛豪放派的代表人物之一。

念奴娇

过洞庭

洞庭青草[1]，
近中秋、
更无一点风色。
玉鉴琼田三万顷，
著我扁舟一叶。
素月分辉，
明河共影，
表里俱澄澈。
怡然心会，
妙处难与君说。

1　青草：和洞庭湖相连的另一个湖泊。

장효상

장효상(張孝祥, 서기 1132년~1169년), 남송(南宋)의 이름난 사인과 서예가로 중서사인(中書舍人) 등 직을 역임하였고 정적(政積)도 좋았다. 시와 문장에 능숙하고 사에 조예가 깊으며 사풍이 호방하면서도 미끈하여 남송(南宋)사단 호방파의 대표인물 중 한 사람이다.

염노교
— 동정호를 지나며

동정호와 청초호[1]
추석이 가까워
오늘 따라 바람 한 점 없구나.
달빛 어린 삼만 경 맑은 호수에
내가 탄 일엽편주 홀로 떠있네.
교교한 달빛 물 위를 비치고
은하수 드리워 함께 어우르니
호수와 하늘 모두 맑고 푸르네.
즐겁고 느낀 바도 많지만
이 황홀경 그대에게 말하기 어렵구려.

[1] 청초(青草): 동정호와 이어진 다른 한 호수.

应念岭表[1]经年，
孤光自照，
肝胆皆冰雪。
短发萧骚襟袖冷，
稳泛沧溟空阔。
尽挹西江[2]，
细斟北斗，
万象为宾客。
扣舷独啸，
不知今夕何夕。

[1] 岭表：岭外，即五岭以南的两广地区，作者此前为官广西。
[2] 西江：长江连通洞庭湖，中上游在洞庭以西，故称西江。

영해[1] 에서 보낸 세월 돌이키며
스스로 저 달에 비쳐 보나니
내 마음 빙설처럼 고결했었네.
짧은 머리 성글고 옷은 엷어도
드넓은 물결 위에 끄떡않고 섰노라.
서강[2] 의 물 한껏 퍼다 술 빚고
북두칠성 국자 삼아 술 따르노니
삼라만상 모두가 내 귀한 손님이런가,
뱃전을 두드리며 홀로 웨치노라
이 얼마나 아름다운 밤이냐!

[1] 영해(嶺海): 즉 5령(五嶺) 이남의 양광(兩廣, 광동과 광서) 지역, 저자는 이전에 광서(廣西)에서 벼슬을 살았었다.

[2] 서강(西江): 장강을 동정호와 이어놓는 강으로 중상류가 동정호 서쪽에 있어 지어진 이름이다.

西江月

题溧阳三塔寺

问讯湖边[1]春色，
重来又是三年。
东风吹我过湖船，
杨柳丝丝拂面。

世路如今已惯，
此心到处悠然。
寒光亭下水连天，
飞起沙鸥一片。[2]

---

[1] 湖边：指江苏溧阳的三塔湖畔。

[2] 词末两句着力描写来到湖中寒光亭时所见的自然美景：亭子、湖水、蓝天、沙鸥，动静结合，交相辉映，充满着勃勃生机。这一静一动、点面交映的画面，著一“飞”字，使整个画面灵动起来，更寄寓着作者与白沙云天相伴的淡泊归隐之情。

서강월
— 율양 삼탑사 (三塔寺) 에 제사하다

잘 있느냐 , 호숫가[1] 의 봄빛이여
(내) 삼년만에 다시 찾아왔거늘 .
동풍은 배를 밀어 호수를 건네주고
버들가지 살포시 얼굴을 간지럽히네 .

이제는 인간 세태 자주 보아서
이내 마음 어디서나 유유자적하여라 .
한광정[2] 아래엔 강물이 하늘 같고
(모래톱엔) 갈매기 떼지어 나네 .[3]

---

[1] 호숫가 (湖邊): 강소 (江蘇) 율양 (溧阳) 의 삼탑호 (三塔湖) 기슭 .

[2] 한광정 (寒光亭): 삼탑사 (三塔寺) 안에 있는 정자 .

[3] 마지막 두 구절은 저자가 삼탑호의 한광정에 이르러 정자 , 호수 , 푸른 하늘 , 갈매기 등이 서로 빛을 다투는 아름답고 생기발랄한 정경을 묘사했다 . 이 정태와 동태 , 점과 면이 한데 어우러진 화면은 '나네' 라는 표현에 의해 더욱 두드러지고 보다는 갈매기처럼 푸른 하늘의 흰 구름 , 땅 위의 하얀 모래톱과 더불어 담백한 은거생활 , 그리고 자연에로의 회귀에 대한 쾌적함과 즐거움을 지향하는 저자의 상상을 담고 있다 .

浣溪沙

霜日明霄水蘸空，
鸣鞘声里绣旗红，
澹烟衰草有无中。

万里中原烽火北[1]，
一尊浊酒戍楼[2]东。
酒阑挥泪向悲风。

[1] 烽火北：当时荆州已成南宋边界，被金人占领的中原已在火线的北面。
[2] 戍楼：城楼上有军队驻防，这里指词人所登荆州东门城楼。

완계사

싸늘한 가을 강물에 맑은 하늘 비끼고
채찍소리 울리며 붉은기 나붓기더니
포연은 사라지고 풀밭 또한 시들었구나.

일만리 중원땅은 봉화대 북쪽[1] 에 있는데
내 동쪽 망루[2] 에 올라 탁주잔 기울이나니.
찬 바람 맞받아 뜨거운 눈물 뿌리노라!

---

[1] 봉화대 북쪽: 당시 형주(荊州)는 이미 남송(南宋)의 변경으로 되어 있었으므로 금(金)나라에 점령된 전선이 북쪽에 있다고 한 것이다.

[2] 망루: 성곽 위에 군사들이 지키고 있어 지어진 이름이다. 여기서는 저자가 형주의 동대문 성루에 올랐음을 말한다.

王 炎

1138—1218年，南宋文人。一生著述甚丰。诗文博雅精深，引经据典。代表作《南柯子》一反春景词风花雪月的俗套，正面描写农村生活，意境清新自然，感情质朴。

南柯子

山冥云阴重，
天寒雨意浓。
数枝幽艳湿啼红。
莫为惜花惆怅对东风。

蓑笠朝朝出，
沟塍处处通。
人间辛苦是三农[1]。
要得一犁水足望年丰。

[1] 三农：指春耕、夏种、秋收。

왕 염

왕 염(王炎, 서기 1138 ~ 1218 년), 남송(南宋)의 문인으로 평생에 많은 저술을 내놓았다. 그의 시와 문장은 박대정심하고 경전을 정확히 적용했다. 대표작인《남가자(南柯子)》는 음풍명월의 재래식 관습을 버리고 농촌 생활을 정면으로 묘사한 춘경사(春景詞)로서 정서가 청신하고 자연스러우며 정감이 질박하다.

남가자

어두운 산속에 먹구름 무겁게 드리우고
차가운 날씨 당장 비 내릴 조짐인데
붉은 꽃 가지마다에 이슬이 맺혔구나.
꽃이 아깝다 동풍을 슬퍼하지 마라.

삿갓 쓴 농부들 아침마다 일밭에 나가고
곳곳에 물도랑과 두렁길 뻗어있구나.
세간에서 마냥 힘든 일 삼농[1] 이거니.
밭 갈고 물이 충족하면 풍작 이루리.

---

1 삼농(三農): 즉 춘경(春耕), 하종(夏種), 추수(秋收)를 일컬음.

辛弃疾

1140—1207年，南宋豪放派词人，人称“词中之龙”，为两宋词人之冠。官至浙东安抚使。其词题材广阔，意境深沉，除沉郁顿挫、慷慨苍凉的基调外，兼有清丽明快或缠绵妩媚的风格，在宋代词坛产生了重要影响。

摸鱼儿

淳熙己亥，自湖北漕移湖南，同官王正之置酒小山亭，为赋。

更能消几番风雨，
匆匆春又归去。
惜春长怕花开早，
何况落红无数。
春且住，
见说道、
天涯芳草无归路。
怨春不语，
算只有殷勤，
画檐蛛网，
尽日惹飞絮。

신기질

신기질(辛棄疾, 서기 1140년~1207년), 남송(南宋)의 호방파 사인으로 사람들은 그를 '사(詞) 중의 용' 이라고 불렀으며 양송(兩宋) 사인의 으뜸으로 손꼽힌다. 관직은 절동안무사(浙東安撫使)에 이르렀다. 그의 사는 소재가 광범위하고 서정이 깊고 무거우며 침울하고 강개한 기조 외에 또 아름답고 명쾌하거나 부드럽고 어여쁜 풍격을 겸비하고 있어 송(宋)대의 사단에 중요한 영향을 미쳤다.

모어아

— 순희 기해년에 호북에서 호남으로 가는 길에 동관인 왕정지가 소산정에서 주연을 베풀기로 이 사를 짓노라

몇 번을 더 비바람 겪어야 하나?

봄은 왔다가 또 총총히 물러가누나.

봄을 아껴 꽃이 일찍 필까 두려웠거니

떨어진 꽃잎 한가득 쌓임을 어이하랴.

봄이여, 잠간 더 머물어

내 말 좀 들어주렴

천애의 방초 돌아올 길 없고

무정한 봄은 말없이 가버리는데

오로지 부지런한 거미만이

화려한 처마밑에 그물 치고서

종일 흩날리는 버들개지 잡아두네.

长门[1]事，
准拟佳期又误。
蛾眉曾有人妒。
千金纵买相如赋，
脉脉此情谁诉？
君莫舞，
君不见、
玉环飞燕[2]皆尘土。
闲愁最苦。
休去倚危阑，
斜阳正在，
烟柳断肠处。

[1] 长门：汉代宫殿名。相传汉武帝皇后失宠后被幽闭于此，但其不甘心被废，千金买赋，得司马相如所作《长门赋》，以期君王回心转意。此赋使长门之名千古流传。长门宫也成为冷宫的代名词。

[2] 玉环飞燕：杨玉环、赵飞燕，皆貌美善妒。杨玉环是唐玄宗宠爱的妃子，安禄山叛乱后，赐死于马嵬坡；赵飞燕是汉成帝宠爱的妃子，后废为庶人，自杀。

장문[1] 궁에 깃든 사연
좋은 기약 되려다 놓지고 말았거니.
미모는 남들의 투기를 사기 때문이었네.
천금으로 상여의 부(賦)는 살 수 있어도
솟구치는 이 정을 누구에게 호소하리오?
그대들아, 날뛰지 마라
너희들도 보았겠지
옥환과 비연[2] 모두 흙먼지로 된 것을!
부질없는 시름이 가장 괴롭거늘
높은 난간에 기대질 마라
안개 낀 버들숲에 기우는 석양이
내 마음 더더욱 서글프게 하누나.

[1] 장문(長門): 한(漢)대의 궁전 이름. 전하는 바에 의하면 한(漢) 무제의 황후가 총애를 잃고 이곳에 연금되었는데 폐비에 불복한 그녀는 천금을 주고 사마상여의《장문부(長門賦)》를 사서 상감의 마음을 돌려보려 했다. 그 작품으로 인해 장문의 이름이 천고에 유전되고 장문궁도 냉궁(冷宮, 쓸쓸한 궁전)의 대명사로 되었다.

[2] 옥환과 비연: 양옥환(楊玉環)과 조비연(趙飛燕)은 모두 용모가 아름다워 사람들의 시샘을 샀다고 한다. 양옥환은 당(唐) 현종의 애첩으로 안록산(安祿山)의 난이 있은 후 마귀파에서 죽음을 당하였고 조비연은 한(漢) 성제의 애첩으로 후에 서민으로 폐기되자 스스로 목숨을 끊었다.

菩萨蛮

书江西造口壁

郁孤台[1]下清江水，
中间多少行人泪。
西北望长安[2]，
可怜无数山。

青山遮不住，
毕竟东流去。
江晚正愁余，
山深闻鹧鸪。

[1] 郁孤台：位于今江西省赣州市城区西北部贺兰山顶，因“隆阜郁然，孤起平地数丈”而得名。

[2] 长安：今陕西省西安市，为汉唐故都。此处代指宋都汴京。

보살만
— 강서 조구벽(造口壁)에 쓰다

울고대[1] 아래를 흐르는 맑은 강물
그 속에 뿌려진 나그네의 눈물 얼마이던가?
장안을 향해 서북쪽을 바라보건만[2]
안타깝게도 무수한 산봉이 가로 놓였네.

청산도 도도한 흐름 막지 못하니
강물은 끝내 동으로만 흘러가네.
해 저문 강가에 수심겨워 섰노라니
깊은 산의 자고새 울음소리 처량도 하구나.

---

[1] 울고대(鬱孤台): 강서(江西)성 감주(赣州)시 시구 북서부의 하란산정에 있는 누대. '울창한 푸른 언덕이 평지에 홀로 몇 장 높이 우뚝 서있네(隆阜鬱然, 孤起平地數丈)' 라는 시구로 인해 지어진 이름이다.

[2] 장안(長安): 오늘의 섬서(陕西)성 서안(西安)시, 한당(漢唐)시대의 도읍이었음. 여기서는 송(宋)대의 도읍 변경(汴京)을 가리킨다.

祝英台近

晚春

宝钗分[1]，
桃叶渡[2]，
烟柳暗南浦。
怕上层楼，
十日九风雨。
断肠片片飞红，
都无人管，
更谁劝啼莺声住？

鬓边觑，
试把花卜归期，
才簪又重数。
罗帐灯昏，

1　宝钗分：古代男女分别，有分钗赠别的习俗，即夫妇离别之意，南宋犹盛此风。

2　桃叶渡：在南京秦淮河与青溪合流之处。传说东晋书法家王献之有个爱妾叫“桃叶”，她往来于秦淮两岸时，王献之放心不下，常常亲自在渡口迎送，并为之作《桃叶歌》。从此渡口名声大噪，久而久之渡口也就被称呼为“桃叶渡”了。这里泛指男女送别之处。

축영대근
— 늦봄

비녀를 둘로 나누었던[1]
(이별의) 도엽 나루터[2]
안개 서린 버들숲 남쪽 기슭이었지 .
높은 누각에 오르기 주저함은
열흘에 아홉 날은 비바람 때문이네 .
어이하랴 , 우수수 날리는 붉은 꽃잎을
아무도 아껴주는 사람 없으니
누가 또 꾀꼬리 울음소리 말리랴 .

귀밑머리 살피며
임이 돌아올 날 점쳐보려고
머리에 꽂은 비녀 뽑아 헤어보네 .
휘장 안 어두운 등불밑에서

---

[1] 고대에 남녀가 이별을 할 때 흔히 비녀를 서로 나누어 가짐으로써 부부의 이별을 상징하는 습속이 있었는데 특히 남송 (南宋) 때에 성행했다 .

[2] 도엽 나루터 : 남경 (南京) 의 진회하 (秦淮河) 와 청계 (青溪) 가 합류하는 곳에 위치 . 전설에 따르면 동진 (東晉) 의 서예가 왕헌지 (王獻之) 에게 '도엽 (桃葉)' 이라는 애첩이 있었는데 그녀가 진회하 양안을 오갈 때마다 왕헌지는 걱정이 되어 늘 나루터까지 바래주었고 또《도엽가 (桃葉歌)》까지 지었다고 한다 . 이로부터 이 나루터의 명성이 높아졌고 세월이 흐르면서 나루터는 점차 '도엽 나루터' 라고 불렀다 . 여기서는 남녀가 서로 바래주는 장소로 일컬어짐 .

哽咽梦中语：
是他春带愁来，
春归何处？
却不解带将愁去。

꿈결에 흐느끼는 잠꼬대소리
"봄은 시름을 가득 싣고 오더니
이젠 어디로 가버린 게냐?
이 시름 한데 가지고 갈 것이지!"

念奴娇

书东流村壁

野棠花落，
又匆匆过了，
清明时节。
刬地东风欺客梦，
一枕云屏寒怯。
曲岸持觞，
垂杨系马，
此地曾轻别。
楼空人去，
旧游飞燕能说。

闻道绮陌东头，
行人长见，
帘底纤纤月[1]。
旧恨春江流不断，

[1] 纤纤月：比喻美人足。相传李后主有一嫔妃名叫窅娘，她为了使足部更美，常常用锦帛将双足裹缠得像新月一样。这里指代美人。

염노교
— 동류마을 벽에 쓰다

들녘 연못에 꽃이 지고
세월은 또 총총히 흘러
청명 시절 되었구나
실없는 봄바람 나그네의 단꿈 깨우니
병풍 안의 베갯머리 싸늘도 하구나.
굽이진 강가에서 술잔을 들고
수양버들에 말을 매어 둔 채
이곳에서 그녀와 이별했었지.
(이제) 사람은 떠나고 누각도 비었으니
즐겁던 옛 추억 제비들이 말해주려나.

듣건대 마을 동쪽 길 어귀에서
행인들은 보았다누나
문발 아래 드러난 그녀의 작은 발을[1].
묵은 한은 흘러가는 봄 강물이요

[1] 원문의 '섬섬월(纖纖月): 미인의 비유한 말이다. 전설에 의하면 이후주(李候主)에게 요랑(窅娘)이라는 빈비가 있었는데 그녀는 발을 곱게 보이기 위해 늘 비단으로 두 발을 초생달처럼 감쌌다고 한다. 여기서는 미인의 대칭임.

新恨云山千叠。
料得明朝，
尊前重见，
镜里花难折。
也应惊问：
近来多少华发？

새 한은 구름 덮인 첩첩한 산이로다
생각컨대 다음날
술자리에서 (그녀를) 다시 만난다 해도
거울속의 꽃이라 꺾기 어려우리라 .
그녀 또한 놀라며 (내게) 묻겠지
"어쩌면 백발이 그토록 많아지셨죠 ?" .

木兰花慢[1]

中秋饮酒将旦，客谓前人诗词有赋待月，无送月者，因用《天问》体赋。

可怜今夕月，
向何处，
去悠悠？
是别有人间，
那边才见，
光影东头？
是天外空汗漫，
但长风浩浩送中秋？
飞镜无根谁系？
姮娥不嫁谁留？

谓经海底问无由，
恍惚使人愁。

[1] 这首词是辛弃疾的一首咏月词。它打破了历来咏月的成规，通篇设问，充分表现了作者大胆创新、不拘一格的魅力。同时，在对月亮的吟咏中，寄托着词人对家国命运的思索。

목란화만[1]

추석날 밤도와 술을 마시다가 '선인들이 쓴 시와 사에 달맞이 내용은 있어도 달을 보내는 내용은 없구려' 하는 손님의 말에《천문(天問)》체로 한 수 지어 보노라.

아쉽구나, 오늘 밤에 지는 달
어디로 가는 거냐?
그처럼 유유하게.
혹시 다른 세상이라도 있어
그곳에서 다시 보게 되는 걸까?
동쪽에서 밝게 떠오르는 너를.
아득히 먼 하늘 밖에서
바람 타고 추석을 보내온 거냐?
날아가는 거울을 누가 붙잡아 매었으며
외로운 상아를 누가 머물게 한 거냐?

듣건대 네가 바다밑을 돌아 온다지만

---

[1] 이 사는 신기질(辛棄疾)의 한 영월사(咏月詞)로서 역대 영월(咏月)의 기존 규칙을 타파하고 작품 전체에 설문형식을 적용하여 저자의 대담한 혁신정신과 한가지 격식에 구애되지 않는 매력을 충분히 보여주었다. 동시에 달을 노래하는 과정에 국가의 운명에 대한 저자의 우려를 기탁하고 있다.

怕万里长鲸，
纵横触破，
玉殿琼楼。
虾蟆故堪浴水，
问云何玉兔解沉浮？
若道都齐无恙，
云何渐渐如钩？

물을 수도 알 수도 없는 일.
두렵구나, 만 길 고래 나타나
미친 듯 물속을 설치고 다니면
달나라 궁전이 위태로우리니.
새우나 두꺼비는 워낙 물을 즐기지만
옥토끼 어찌 헤엄칠 수 있으리오?
만약 이들 모두 무양할진대
어이하여 점점 갈고리 모양 되는 거냐?

清平乐

村居

茅檐低小，
溪上青青草。
醉里吴音[1]相媚好，
白发谁家翁媪。

大儿锄豆溪东，
中儿正织鸡笼。
最喜小儿无赖，
溪头卧剥莲蓬。

[1] 吴音：中国古代吴地的方言。作者当时住在信州（今江西上饶），这一带的方言为吴音。

청평악
— 시골 마을에서

초가집 작은 처마 낮게 드리우고
냇가엔 푸른 풀 무성한데
오손도손 주고받는 남방 사투리[1]
뉘 집 늙은 내외 취중 농담인가?

큰 녀석 개울건너 콩밭김 매고
둘째 녀석 닭장 엮기 한창인데
개구장이 막내녀석 까불어치며
냇가에 엎드려 연밥만 까먹네.

[1] 남방 사투리: 저자는 당시 신주[信州, 오늘의 강서(江西)성 상요(上饒)]에 살았고 이 일대의 방언(사투리)은 오(吳)나라 말씨였다.

贺新郎

甚矣吾衰矣[1]。
怅平生、
交游零落，
只今余几！
白发空垂三千丈，
一笑人间万事。
问何物、
能令公喜？[2]
我见青山多妩媚，
料青山见我应如是。
情与貌，
略相似。

[1] 甚矣吾衰矣：我衰老得很厉害了。这本是孔丘慨叹自己“道不行”的话（梦见周公，欲行其道），作者借此感叹自己的壮志难酬。

[2] 问何物，能令公喜：相传王珣和郗超都有特殊的才能，受到大司马桓温的器重和提拔。王珣担任主簿，郗超担任记室参军。郗超胡子很多，王珣身材矮小。当时荆州人给他们编了几句歌谣说：“大胡子的参军，矮个子的主簿；能叫桓公欢喜，能叫桓公发怒。”此处借用典故说明还有什么东西能让我感到快乐。

하신랑

나도 이젠 무척 늙었어라[1]
아쉽게도 한 평생
사귄 친구 너무 적어
지금까지 남은 이 몇이나 될까?
백발을 부질없이 길게 드리우고
인간 만사 웃음으로 흘려버렸네.
물어보자, 그 무엇이면
이내 마음 즐겁게 해주랴?[2]
내 눈에 청산이 아름답게 비치듯이
청산도 나를 보면 마찬가지일 테지.
정으로나 모습으로나
우린 얼마간 닮았으니까.

---

[1] '나도 이젠 무척 늙었어라': 이는원래 공구(孔丘, 공자)가 스스로 '도(道)가 통하지 않음'을 개탄하는 말[꿈에 주공(周公)을 만나 그의 도를 행하려 하다]이었다. 저자는 이를 빌어 자신의 원대한 포부를 실현할 수 없음을 한탄한 것이다.

[2] '물어보자, 그 무엇이면 / 이내 마음 즐겁게 해주랴?': 전설에 의하면 왕순(王珣)과 치초(郗超)는 모두 특수한 재능을 가지고 있어 대사마(大司馬) 환온(桓溫)의 신임과 발탁을 받았다고 한다. 왕순은 주박(主薄)을 맡고 치초는 기실참군(記室參軍)을 지내었는데 치초는 수염이 매우 많았고 왕순은 키가 작았다. 당시 형주(荊州) 사람들은 그들을 두고 가요를 지어 "털보 참군, 난장이 주박은 / 환공을 즐겁게 할 수도 화나게 할수도 있다네." 라고 불렀다. 여기서는 이 전고를 빌어 또 무엇이 있으면 나를 즐겁게 할 수 있을까 라는 뜻임.

一尊搔首东窗里，
想渊明《停云》诗就，
此时风味。
江左沉酣求名者，
岂识浊醪妙理？
回首叫云飞风起。
不恨古人吾不见，
恨古人不见吾狂耳。[1]
知我者，
二三子。

[1] 相传张融擅长草书，常常以此得意。萧道成对他说，你的书法很有骨力，可惜没有二王（王羲之、王献之）的笔法。张融说：“别可惜我的书法没有二王的笔法，您要可惜二王没有我的笔法。”张融还常常叹息：“不恨我不见古人，所恨古人不见我”。这里借用张融的故事，以他之“狂”，显示了词人难觅知音而心中愤慨不平，道尽了词人特立独行的超逸豪放。

술잔 들고 창가에서 머리 긁적이며
도연명의 시 《정운(停雲)》을 떠올리나니
아마 지금의 내 심정과 같았으리라.
공명을 붙좇는 강남의 무리들이야
어찌 이 탁주의 진미를 알 수 있으랴.
내 고개 돌려 구름과 바람 불러보나니.
선인들이 나를 아니 봄은 상관 없지만
그들이 나의 방종을 아니 봄이 원망스럽네.[1]
정녕 나를 알아주는 이는
겨우 두 세 명 되나 마나.

[1] 전설에 따르면 장융(張融)은 초서에 매우 뛰어나 항상 득의양양하였다고 한다. 이에 소도성(蕭道成)은 그에게 "당신의 서예는 아주 박력이 있지만 유감스럽게도 이왕[二王, 즉 왕희지(王羲之)와 (왕헌지(王獻之)]의 필법이 없소이다" 라고 했다. 이에 장융은 "당신은 내 서예가 이왕의 필법이 없음을 유감스럽게 생각할 것이 아니라 이왕에게 내 필법이 없음을 유감스럽게 여기셔야지요." 라고 말했다. 장융은 또 "내가 선인들을 아니 보는 것보다 선인들이 나를 아니 봄이 원망스럽구나' 라고 자주 탄식했다고 한다. 여기서는 장융의 이야기, 즉 그의 '오만' 한 태도를 빌어 지음을 찾지 못한 저자의 분개와 불평을 드러내고 구속없이 독행하는 초일함과 호방함을 표현함으로써 사인의 강개와 격정을 표출했다.

西江月

夜行黄沙道中

明月别枝惊鹊，
清风半夜鸣蝉。
稻花香里说丰年，
听取蛙声一片。[1]

七八个星天外，
两三点雨山前。
旧时茅店社林[2]边，
路转溪桥忽见。

---

[1] 上片末两句把人们的关注点从长空转移到田野：经过的稻田，稻子已结穗扬花，虽因夜深看不清稻穗，却闻到稻花的芬芳，听到满田的蛙鸣。

[2] 社林：土地庙附近的树林。

서강월
— 밤중에 황사 (黃沙) 를 지나면서

밝은 달빛에 밤까치 놀라 깃 못들이고
자정 넘어 매미소리 바람에 실려오네
싱그러운 벼향기 풍년을 알리는가
들리느니 개골개골 개구리 울음소리 .[1]

먼 하늘에 점점이 밝은 별 깜박이더니
어느새 산기슭에 빗방울이 후둑후둑 .
다리를 언뜻 건너 한 굽이 돌아드니
사림[2] 곁의 옛 주점 한눈에 안겨오네 .

---

[1] 상단의 마지막 두 구절은 독자들의 눈길을 밤 하늘에서 전야로 옮겨오게 한다 . 논밭 두렁길을 지나오노라면 밤이 깊어 염근 벼이삭은 똑똑히 볼 수 없어도 그윽한 벼향기를 맡을 수 있고 와글거리는 개구리 울음소리를 들을 수 있다는 것이다 .

[2] 사림 (社林): 토지묘 부근의 수림 .

丑奴儿

书博山[1]道中壁

少年不识愁滋味，
爱上层楼。
爱上层楼，
为赋新词强说愁。

而今识尽愁滋味，
欲说还休。
欲说还休，
却道天凉好个秋。[2]

[1] 博山：江西省广丰县西南三十余里，南临溪流，远望庐山之香炉峰。辛弃疾闲居信州（今江西上饶市）时，经常往来于博山道中。

[2] 末句表面看很是轻脱，实则十分含蓄。古人常以悲秋来表达愁情愁绪，忧国伤时，辛弃疾爱国忧民，他的愁固然是报国无门，但在当时的政治环境下，他不能明说这种忧愁，于是借天气来表达。

추노아
—— 박산(博山)[1] 도중벽(道中壁)에 쓰다

소시적엔 시름을 모르고 살다보니
높은 누각에 자주 올랐었네.
높은 누각에 자주 올라서는
새 사에 억지로 '시름'이란 말을 써넣었더라.

이젠 '시름'의 쓴맛 알고 살다보니
말을 하고파도 그만두네.
말을 하고파도 그만두고
그저 '참으로 쓸쓸한 가을이라'고만 한다네.[2]

---

1 박산: 강서성 광풍(廣豊)현에서 남서쪽으로 30여 리 떨어져 있으며 남쪽으로 계류(溪流)에 닿아 있고 멀리로는 여산(廬山)이 보인다. 신기질이 신주[信州, 오늘의 강서성 상요(上饒)시]에 머물고 있을 때 늘 박산의 도중을 오갔었다.

2 사의 마지막 구절은 얼핏 보기에는 가볍게 흘려버리는 것 같지만 실은 함축성이 매우 강하다. 옛날 사람들은 흔 '쓸쓸한한 가을'이란 말로 구슬픈 정서, 국가와 시국에 대한 근심을 표현하곤 하였다. 신기질도 자기의 애국우민(愛國忧民)정서, 나라에 보답하고파도 할 수 없는 수심을 당시의 정치환경에서는 함부로 직접 드러낼 수 없었으므로 날씨를 빌어 표현할 수 밖에 없었다.

鹧鸪天

有客慨然谈功名，因追念少年时事，戏作。

壮岁旌旗拥万夫，
锦襜突骑渡江初。
燕兵[1]夜娖银胡䩮[2]，
汉箭朝飞金仆姑[3]。

追往事，
叹今吾，
春风不染白髭须。
却将万字平戎策[4]，
换得东家种树书。

---

[1] 燕兵：燕地的士兵，此处指北方义军。

[2] 银胡䩮：银色或镶银的箭袋。胡䩮是一种用皮制成的测听器，军士枕着它，可以测听三十里内的人马声响。

[3] 金仆姑：古箭名。

[4] 平戎策：平定当时入侵者的策略。此指作者南归后向朝廷提出的《美芹十论》《九议》等在政治上、军事上都很有价值的抗金意见书。

자고천

— 공명에 대한 손님의 개탄에 젊은 시절의 일들을 추억하며 붓을 들다.

젊은 시절 군기아래 일만 군사 거느렸고
용맹한 기병들 불의에 장강을 건넜거니.
연병[1] 들은 밤도와 은호록[2] 을 마련해도
한나라 활은 어느새 금복고[3] 를 내쏘았네.

옛 일을 회상하며
오늘 신세 탄식하나니
봄바람도 이내 수염 검게는 못하는가.
일만자 평융책[4] 보람없이 내버리고
이웃집 원예서적 빌려다 뒤적이노라

---

[1] 연병(燕兵): 연산의 적들, 즉 금나라 군사를 말함.

[2] 은호록(銀胡觮): 은빛 또는 은을 상감한 화살통. 일설에 착(捉)은 조심하는 모양을 말하고 호록은 가죽으로 만든 측청기로서 군사들이 그것을 베고 자면 30 리 안팎 인마의 동정을 측청할 수 있다고 한다.

[3] 금복고(金僕姑): 고대 화살의 일종.

[4] 평융책(平戎策): 당시 침입자를 평정하는 책략. 여기서는 저자가 남쪽에 와서 귀순한 후 조정에다 제출한《미근(美芹) 10 론》,《구의(九議)》등 정치, 군사적으로 매우 가치있는 항금의견서를 말하고 있다.

水龙吟

登建康赏心亭

楚天千里清秋，
水随天去秋无际。
遥岑远目，
献愁供恨，
玉簪螺髻。
落日楼头，
断鸿声里，
江南游子。
把吴钩[1]看了，
阑干拍遍，
无人会，
登临意。

---

[1] 吴钩：古代吴地制造的一种宝刀。这里以吴钩自喻，表达了空有一身才华，但是得不到重用的愤慨。

수룡음
— 건강(建康)의 상심정(賞心亭)에 올라

초나라 가을하늘 천리에 맑고
강물은 하늘따라 아득히 뻗었네.
저 멀리 검푸른 산 바라보니
옥잠 꽂은 트레머리 같아
가슴에 수심과 원한만 서리누나.
날 저문 성루에 어둠이 깃들고
짝 잃은 기러기 구슬피 우는데
강남땅 떠도는 이내 신세여,
오구(吳鉤)[1] 를 들고 보다가
주먹으로 난간을 두드리나니
그 누가 알아주랴?
정자에 오른 이내 마음을.

---

[1] 오구(吳鉤): 고대에 오(吳)나라 지방에서 만든 보도(검). 여기서는 자신을 오구(吳钩)검에 비유하며 재주를 지니고도 중용되지 못함을 한탄한다.

休说鲈鱼堪脍[1]，
尽西风，
季鹰归未？
求田问舍[2]，
怕应羞见，
刘郎才气。
可惜流年，
忧愁风雨，
树犹如此[3]。

[1] 鲈鱼堪脍：相传张翰在洛阳做官，在秋季西风起时，想到家乡莼菜羹和鲈鱼脍的美味，便立即辞官回乡。后来的文人将思念家乡称为莼鲈之思。词人借用这个典故，表示自己无缘像张翰那样忘怀时事，弃官归乡。

[2] 求田问舍：相传东汉末年，有个叫许汜的人去拜访陈登。陈登喜欢交结英雄，而许汜谈的却都是买地买房子的琐屑小事。陈登看不起他，晚上睡觉时，自己睡在大床上，叫许汜睡在下床。许汜很不满，后来把这件事告诉了刘备。刘备说：“如今天下大乱，本该忧国忧民，而你却求田问舍。要是我，我将睡在百尺高楼上，叫你睡在地上。”本指置地买房，比喻没有远大志向。

[3] 树犹如此：相传东晋桓温北征，经过金城，见自己过去种的柳树已长到几围粗，便感叹地说：“树都已长得这么高大了，人怎么能不老呢！”此处借这个典故，抒发自己不能抗击敌人、收复失地，虚度时光的感慨。

농어회 맛 좋다 말을 마오
가을바람 불고 불어도
내 어찌 계응[1] 처럼 돌아가리오?
땅사고 집짓는데[2] (열중하다간)
재능있는 유랑 앞에
나설 면목조차 없게 되리.
흘러가는 세월 아쉽고
사나운 비바람 시름겨운데
나무는 어느새 이렇게 자랐구나.[3]

---

[1] 전설에 따르면 장한[張翰, 자는 계응(季鷹)]이 낙양(洛陽)에서 벼슬을 살았는데 가을에 서풍이 불기 시작하자 고향인 오(吳)의 고채나물과 순채국, 농어회가 그리워 곧 벼슬을 버리고 고향으로 돌아갔다고 한다. 후에 문인들은 고향이 그리울 때면 순채와 농어회가 생각난다고 말하곤 한다. 저자는 이 전고를 빌어 자기에게 장한과 같은 그런 인연이 없어 벼슬을 버리고 고향으로 돌아가지 못하는 고충을 표현했다.

[2] 전하는 바에 의하면 동한(東漢) 말년에 허사(許汜)라고 하는 사람이 진등(陳登)을 예방했는데 진등은 영웅들과 사귀기를 좋아하였고 허사는 말끝마다 땅을 사고 집을 짓는 사소한 이야기만 늘어놓았다고 한다. 진등은 허사를 업신여겨 저녁에 취침할 때 자기는 큰 침대에서 자고 허사를 낮은침대 에서 자도록 했다. 이를 매우 언짢게 여긴 허사는 후에 이 사실을 유비에게 아뢰었다. 유비는 듣고나서 "지금은 천하가 크게 어지러운 때라 나라와 민중을 걱정해야 할 것이거늘 그대는 땅이나 집을 장만하는 데만 정신을 팔았으니 나같으면 내가 백척이 넘는 고루에서 자고 그대를 땅바닥에 재웠을 걸세." 라고 말했다. 여기서 땅을 사고 집을 마련한다고 한 것은 원대한 포부가 없음을 비유한 것이다.

[3] 전설에 따르면 동진(東晉)의 환온(桓温)이 북벌 길에 금성(金城)을 지나면서 자기가 옛날에 심은 버드나무가 이미 아름드리나무로 자라있는 것을 보고 "나무가 다 이렇게 컸으니 내가 어찌 늙지 않으랴!" 라고 감탄했다고 한다. 여기서는 이 전고를 빌어 자기가 적과 맞서 싸워 잃은 땅을 수복하지 못하고 허송세월을 보내고 있는데 대한 감개를 표현했다.

倩何人唤取，
红巾翠袖[1]，
揾英雄泪！

[1] 红巾翠袖：女子装饰，代指歌女。

그 누가 정다운 여인을 불러
붉은 수건, 비취색 소매[1]로
이 영웅의 쓰린 눈물 닦아주랴?

---

1 붉은 수건, 비취색 소매는 여자들의 장식물로서 여기서는 가희(歌姬)를 말함.

青玉案

元夕

东风夜放花千树，
更吹落，
星如雨。
宝马雕车香满路。
凤箫声动，
玉壶光转，
一夜鱼龙舞。

蛾儿雪柳黄金缕，
笑语盈盈暗香去。
众里寻他千百度，
蓦然回首，
那人却在，
灯火阑珊处。[1]

---

[1] 词末四句笔势都转，偶一回头，发现佳人还未归去！而这一瞬，词人悲喜莫名，甚至精神都为之升华——这佳人其实是词人的自画像，词人借孤灯零落处的孤高女子来表现自己宁愿闲居、不肯同流合污的品质，表达了悲凉孤独之感。

청옥안
— 정월 대보름날 밤

동풍은 수많은 나무에 꽃을 피워놓고는
다시 불어서 떨어뜨리니
과연 유성우 (流星雨) 마냥 눈부시구나.
화려한 꽃마차 향기 싣고 달리는가
퉁소소리 울려 퍼지고
둥근달 기울어 가는데
등불놀이 용춤은 밤새는 줄 모르네.

옷단장 머리치장 어여쁜 여인들
향기품고 웃으며 지나가는데
인파 속에서 그녀를 수없이 찾다가
문득 고개를 돌려 보니
뜻밖에도 그녀는
등불이 깜빡이는 저쪽에 서있네.[1]

---

1 사의 마지막 네 구절은 필봉을 돌려, 문뜩 고개를 돌려 보니 가인은 아직 돌아가지 않고 있었다! 이 순간 저자는 희비 (喜悲) 가 엇갈리고 심지어 이 가인을 정신적으로 자신의 자화상으로 승화시킨다. 저자는 등불이 깜박이는 저쪽에 홀로 서있는 고고한 여인, 차라리 한가로운 나날을 보낼지언정 못된 놈들과 한동아리가 되지 않으려는 품질을 빌어 자신의 쓸쓸함과 고독함을 표현한다.

永遇乐

京口北固亭怀古

千古江山，
英雄无觅，
孙仲谋[1]处。
舞榭歌台[2]，
风流总被，
雨打风吹去。
斜阳草树，
寻常巷陌，
人道寄奴曾住。
想当年，
金戈铁马，
气吞万里如虎。

---

[1] 孙仲谋：三国时的吴王孙权，字仲谋，曾建都京口。
[2] 舞榭歌台：演出歌舞的台榭，这里代指孙权故宫。

영우락

— 경구 (京口) 북고정 (北固亭) 에서 회고하다

강산은 천만년 여구하나
옛 영웅 찾을 길 없구나
손중모[1] 가 살던 이곳에서도 .
노래하고 춤추던 누대[2] 에
지난날의 번영과 업적은
세월의 비바람에 씻겨갔어라 .
석양은 쓸쓸히 초목을 비추고
눈앞엔 평범한 골목길 뿐인데
이곳에 기노[3] 가 있었다누나 .
그 옛날을 되돌아보면
창검을 번뜩이며 말달리던 시절
충천하는 기세 호랑이 같았어라 .

---

[1] 손중모 (孫仲謀): 삼국 (三國) 시대의 오 (吳) 왕 손권 , 자는 중모 , 한때 경구 (京口) 에 도읍을 두었었다 .

[2] 노래하고 춤추던 누대 : 여기서는 손권 (孫權) 의 고궁을 말한다 .

[3] 기노 (寄奴): 남조 (南朝) 의 송 (宋) 무제 유유 (劉裕) 의 아명 . 유유는 경구에서 군사를 일으켜 환현 (桓玄) 의 반란을 토벌한 후 , 군사를 이끌고 북벌하여 동진 (東晉) 에 이어 유송 (劉宋) 왕조를 세웠다 .

元嘉草草，
封狼居胥，
赢得仓皇北顾。
四十三年，
望中犹记，
烽火扬州路。
可堪回首，
佛狸祠[1]下，
一片神鸦社鼓。
凭谁问：
廉颇老矣，
尚能饭否？[2]

[1] 佛（bì）狸祠：遗址在今南京市六合区东南的瓜埠山上。北魏太武帝（字佛貍）于宋元嘉二十七年（公元 450 年）击败王玄谟的军队以后，在山上建立行宫，后称“佛狸祠”。

[2] 廉颇是战国时赵国老将，被免职后去了魏国，赵王想再用他，派使者去看他的身体情况，廉颇在使者面前一顿饭吃了一斗米，十斤肉，还披甲上马，表示自己还可有用。此处作者以廉颇自比，一是表白决心，说明自己对朝廷忠心耿耿，即使已经年老，也依然想要赴疆杀敌，报效国家。

원가년[1] 에 선불리 (북벌을 떠나)
낭거서 (狼居胥) 에서 봉선제 (지내려다)
(종내는) 허겁지겁 도망길 바빴더라 .
흘러간 사십삼 년[2] 세월
아직도 멀리 강북을 바라보면
봉화에 쌓인 양주땅 안겨오네 .
차마 어찌 고개 돌려 바라보랴
오늘도 불리사[3] 에서는
까마귀 설치고 북소리 높으리니 .
그 누구가 찾아와 물어주랴
"연로하신 염파[4] 님
식성은 아직도 좋으슈 ?"

---

[1] 원가 (元嘉): 송 (宋) 문제의 연호 .

[2] 사십삼 년 : 신기질이 소흥 (紹興) 32 년 (서기 1162 년) 에 북방의 항금 (抗金) 전장에서 남방으로 돌아와 개희 (開禧) 원년 (서기 1205 년) 북고정에 올라 이 사를 쓸 때까지 꼭 43 년이 되었다 .

[3] 불리사 (佛狸祠): 유적은 오늘의 남경시 육합구 남동쪽의 과부 (瓜埠) 산 위에 있다 . 북위 (北魏) 태무제 (太武帝 , 자가 불리였음) 가 송 (宋) 원가 27 년 (서기 450 년) 에 왕현모 (王玄謨) 의 군사를 격파한 후 산위에다 행궁을 세우고 '불리사' 라고 이름지었다 .

[4] 염파 (廉頗): 전국 (戰國) 시대 조 (趙) 나라 노장이었는데 면직 당한 후 위 (魏) 나라로 갔다 . 조 (趙) 왕이 염파를 다시 기용하려고 사신을 파견하여 그의 건강 상태를 알아보게 했더니 염파는 쌀 한되의 밥을 먹고 고기 10 근을 먹은 뒤 갑옷을 입고 말 위에 올라 건재함을 보여주었다 . 저자는 여기서 자신을 염파와 비교하여 조정에 대한 자신의 지극한 충성을 표시하면서 비록 늙기는 했지만 의연히 전장에 나가 나라에 보답할 것임을 표명했다 .

破阵子

为陈同甫赋壮词以寄

醉里挑灯看剑，
梦回吹角连营。
八百里[1]分麾下炙，
五十弦翻塞外声，
沙场秋点兵。

马作的卢[2]飞快，
弓如霹雳弦惊。
了却君王天下事，
赢得生前身后名。
可怜白发生！

[1] 八百里：牛名。相传西晋王恺有一头牛，比一般的牛都要大，王恺十分喜欢，给它取名"八百里驳"。

[2] 的卢：良马名，一种烈性快马。相传刘备在荆州遇险，前临檀溪，后有追兵，幸亏骑的卢马，一跃三丈，而脱离险境。

파진자

— 진동보(陳同甫)[1] 에게 삼가 이 사를 지어보내노라

취중에 불 밝혀 보검을 꺼내보다가
꿈속에선 병영에 호각소리 끊임없네.
팔백리[2] 군영마다 소고기 불에 굽고
오십현[3] 퉁기며 노랫소리 우렁찬데
싸움터 사열장에 가을바람 차갑구나.

군마는 적로[4] 인양 나는듯 내달리고
날아가는 화살소리 천둥에 못지 않네.
천자님 받들어 천하 대업 달성하고
생전에 명성 한번 떨쳐보려 했건만
어느새 이 몸은 백발이 성성하구나!

---

[1] 진동보(陳同甫): 진량(陳亮)의 자가 동보였다. 진량은 항금 투쟁을 견결히 주장해나선 사람으로 신기질과는 서로 뜻이 맞고 신념이 일치한 친구였다. 이 사는 진동보를 고무해주기위해 자신의 포부를 사에 담아 그에게 보내려는 것이다.

[2] 팔백리(八百理): 소의 이름. 일설에는 주둔군 지역의 범위를 말한다고도 하므로 여기서는 번역상 편리를 위해 군대가 주둔한 지역의 범위로 처리했다.

[3] 오십현(五十弦): 합주할 수 있는 여러 가지 현악기를 통틀어 이름.

[4] 적로(的盧): 좋은 말의 이름으로 성질이 사납고 빨리 달리는 준마를 말함. 옛날 유비(劉備)가 형주(荊州)에서 위험에 처한 적이 있는데 앞에는 단계(檀溪), 뒤에는 적군이 추격해 왔는데 다행히 그가 탄 적로가 단숨에 석 장(三丈)을 뛰어넘어 위기를 면했다고 한다.

南乡子

登京口北固亭有怀

何处望神州[1]？
满眼风光北固楼[2]。
千古兴亡多少事，
悠悠，
不尽长江滚滚流。

年少万兜鍪，
坐断东南战未休。
天下英雄谁敌手？
曹刘[3]。
生子当如孙仲谋。

---

[1] 神州：这里指中原地区。
[2] 北固楼：即北固亭。
[3] 曹刘：指曹操与刘备。曹操是曹魏政权奠基人，刘备是蜀汉开国皇帝。

남향자
— 경구 (京口) 의 북고정 (北固亭) 에 올라 느낀 바 있어

(잃어버린) 신주[1] 땅 어디서면 보일런가 ?
눈 앞에 보이는 건 북고루[2] 의 풍경일 뿐 .
천고의 흥망성쇠 그 얼마였던가 ?
유구한 세월은 끊임이 없고
장강은 도도히 흘러만 가누나 .

일만 군사 거느린 나젊은 손중모[3]
동남에 웅거하여 쉬임없이 싸웠더라 .
세상에 대적할 자 그 누구였던가 ?
조조와 유비[4] 뿐이었거니
아들을 낳으면 '손중모' 를 닮게 하라 .

---

1 신주 (神州): 옛날의 중국 . 여기서는 중원 (中原) 지구를 가리킨다 .

2 북고루 (北固樓): 즉 북고정 (北固亭).

3 손중모 (孫仲謀 , 손권) 은 19 살에 아버지를 계승하여 강동 (江東) 지역을 통치했다 .

4 조조 (曹操) 는 조위 (曹魏) 정권의 창시자였고 유비 (劉備) 는 촉한 (蜀漢) 의 개국황제였다 .

程　垓

生卒年不详，南宋词人。其词多写羁旅行役、离愁别绪，词风深受柳永词的影响，扬其长而避其短，潇洒脱俗，深为后人所称赏。代表作《水龙吟》表现感时伤事而又嗟叹年老漂泊的感受。

水龙吟

夜来风雨匆匆，
故园定是花无几。
愁多怨极，
等闲孤负，
一年芳意。
柳困桃慵，
杏青梅小，
对人容易。
算好春长在，
好花长见，
原只是、
人憔悴。

정 해

정 해(程垓, 생졸년 미상), 남송(南宋)의 사인으로 그의 사는 대부분 타향살이 나그네의 괴로움과 이별의 슬픔을 다루었고 사풍은 유영(柳永)의 영향을 많이 받아 그의 장점을 받아들이고 단점을 피함으로써 시원스럽고 소탈하여 후세 사람들의 호평을 받았다. 대표작인《수룡음(水龍吟)》은 고향에 대한 그리움과 만년의 떠돌이 신세에 대한 탄식을 표현하였다.

수룡음

간밤에 비바람 휘몰아쳤으니
고향집엔 꽃도 얼마 남지 않았겠지.
시름 많고 한도 많아
별로 대수롭지 않게 여기노라
한 해 치고 좋은 시절을.
버들이 졸고 복사꽃 시들어도
푸른 살구, 작은 매실 열렸으니
봄은 사람들께 약속하지 않네.
어찌 보면 좋은 봄은 해마다 오고
아름다운 꽃도 늘 볼 수 있거니
원래는 그저
사람이 (스스로) 초췌할 뿐이었네.

回首池南旧事，
恨星星、
不堪重记。
如今但有，
看花老眼，
伤时清泪。
不怕逢花瘦，
只愁怕、
老来风味。
待繁红乱处，
留云借月，
也须拼醉。

고향의 옛 일 돌이켜 보고파도
백발이 서글퍼 차마 되새기지 못하노라.
이제는 그저
꽃을 바라보는 침침한 눈과
가는 세월 슬퍼하는 눈물 뿐이네.
꽃이 시듦은 대수롭지 않으나
정녕 두려운 건 늙어가는 마음이라
뭇꽃이 만발하는 그 때에
구름을 붙잡고 달빛을 빌어
기껏 술에 취해보리라.

陈 亮

1143—1194年，号龙川，世称“龙川先生”。南宋思想家、文学家。词作多豪放言志之作，慷慨激烈，气势磅礴，与辛弃疾词风近似。

水调歌头

送章德茂大卿使虏

不见南师久，
漫说北群空[1]。
当场只手，
毕竟还我万夫雄。
自笑堂堂汉使，
得似洋洋河水，
依旧只流东。
且复穹庐拜，
会向藁街[2]逢。

---

1 北群空：据传伯乐善于相马，伯乐一走过冀北的郊野，马群就空了。后遂以“北群空”比喻没有人才。

2 藁街：汉朝长安城南门内给少数民族居住的地方。

진 량

진 량(陳亮, 서기 1143년~1194년), 호(號)는 용천(龍川)이며 세인들은 '용천선생'이라고 불렀다. 남송(南宋)의 사상가와 문학가이다. 그의 사는 태반이 언어가 호방하 정서가가 강개하고 격렬하며 기세가 드높아 신기질의 사풍과 근사하였다.

수조가두

— 사신으로 가는 장덕무 대경을 바래며

남송의 북벌군 오래도록 안보여도
어찌 말무리 속에 천리마가 없다 하리오.[1]
그대가 바로 뛰어난 장수거니
언젠가는 영웅의 기개 떨치게 되리.
어찌하여 당당한 한(漢)나라 사신들이
양양한 황하의 흐름마냥
아직도 동으로만 몰려가는가?
지금은 궁려[2]에 조배를 가지만
언제든 고가[3]에서 만나게 되리라.

---

[1] 전설에 의하면 백락(伯樂)은 말의 좋고 나쁨을 잘 가려내었는데 백락이 기북(冀北)을 다녀가면 말무리가 없어졌다고 한다. 여기서는 인재가 없음을 비유하였다.

[2] 궁려(宮廬): 북방 유목민족이 거주하는 파오. 여기서는 금(金)나라 조정을 비유함.

[3] 고가(藁街): 한(漢)나라 때 장안성 남문안에 자리한 소수민족 거주지.

尧[1]之都，
舜[2]之壤，
禹[3]之封。
于中应有，
一个半个耻臣戎。
万里腥膻如许，
千古英灵安在，
磅礴几时通？
胡运何须问，
赫日自当中。

[1] 尧：中国上古时期部落联盟首领，“五帝”之一。
[2] 舜：中国上古时代的部落联盟首领，被后世尊为帝，列入“五帝”。
[3] 禹：夏朝第一位天子，后人称为夏禹。

요 (堯)[1] 의 도읍 ,
순 (舜)[2] 의 땅 ,
우 (禹)[3] 의 봉지건만 ,
어이 없으리오
오랑캐의 신하된 개별자들이 .
중원의 넓은 땅 노린내[4] 에 얼룩졌으니
천고의 영령들은 어디에 있으며
드높던 그 기개 언제면 떨치려나 ?
오랑캐의 운명 더 묻지를 마라
남송의 위세 한낮의 태양같거니 .

---

[1] 중국 상고시대 부락연맹의 수령으로 '5 제' 의 하나이다 .

[2] 순 (舜): 중국 상고시대 부락연맹의 수령으로 후에 세인들에 의해 황제로 추대되어 '5 제' 의 하나로 되었다 .

[3] 우 (禹): 하 (夏) 왕조의 첫 임금으로 후세 사람들은 하우 (夏禹) 라고 부른다 .

[4] 노린내 : 양고기를 먹는 사람들의 몸에서 나는 냄새로 여기서는 여진족 통치자들에 대한 풍자로 씌였다 .

好事近

咏梅

的皪两三枝，
点破暮烟苍碧。
好在屋檐斜入，
傍玉奴吹笛。

月华如水过林塘，
花阴弄苔石。
欲向梦中飞蝶[1]，
恐幽香难觅。

[1] 飞蝶：即梁祝化蝶。相传祝英台与梁山伯相爱却不能相守，梁山伯抑郁而终，祝英台以身殉情，最后化为蝴蝶在人间翩翩起舞。

호사근
— 매화를 읊다

활짝 핀 꽃송이 두세 가지
푸른 저녁 연기 속에 모습을 드러내네.
다행히 처마 밑에 비스듬히 끼어드니
가인이 옆에서 피리를 부누나.

달빛은 물처럼 숲과 연못을 비껴가고
꽃그림자 이끼 덮인 섬돌에 얼른거리네.
꿈속에서 나비[1] 되어 날고 싶어도
그윽한 향기만은 찾아내기 어려우리.

[1] 나비(飛蝶): 즉 양산백(梁山伯)과 축영대(祝英台)가 변한 나비. 전설에 따르면 축영대와 양산백은 서로 사랑하면서도 함께 할 수 없게 되자 양산백은 우울하게 병들어 죽고 축영대는 목숨을 바쳐 순정을 지켰다. 두 사람은 나중에 나비로 변하여 인간세상에서 훨훨 날아다녔다고 한다.

虞美人

春愁

东风荡飏轻云缕，
时送萧萧雨。
水边台榭燕新归，
一口香泥，
湿带落花飞。

海棠糁径铺香绣，
依旧成春瘦。
黄昏庭院柳啼鸦，
记得那人和月折梨花。

우미인[1]
— 봄날의 시름

가벼운 봄바람에 실구름 일더니
어느새 주룩주룩 봄비를 몰아오네.
물가의 정자에 돌아온 제비 한쌍
진흙 한점 입에 물고
물 먹은 꽃잎 묻힌 채 날아도누나.

해당화 점점이 오솔길 수놓고
이 몸은 예나 다름없이 여위어가네.
저녁 무렵 까마귀 정원에서 우짖으니
생각나누나, 그 이가
달빛 아래 배꽃송이 꺾어주던 일.

---

[1] 이 사는 봄날의 풍물에 대한 묘사를 통해 완곡하고 함축적으로 봄날의 수심을 표현했다. 전체 작품은 부드러우면서도 완곡하고 아름다워 그의 기존 호장사(豪壯詞)와는 다른, 진량의 다양한 사풍을 보여준다.

刘 过

1154—1206年，南宋文学家。屡试不第，流落江湖间，布衣终身。工于诗词，古体、律诗兼备。他以词而闻名，词风与辛弃疾相近。

沁园春

寄辛承旨。时承旨招，不赴。

斗酒彘肩[1]，
风雨渡江，
岂不快哉！
被香山居士[2]，
约林和靖[3]，

---

1 斗酒彘肩：相传公元前208年，项羽率40万大军开往咸阳，项伯请刘邦到鸿门赴宴。刘邦到鸿门后，项羽设计让项庄舞剑助兴，想乘机杀刘邦。刘邦手下樊哙冲进营帐来保护刘邦。项羽称赞他勇敢，赐给他卮酒与彘肩（猪前肘），樊哙拔剑切肉就吃。后便多用“斗酒彘肩”来形容英雄豪壮之气。

2 香山居士：白居易晚年自号香山居士。

3 林和靖：林逋，字和靖。

유 과

유 과(劉過, 서기 1154 ~ 1206 년), 남송(南宋)의 문학가로서 여러 차례 과거에 낙방하자 강호를 유랑하면서 평민으로 일생을 마쳤다. 시와 사에 조예가 깊고 고체와 율시에 모두 능하였다. 그는 사(詞)로 이름났고 사풍은 신기질(辛棄疾)과 근사하였으며 사를 무기로 항금(抗金)의 포부를 토로하였다.

심원춘

— 신승지(辛承旨, 즉 신기질)에게. 승지께서 모처럼 불렀지만 가지를 못했다.

좋은 술에 돼지허벅지[1] 가지고
비바람 헤치며 강을 건널 제
이 어찌 쾌재가 아니리오!
하지만 향산거사[2]에게 끌려
임포 화정[3]은 물론

---

[1] '좋은 술과 돼지허벅지' : 전설에 의하면 기원전 208 년, 항우(項羽)가 40만 대군을 이끌고 함양(咸陽)을 공략 하자 항백(項伯)이 유방(劉邦)을 홍문연(鴻門宴)에 초청했다. 유방이 홍문에 도착한 후 항우는 항장(項莊)더러 칼춤을 추어 흥을 돋구게 하면서 기회를 보아 유방을 살해하려고 했다. 그러자 유방의 수하장수인 번쾌(樊噲)가 안으로 들어와 유방을 보호했다. 항우는 번쾌의 용감성을 칭찬하면서 그에게 돼지허벅지를 사례하자 번쾌는 검을 뽑아 허벅지고기를 베어 단숨에 먹어치웠다. 후에 사람들은 '좋은 술과 돼지허벅지' 로 영웅의 호방한 기개를 형용하였다.

[2] 향산거사(香山居士): 백거이는 만년에 스스로 호를 향산거사라고 하였다.

[3] 임화정(林和靖): 임포(林逋)의 자가 화정(和靖)이었다.

与坡仙老[1]，
驾勒吾回。
坡谓西湖，
正如西子，
浓抹淡妆临镜台。
二公者，
皆掉头不顾，
只管衔杯。

白云天竺去来，
图画里，
峥嵘楼观开。
爱东西双涧，
纵横水绕；
两峰南北，
高下云堆。[2]

[1] 坡仙老：苏轼自号东坡居士，后人称为坡仙。

[2] “白云天竺去来”七句：白指白居易，他在杭州时，很喜爱灵隐天竺寺一带的景色，写过不少歌咏杭州的诗句，其中《寄韬光禅师》诗中“东涧水流西涧水，南山云起北山云”的句子，便是写东西二涧和南北两高峰的。这几句借白居易诗词来描绘天竺美景，让人如临仙境。

파선 노인[1] 도 부르고
나까지 함께 데리고 가려네 .
소동파가 하는 말씀 :
“서호는 서시 (西施) 처럼 눈부십니다 ,
화장을 하든 않든 상관 없이 .”
(백거이와 임포) 두 사람은
(들은체만체) 고개를 돌리고
그저 술잔만 기울이누나 .

백거이가 하는 말씀 :
“흰 구름 천축사 위를 오가고[2]
그림같이 아름다운 경치 속에
높은 누각이 즐비하다오 .
게다가 두 갈래 냇물이
동서를 감돌아 흐르고
두 산봉이 남북에 우뚝 솟아
구름 위에서 굽어본다네 .”

---

[1] 파산노인 : 소식 (蘇軾) 은 스스로 호를 동파거사라 하였고 후세 사람들은 그를 파선 (坡仙) 이라고 불렀다 .

[2] ‘흰 구름 천축사 위를 오가고’ 이하 일곱 구절 : 백거이 (白居易) 는 항주 (杭州) 에 있을 때 영은 (靈隱) 천축사 (天竺寺) 일대의 경치를 매우 좋아하여 항주를 노래한 시구를 많이 써내었다 . 그 중《도광 (韜光) 선사에게》라는 시에 “동쪽 냇물이 서쪽 냇물에 흘러들고 남산의 구름 북산에서 이네 .” 라는 구절이 있는데 바로 이 동서 두 갈래 냇물과 남북 두 산봉을 묘사한 것이었다 . 백거이의 시사를 빌어 천축사의 미경을 묘사한 이 몇 구절은 사람들로 하여금 선경에 들어선 듯한 느낌을 안겨준다 .

逋曰不然，
暗香浮动，
争似孤山先探梅。
须晴去，
访稼轩[1]未晚，
且此徘徊。

---

[1] 稼轩：辛弃疾，号稼轩。

이에 임포가 하는 말씀 : "아니지요.
그윽한 꽃향기 떠도니
먼저 고산에 가서 매화를 구경합시다."
차후 개인 날을 기다렸다가
가헌[1] 을 찾아가도 늦지 않으리니
"그러면 잠간 이곳에 머무릅시다.".

---

[1] 가헌(稼軒): 즉 신기질의 호이다.

醉太平

情高意真，
眉长鬓青[1]。
小楼明月调筝，
写春风数声。

思君忆君，
魂牵梦萦。
翠绡香减云屏，
更那堪酒醒！

[1] 眉长鬓青：这四个字刻画出女子的美丽容貌，中国古代女子以长眉为美。

취태평

깊은 정에 착한 마음씨
눈썹은 길고 살쩍은 검구나.[1]
달빛 어린 누각에서 튕기는 쟁소리
몇 번이나 봄바람을 노래했던가.

임을 그리고 임을 기다리며
넋은 꿈속에서도 헤매누나.
화장은 지워지고 병풍은 빛 바랬거니
술마저 깨고나면 어이 견디리오!

[1] 중국 고대의 여성들은 눈썹이 길어야 아름답다고 여겼으므로 흔히 '눈썹은 길고 살쩍은 검다' 는 말로 여성의 아름다운 용모를 비유했다.

唐多令[1]

安远楼小集，侑觞歌板之姬黄其姓者，乞词于龙洲道人，为赋此《唐多令》。同柳阜子、刘去非、石民瞻、周嘉仲、陈孟参、孟容，时八月五日也。

芦叶满汀洲，
寒沙带浅流。
二十年重过南楼。
柳下系船犹未稳，
能几日，
又中秋。

黄鹤断矶头，
故人今在否？
旧江山浑是新愁[2]。
欲买桂花同载酒，
终不似，
少年游。

---

[1] 词人二十年前曾在武昌安远楼与朋友名士聚会，二十年后重游此地，触动了物是人非的感叹，于是写了这首登临忆旧词，表达了对战争的厌恶。

[2] 旧江山浑是新愁：点明全篇主旨。怀才不遇，报国无门，面对国家危难却无能为力。曾经的壮丽江山，如今满目苍凉，使词人本就苦闷的心情更加无奈。

당다령[1]

안원루에서 열린 어느 조촐한 모임. 술도 권하고 노래도 부르던 황씨라는 기녀가 내게 사를 지어달라 청하기로 이 사를 지었다. 유부지, 유거비, 석민첩, 주가중, 맹동삼, 맹용 등도 자리에 함께하였다. 때는 8 월 5 일이었다.

갈대잎은 강가에 무성하고
한산한 모래톱엔 얕은 물 흐르누나.
이십 년 만에 다시 찾은 남루여라.
버들 밑에 잠시 배를 대고 있으려니
며칠만 더 지나면
또 추석이 아니냐?

황학기(黃鶴磯)의 절벽 위에
지금도 옛 친구들 살아 있을까?
옛 강산은 새 시름만 자아내누나[2].
계화주 사다가 함께 즐기고 싶건만
아무래도 다르리라
(즐겁게) 노닐었던 젊은 시절과는.

---

[1] 저자는 20 년 전에 무창(武昌) 안원루(安遠樓)에서 명인 친구들과 한자리에 모였었는데 20 년이 지나 다시 이곳을 찾게 된 것이다. 눈앞의 경물은 여구하나 사람은 보이지 않음에 감개한 저자는 이 사를 지어 전쟁에 대한 염오감을 표현하고 있다.

[2] '옛 강산은 새 시름만 자아내누나': 작품의 주제, 즉 재능이 있으면서도 펼 기회를 만나지 못하고 나라에 보답할 길이 없으며 위기에 처한 나라의 운명을 보고서도 어발휘할 수 없는 저자의 심정을 토로했다. 한때 아름답던 강산이 지금은 만신창이 되었으므로 워낙 고민이 많은 저자의 심정을 더욱 견디기 어렵게 한다.

姜　夔

1155—1221年，南宋文学家、音乐家。少年孤贫，屡试不第，终生未仕。他多才多艺，诗词、散文、书法、音乐，无不精善，是继苏轼之后又一难得的艺术全才。其词格律严密，自成一派，为南宋典雅词派之典范。

点绛唇

丁未冬过吴松作

燕雁无心，
太湖[1]西畔随云去。
数峰清苦，
商略黄昏雨。

第四桥[2]边，
拟共天随[3]住。

1 太湖：江苏南境的大湖泊。
2 第四桥：又称甘泉桥，在江苏吴江县。
3 天随：晚唐文学家陆龟蒙，自号天随子。

강 기

강 기(姜夔, 서기 1155 년~ 1221 년), 남송(南宋)의 문학가와 음악가로서 어릴적에 몹시 가난하였고 여러 차례나 과거에 급제하지 못하여 평생을 평민으로 살았다. 다재다능했던 그는 시사(詩詞)와 산문, 서예, 음악 등에 정통하지 않은 것이 없어 소식(蘇軾)에 이어 또 하나의 보기 힘든 예술 만능자였다. 그의 사는 격률이 엄밀하여 스스로 한 파를 이루었으며 남송(南宋)의 전아한 사파(詞派)의 본보기로 되었다.

점강순

— 정미년 (1187) 겨울 오송(吳松)을 지나며

북방의 기러기(워낙) 무심하여
태호[1] 서쪽 기슭에서 구름 따라 날고
첩첩한 산봉은 고요하고 쓸쓸한데
황혼 무렵에 비라도 내리려나.

제사교[2] 다리목에서
천수[3] 와 함께 살고 싶었건만

---

1 태호(太湖): 강소성 남부에 있는 큰 호수.

2 제사교(第四橋): 감천교(甘泉橋)라고도 하며 강소성 강현(江縣)에 있다.

3 천수(天隨): 만당(晩唐)의 문학가 육구몽(陸龜蒙), 스스로 호(號)를 천수자(天隨子)라고 하였다.

今何许？
凭阑怀古，
残柳参差舞。

지금 어디에 계실런가?

난간에 기대어 옛일을 떠올리나니

시든 버들 가지 이리저리 춤을 추누나.

忆王孙

鄱阳彭氏小楼作

冷红叶叶下塘秋，
长与行云共一舟。
零落江南不自由。
两绸缪，
料得吟鸾夜夜愁。

억왕손

— 번양(番陽) 팽(彭)씨의 작은 다락에서

차가운 단풍잎 우수수 가을 늪에 지고
작은 배 항상 떠도는 구름과 함께 하네.
강남에 영락된 (이 몸은) 자유롭지 못하거늘
정으로 얽힌 (우리) 두 사람
아마 (그 이도) 밤마다 시름에 잠 못들리라.

鹧鸪天

元夕有所梦

肥水[1]东流无尽期，
当初不合种相思。
梦中未比丹青见，
暗里忽惊山鸟啼。

春未绿，
鬓先丝，
人间别久不成悲。
谁教岁岁红莲夜，
两处沉吟各自知。

[1] 肥水：即淝水，在今安徽省。

자고천
— 정월 대보름날 밤 꿈을 꾸고서

동으로 흐르는 비수[1] 다할 날 없나니
애초부터 그리워하지 말았어야지.
꿈 속에선 (그대 모습) 분명치 않았는데
(그마저) 홀연 산새 소리에 놀라 깨었네.

봄은 아직 무르익지 않았건만
(내) 귀밑 머리 먼저 세어버렸네.
세상에 이별이 오래면 슬프지도 않다는데
어이하여 해마다 연등 걸린 (대보름날) 밤이면
헤어진 슬픔을 저마다 겪어야 하나.

---

[1] 비수(肥水): 즉 비수(淝水)를 말하며 오늘의 안휘(安徽)성 경내에 있다.

踏莎行

自沔东来，丁未元日至金陵，江上感梦而作。

燕燕轻盈，
莺莺娇软，
分明又向华胥[1]见。
夜长争得薄情知？
春初早被相思染。

别后书辞，
别时针线，
离魂暗逐郎行远。
淮南皓月冷千山，
冥冥归去无人管。

[1] 华胥：梦中。传说黄帝曾梦游华胥国，后多以华胥代指梦境。

답사행

— 면주에서 동쪽으로 오는 길에, 정미년 정월 초하루에 금릉에 이르러, 강가에서 꿈을 꾸고 짓다.

제비처럼 유연한 (자태)
꾀꼬리처럼 고운 (목소리)
(우린) 분명 화서[1]에서 다시 만났었지.
(그녀는 말하네)
"밤이 지루함을 박정한 임이 어찌 아시리오?
초봄부터 (이 몸은) 그리움에 잠겨 있음을."

이별 후 보내온 편지며
헤어질 때 지어 준 옷 그대로인데
(그녀의) 넋은 몰래 나를 따라왔었나봐
회남의 차가운 달빛 뭇 산을 비추는데
(그녀의) 넋은 어둠 타고 홀로 돌아가누나.[2]

---

[1] 화서(華胥): 꿈속. 전설에 의하면 황제(黃帝)가 낮잠을 자다가 꿈을 꾸어 화서국(華胥國)을 노닐었다고 한다. 후에 사람들은 화서를 꿈결로 대칭(代稱)했다.

[2] '회남의 차가운 달빛' 두 구절: 작가가 꿈을 깬 뒤 여인의 혼백이 홀로 회남으로 돌아가는 쓸쓸한 모습을 상상한 것이다.

扬州慢

淳熙丙申至日，予过维扬。夜雪初霁，荠麦弥望。入其城则四顾萧条，寒水自碧，暮色渐起，戍角悲吟。予怀怆然，感慨今昔，因自度此曲。千岩老人以为有《黍离》之悲也。

淮左名都[1]，
竹西佳处，
解鞍少驻初程。
过春风十里[2]，
尽荠麦青青。
自胡马窥江[3]去后，

[1] 淮左名都：指扬州。宋朝的行政区设有淮南东路和淮南西路，扬州是淮南东路的首府。古人对于方位，面朝南时东为左，西为右。故称淮左名都。

[2] 春风十里：杜牧《赠别》中写道："春风十里扬州路，卷上珠帘总不如。"这里用"春风十里"代指扬州。

[3] 胡马窥江：指宋高宗建炎三年（1129年）和绍兴三十一年（1161年）金兵两次侵略长江流域地区，洗劫扬州。

양주만

— 순희 병신년 동짓날, 내가 유양(維揚)을 지나노라니 저녁 무렵 눈발이 그치면서 냉이와 보리밭이 한눈에 안겨왔다. 성 안에 들어서니 사방은 쓸쓸하고 차가운 강물이 더욱 푸르렀다. 어둠이 깃들면서 나팔 소리가 구슬피 울리므로 나는 마음이 서글퍼지면서 금석지감에 이 사를 지었다. 천암(千岩, 소덕조) 노인은 보고서《서리(黍離)》의 한탄이라고 평했다.

회하 동쪽의 이름난 도읍[1] 지

죽서정[2] 은 뛰어난 명승이라

(내) 잠간 말안장 풀고 초행길 쉬어가네.

봄바람 시원한 십리길[3] 에는

냉이와 보리 (여전히) 푸르구나.

오랑캐의 군마가 강안을 짓밟더니[4]

---

[1] '회하 동쪽의 이름난 도읍지': 양주(揚州)성을 말함. 송(宋)대의 행정구획에 회남동로와 회남서로가 설치되어 있었고 양주는 회남동로의 정부 소재지었다. 옛날 사람들은 방위(方位)에 대해 남향일 경우 동쪽을 좌(左), 서쪽을 우(右)라고 했으므로 여기서도 '회하 동쪽의 이름난 도읍지' 라고 한 것이다.

[2] 죽서정(竹西亭): 양주에 있는 한 정자.

[3] '봄바람……십리길': 두목(杜牧)은《증별(增別)》에서 "십리 양주길에 봄바람 불어 / 문발은 휘말리며 멈추질 못하네." 라고 했다. 여기서는 양주의 대명사로 쓰임.

[4] '오랑케……짓밟더니': 송(宋)고종 건염 3년(1129년)과 소흥 31년(1161년), 금(金)나라 군사들이 두 차례에 걸쳐 장강 유역을 휩쓸고 양주에서 약탈을 감행했다.

废池乔木，
犹厌言兵。
渐黄昏，
清角吹寒，
都在空城。

杜郎[1]俊赏，
算而今、
重到须惊。
纵豆蔻[2]词工，
青楼梦好，
难赋深情。
二十四桥[3]仍在，
波心荡、
冷月无声。
念桥边红药，
年年知为谁生！

[1] 杜郎：即杜牧。唐文宗大和七年到九年，杜牧在扬州任淮南节度使掌书记。

[2] 豆蔻：指杜牧《豆蔻诗》。

[3] 二十四桥：扬州城内古桥，即吴家砖桥，也叫红药桥。

못물은 흐려지고 키나무 쓰러져
사람들은 전란에 치를 떠네.
해는 저물어 가고
병영의 처량한 나팔소리
텅 빈 성안에 울려 퍼지누나.

그 옛날 두랑[1]이 여기서 풍류를 즐겼거니
오늘 다시 와보면 크게 놀라리라.
《두구사(豆蔻詞)》[2]를 쓴 글솜씨며
"청루의 꿈" 도 훌륭하지만
오늘의 깊은 정은 그려내지 못하리라.
(지금도) 남아있는 이십사교[3]엔
차가운 달빛아래 물결만 출렁이네.[4]
다리목의 붉은 작약꽃은
해마다 누굴 위해 피는 거냐!

---

[1] 두랑(杜郎): 즉 두목(杜牧). 당(唐) 문종 대화(大和) 7 년에서 9 년까지 두목은 양주에서 회남절도사장서기(淮南節度使掌書記)로 있었다.

[2] 《두구사(豆蔻詞)》: 두목의 시작품.

[3] '이십사교': 양주성내에 있는 오랜 다리, 즉 오가전교(吳家磚橋), 홍약교(紅藥橋)라고도 함.

[4] 허구적인 결말이 매우 의미심장하다. 이십사교는 여전히 남아있고 밝은 달밤도 여전하지만 지난날의 번화함을 더는 볼 수 없으며 작약꽃이 붉게 피었건만 감상하는 이 아무도 없다. 세월이 흐르고 경치가 변하여 풍물은 같아도 사람은 옛 사람이 아닌 느낌을 준다. 지난날의 번화함은 오늘의 쓸쓸함을 더 두드러지게 하므로 작품에 넘치는 절절한 정감이 사람들의 눈물을 자아낸다.

疏 影

辛亥之冬，予载雪诣石湖。止既月，授简索句，且征新声，作此两曲。石湖把玩不已，使二妓肆习之，音节谐婉，乃名之曰《暗香》《疏影》。

苔枝缀玉，
有翠禽小小，
枝上同宿。[1]
客里相逢，
篱角黄昏，
无言自倚修竹。
昭君不惯胡沙远[2]，

[1] 相传隋代赵师雄游罗浮山，夜梦与一素妆女子共饭，女子芳香袭人。又有一绿衣童子，笑歌欢舞。赵醒来，发现自己躺在一株大梅树下，树上有翠鸟欢鸣。

[2] 公元前54年，匈奴发生分裂。呼韩邪单于被他的哥哥郅支单于打败了，南迁至长城外的光禄塞下。呼韩邪决心跟汉朝结好，于是请求和亲。王昭君听说后，请求出塞，随单于远涉大漠。此处借昭君出塞、远嫁番邦之事来抒发自己孤寂难熬的情感。

소 영

— 신해년 겨울에 나는 눈을 맞으며 석호거사 범성대를 찾아갔다. 한 달을 그곳에 머물었는데 그가 내게 종이를 주며 사를 써 달라더니 또 곡조까지 지어 달라기에 이 두 수를 지어봤다. 석호가 감상해보고 악공과 가기에게 연습을 시켰더니 음정과 박자가 아주 잘 어우러졌다. 이에《암향》과《소영》이라는 제목을 붙였다.

이끼 덮인 가지에 구슬 같은 꽃송이
게다가 꼬마 비취새 (두 마리)
가지 위에서 함께 지내네.[1]
낯선 객지에서 서로 만나
저녁 무렵 울타리 모퉁이에서
말없이 대나무에 기대어 섰노라.
왕소군은 낯설고 먼 호족 땅 사막에서[2]

---

[1] 전설에 따르면 수(隋)대의 조사웅(趙師雄)이 나부산(羅浮山)을 유람하던 중 밤중 꿈에 소복차림의 웬 연인과 함께 식사를 하게 되었는데 여인의 몸에서 나는 향기가 코를 찔렀고 게다가 푸른 옷차림의 한 동자가 즐겁게 노래하면서 춤을 추었다. 조사웅이 잠에서 깨어나 보니 자기는 큼직한 매화나무 아래에 누워있고 나무에서는 비취새가 지저귀고 있었다고 한다.

[2] 기원전 54년, 흉노에 분렬이 생겨 호한사선우(呼韓邪單于)가 자기의 형인 질지선우(郅支單于)에게 패하여 남쪽으로 장성 밖의 광록(光祿)변새로 옮겨갔다. 호한사는 한(漢)왕조와 친교를 맺을 결심을 하고 한(漢)에 화친을 제의해왔다. 그 소문을 들은 왕소군(王昭君)은 자진하여 선우를 따라 먼나먼 사막으로 시집을 갔다. 여기서는 왕소군이 변새로 나가 멀리 외국으로 시집간 사실을 빌어 자기의 고독하고 적적한 마음의 고통을 설토하고 있다.

但暗忆江南江北。
想佩环月夜归来，
化作此花幽独。

犹记深宫旧事，
那人正睡里，
飞近蛾绿。[1]
莫似春风，
不管盈盈，
早与安排金屋[2]。
还教一片随波去，
又却怨、
玉龙哀曲。
等恁时、
重觅幽香，
已入小窗横幅。

[1] 传说南朝宋武帝刘裕的女儿寿阳公主，在某一年的正月初七仰卧于含章殿下，有梅花飘落额上，拂之不去，宫人皆以为美，纷纷效仿，被称为“梅花妆”。此处借用“梅花妆”的故事喻往事之美好令人难忘。

[2] 安排金屋：据说汉武帝年幼时曾对姑母说，如果能娶到表姐陈阿娇做妻子，会造一个金屋子给她住。此处委婉地说梅花委身泥土的下场。

남몰래 강남 강북의 고향 그리워했거니
(그녀의) 넋이 패옥을 차고 달밤에 돌아와
그윽하고 외로운 매화로 피어났나봐 .

잊지 못할 심궁의 옛 이야기
공주님 고이 잠들어 있는데
꽃잎이 날아와 미간에 떨어졌다네 .[1]
부디 봄바람 닮지 말고
탐스러운 이 매화 내버려두소
서둘러 금옥 (金屋) 을 지어줘야지 .[2]
매화 꽃잎 물결따라 흘러가버리면
구슬픈 '매화락' 피리소리 원망하리라 .
그 때에 다시 꽃향기 찾으려면
꽃은 이미 창가의 그림 속에 있으리 .

---

[1] 전설에 의하면 남조 (南朝) 의 송 (宋) 무제 유유 (劉裕) 의 딸 수양 (壽陽) 공주가 어느 해엔가 정월 초 이렛날 함장전 (含章殿) 에 반듯이 누워있노라니 매화꽃이 이마 위에 날아 떨어졌는데 불어도 날려가지 않았다고 한다 . 그것을 본 궁녀들은 너도나도 흉내를 내었으므로 '매화장 (梅花妝)' 이란 이야기가 생겨났다 . 여기서는 '매화장' 이야기를 빌어 지난날의 아름다움이 잊혀지지 않음을 비유했다 .

[2] '금옥 (金屋) 을 지어줘야지' : 전하는 바에 의하면 한 (漢) 무제는 어렸을 때 고모에게 말하기를 만약 자기가 사촌 누이 진아교 (陳阿嬌) 를 아내로 맞게 되면 금옥 (金屋 , 금으로 지은 집) 을 지어주겠노라고 했었다 . 여기서는 매화가 진흙속에 헌신하게 되는 종말을 완곡하게 표현하고 있다 .

俞国宝

生卒年不详，南宋诗人，江西诗派著名诗人之一。性格豪放，嗜诗酒，曾游览全国名山大川，饮酒赋诗，留下不少脍炙人口的锦词佳篇。词作虽少，却写得极有情致，代表作有《风入松》等。

风入松

一春长费买花钱，
日日醉湖边。
玉骢惯识西湖路，
骄嘶过、
沽酒楼前。
红杏香中箫鼓，
绿杨影里秋千。

暖风十里丽人天，
花压鬓云偏。
画船载取春归去，

유국보

유국보(俞國寶, 생졸년 미상), 남송(南宋) 시인이며 강서(江西) 시파의 이름난 시인 중 한 사람이다. 성격이 호방하고 시와 술을 매우 즐겼으며 한때는 전국의 명산대천을 두루 돌아다니며 음주와 시짓기로 소일했고 사람들의 입에 오르내리는 가작들을 많이 남겨놓았다. 사작품은 비록 많지 않지만 화려하고 다채로우며 정취가 다분하여 독자들의 사랑을 받았다. 대표작으로《풍입송(風入松)》등이 있다.

풍입송

봄철이면 내내 꽃놀이에 돈 뿌리고
날마다 호숫가에서 술에 취하누나.
서호 길에 익숙한 총이말도
우쭐거리며 주막 앞을 지나는데.
붉은 살구꽃 향기 속에 풍악이 일고
버들숲 그늘에선 그네뛰기 한창이네.

십 리 길 봄바람에 노니는 미녀들
꽃장식에 눌려서 운발마저 기울었네.
한껏 꾸민 배는 봄을 싣고 돌아가노니

余情付、
湖水湖烟。
明日重扶残醉，
来寻陌上花钿。[1]

[1] 词末两句作者以来日之事相期，更加突出了当日之尽兴欢乐。前一日醉得很深，隔日还带有残存的醉意。不过到底是酒醉、景醉，还是情醉呢，抑或三者兼而有之，作者却并未明说，余音袅袅，情韵悠长。

미진한 흥은 호수와 안개 속에 맡겨 두세.

내일 다시 취한 일으켜

길가에 떨군 꽃비녀 찾으러 올테니.[1]

---

[1] 사의 마지막 두 구절은 저자가 내일을 기약함으로써 당일의 즐거운 흥을 더욱 두드러지게 한다. 전날은 몹시 취했다 하더라도 다음날 또 술이 채 깨지 않은 상태이다. 하지만 구경 술에 취하고 경치에 취한 것인지 아니면 정에 취한 것인지, 또 아니면 3자를 다 겸한 것인지, 저자는 결코 밝히지 않았으나 여운이 길고 오래간다.

戴复古

1161 年—？，南宋著名江湖派诗人。一生不仕，浪游江湖，后归家隐居，常居南塘石屏山，故自号石屏樵隐。其词格调高朗，文笔俊爽，工整自然。词作《柳梢青》和《洞仙歌》两首流传最广。

柳梢青

岳阳楼

袖剑飞吟[1]，
洞庭青草，
秋水深深。
万顷波光，
岳阳楼上，
一快披襟。

不须携酒登临，

---

1 袖剑飞吟：据说吕洞宾尝饮岳阳楼，醉后留诗曰："朝游南浦暮苍梧，袖里青蛇（指剑）胆气粗。三入岳阳人不识，朗吟飞过洞庭湖。"戴复古浪迹南北，兼有豪迈胸怀，与吕洞宾诗中所表现的气质有相似之处。于是借用此来抒发自己壮游洞庭的情怀。

대복고

대복고(戴復古, 서기 1167년~ ?), 남송(南宋)의 이름난 강호파(江湖派) 시인으로 한평생 벼슬과 담을 쌓고 강호를 떠돌다가 나중에 남당 석병산(石屛山)에 머물었으므로 호를 석병초은(石屛樵隱)이라고 했다. 그의 사는 격조가 높고 명랑하며 필치가 시원하고 자연스럽다. 사 작품으로《유소청(柳梢青)》과《동선가(洞仙歌)》가 있으며 두 수 모두 널리 유전되고 있다.

유소청

— 악양루

보검 품고 시 읊으며 다가서니[1]

동정호반에 푸른 초목 무성하고

가을 호수 깊이를 알 수 없구나.

수면에는 가없이 잔물결 번뜩이고

악양루에 높이 올라서니

시원한 바람 옷섶을 펄럭이네

(굳이) 무엇하러 술을 지고 오르랴.

---

[1] '보검 품고 시 읊으며 다가서니': 전설에 따르면 여동빈(呂洞賓)은 악양루에서 술을 마시고나서 "아침엔 남포, 저녁엔 푸른 오동나무 / 소매 속에 검은 뱀(검을 말함) 품으니 담이 커지네. / 셋이 함께 악양에 와도 사람들 몰라보나니 / 시 읊으며 동정호를 날아 건너네." 라는 시 한 수를 남겨놓았다고 한다. 대복고는 남북 각지를 두루 돌아다닌 데다가 흉금이 호매하여 여동빈이 시에서 표현한 기질과 비슷한 점이 많다. 따라서 여기서는 그것을 빌어 자신이 동정호를 유람한 심정을 토로했다.

问有酒何人共斟？
变尽人间，
君山一点，
自古如今。

술이 있단들 함께 마실 사람 누구뇨?

세상사 아무리 변한다 해도

호수 속에 점을 이룬 군산만은

자고로 끄떡 없지 않느냐.

洞仙歌

卖花担上，
菊蕊金初破。
说着重阳怎虚过。
看画城，
簇簇酒肆歌楼，
奈没个、
巧处安排着我。

家乡煞远哩，
抵死思量，
枉把眉头万千锁。
一笑且开怀，
小阁团栾，
旋簇着、
几般蔬果。
把三杯两盏记时光，
问有甚曲儿，
好唱一个？

동선가

멜대에 실린 꽃바구니에서
국화꽃 봉오리 금빛으로 피었구나.
중양절을 어이 헛되이 보내랴는 듯이.
그림같이 번화한 성안은
(간데마다) 술집과 기루가 즐비하건만
어이하랴, 내가 머물 곳 하나도 없으니.

고향은 너무도 멀구나
못견디게 그리워
애꿎게 이맛살만 자꾸 찌푸리네.
어디 한번 실컷 웃으며 마셔볼까나
작은 술집에 모여 앉아
조촐한 몇 접시 야채와 과일 돌려가며.
박주 두석 잔 기울이는 동안
어디 부를 만한 노래는 없느냐?
한 가락이라도 좋으니.

史达祖

生卒年不详，南宋著名词人。一生未中第，早年任过幕僚。其词多写个人闲情逸致，尤工于咏物，善用白描手法，刻画细节。词中少数忧国伤时之作，慷慨悲凉。代表作《双双燕》备受后人推崇。

双双燕

咏燕

过春社了，
度帘幕中间，
去年尘冷。
差池欲住，
试入旧巢相并。
还相雕梁藻井，
又软语、
商量不定。
飘然快拂花梢，
翠尾分开红影。

사달조

사달조(史達祖, 생졸년 미상), 남송(南宋)의 이름난 사인으로 평생 과거에 급제하지 못하였고 젊어서 한때 막료로 있었다. 그의 사는 대부분 개인의 한가하고 안일한 정취를 담고 있는데 사물 묘사에 뛰어나고 소묘수법에 숙달하며 묘사가 섬세하다. 그의 사작품 중에는 나라와 시국을 우려하는 작품도 더러 있어 비분강개하고 처량하다. 대표작인《쌍쌍연(雙雙燕)은 후세 사람들에게 많이 추앙받는 작품이다.

쌍쌍연
— 제비를 노래하다

춘사[1] 가 지나서
주렴 사이를 날아 들어와 보니
해묵은 둥지엔 먼지만 끼어 썰렁하네.
날개를 퍼덕이다 말고
옛 둥지에 들어가 나란히 앉누나.
고개 들어 들보와 천정 살피며
지지배배 의논소리 길다 싶더니.
바람같이 꽃가지 위를 스쳐 날면서
비취색 꼬리로 꽃 그림자 가르누나.

---

1 춘사(春社): 입춘(入春)이 지난 후 다섯 번째 무일(戊日). 이날 토지신에게 제사를 지내는 풍습이 있다. 절기로는 춘분 전후이며 대략 제비가 돌아오는 때이기도 하다.

芳径，
芹泥雨润。
爱贴地争飞，
竞夸轻俊。
红楼归晚，
看足柳昏花暝。
应自栖香正稳，
便忘了天涯芳信。
愁损翠黛双蛾，
日日画阑独凭。

향기로운 꽃길,
비에 젖은 미나리밭 위를
땅에 스칠 듯 말 듯 다투어 날며
가볍고 멋진 자태 한껏 뽐내누나.
꽃구경 버들놀이 실컷 하고서
저녁 늦게 홍루[1]로 돌아와서는
아씨께 전할 소식 깜박 잊고서
아늑한 둥지에 깃들어 단잠에 드네.
수심겨운 아씨 미간을 찌푸리고
날마다 외로이 난간에 기대섰는데.

[1] 홍루(紅樓): 붉은 누각. 여인이 거처하는 화려한 누각.

绮罗香

咏春雨

做冷欺花，
将烟困柳，
千里偷催春暮。
尽日冥迷，
愁里欲飞还住。
惊粉重蝶宿西园，
喜泥润、
燕归南浦。
最妨他、
佳约风流，
钿车不到杜陵路。

沉沉江上望极，
还被春潮晚急，
难寻官渡。
隐约遥峰，
和泪谢娘眉妩。
临断岸新绿生时，
是落红、

기라향
— 봄비

추위로 꽃을 괴롭히고
안개로 실버들을 지치게 하며
천 리에 봄날이 저물기를 재촉하네.
하루 종일 자욱히 어둠을 드리우고
수심 속에 흩날리다간 멈추곤 하누나
젖은 날개 무거워 나비는 서원(西園)에 잠들고
촉촉한 진흙 좋다며
제비는 남포(南浦)로 돌아가네.
무엇보다
연인들의 약속마저 방해하니
화려한 꽃마차도 두릉(杜陵) 길 못 가누나.

침침한 강가에서 멀리 내다보니
봄물은 저녁 무렵에 더욱 세차졌나봐
나룻터를 찾기도 어렵구나.
저 멀리 희미한 산봉은
눈물짓는 여인의 눈썹이런가.
강가의 절벽에 다가가니 신록이 불어나
낙화는 시름 안고

带愁流处。
记当日、
门掩梨花，
剪灯深夜语。

물결 따라 흘러가누나.

잊지 못할 그날,

배꽃 속에서 문을 닫고

등불 아래 오순도순 밤 가는줄 몰랐네.

临江仙

草脚青回细腻，
柳梢绿转条苗。
旧游重到合魂销。
棹横春水渡，
人凭赤阑桥。

归梦有时曾见，
新愁未肯相饶。
酒香红被夜迢迢。
莫交无用月，
来照可怜宵！

임강선

푸른 잔디 발밑에 부드럽고
버들가지 푸르러 휘늘어졌는데
옛 길을 찾아 상봉을 더듬네.
노를 저어 봄물을 건너고 보니
그녀는 홀로 적란교에 서있구나.

꿈속에서 가끔 만나긴 했어도
새 시름이 서로를 용서치 않누나.
술 향기, 붉은 이불 밤은 지루하기만 하네
쓸모 없는 달빛이여, 부디
가여운 이 밤을 비추지 말아다오!

解佩令

人行花坞，
衣沾香雾，
有新词逢春分付。
屡欲传情，
奈燕子不曾飞去。
倚珠帘咏郎秀句。

相思一度，
浓愁一度。
最难忘遮灯私语。
淡月梨花，
借梦来花边廊庑。
指春衫泪曾溅处。

해패령

그녀는 꽃밭을 거닐며
옷섶에 향기로운 안개 묻히었고
봄이면 새 사를 지어달라 부탁했었지 .
몇 번이나 이 마음 전하고파도
가주지 않는 제비를 어쩔 수 없었거니 .
(지금도) 주렴 옆에서 나의 사를 읊고 있으리 .

그리워하면 할수록
시름은 한결 더해 지는 법 .
어이 잊으랴 , 밤도와 (오손도손) 나눈 이야기 .
희미한 달빛이 배꽃을 비출 제
꿈 속에서 꽃이 핀 낭하에 찾아와
봄 옷에 얼룩진 눈물자국 보여주려네 .

卢祖皋

公元 1170 年—？，南宋词人。其词细致淡雅，文句工巧，华美婉约。著有《蒲江词》，存词 90 余首。

江城子

画楼帘幕卷新晴，
掩银屏，
晓寒轻。
坠粉飘香，
日日唤愁生。
暗数十年湖上路，
能几度，
着娉婷。

年华空自感飘零。
拥春酲，
对谁醒？
天阔云闲，

노조고

노조고(盧祖皐, 서기 1170 년~ ?), 남송(南宋)의 사인. 그의 사는 섬세하고 우아하며 문구가 정교하고도 아름답다. 저서로《포강사(蒲江詞)》가 있으며 사 90 여 수가 남아있다.

강성자

누각의 문발 거두니 날씨는 활짝 개었고
둘러친 병풍 접으니
새벽 추위 쌀쌀하구나.
지는 꽃잎, 풍겨오는 꽃향기
날마다 시름만 자아내네.
손꼽아 헤어보니 떠돌이 생활도 10 년
(그동안) 몇 번이나
이쁜 여인과 함께 했던가?

덧없는 세월 속에 영락한 이내 신세
봄 술에 얼근히 취하건만
누구를 마주하고 술을 깨리오.
하늘은 넓고 구름은 한가로운데

无处觅箫声。
载酒买花年少事，
浑不似，
旧心情。

(더는) 퉁소소리 찾을 길 없구나.

주연과 꽃구경은 젊은 시절 일이어니

(이제는) 전혀 틀리누나

그 옛날 (젊은 시절) 마음과는.

黄　机

生卒年不详，南宋词人、诗人。曾仕宦州郡，游踪多在吴楚之间，词风沉郁苍凉。

忆秦娥

秋萧索，
梧桐落尽西风恶。
西风恶，
数声新雁，
数声残角。

离愁不管人飘泊，
年年孤负黄花约[1]。
黄花约，
几重庭院，
几重帘幕。[2]

[1] 黄花约：指恋人相约在菊花开放的秋天重逢。

[2] 词末作者只是描写了恋人的居处，然后，戛然而止，这就给读者留下了驰骋想象的余地。居住在这里的人儿忍受着怎样的相思煎熬和独处的孤寂以及年年辜负约期的失望，翘首盼望游子归来，不言而明。

황 기

황 기(黃機, 생졸년 미상), 남송(南宋)의 사인과 시인으로 한때 환주군(宦州郡)에서 벼슬을 살았고 오(吳)나라와 초(楚)나라 사이를 많이 오갔다. 사풍은 침울하고 처량하다.

억진아

가을 풍경 쓸쓸하고
오동잎 말끔히 지었구나, 사나운 서풍에
사나운 서풍에
낯선 기러기 끼룩끼룩 울고
어설픈 나팔소리 띄엄띄엄 들려오네.

이별의 설음 떠도는 나그네 아랑곳 않누나.
해마다 저버린 국화꽃[1] 약속
국화꽃 약속
깊고 깊은 정원,
겹겹이 드리운 장막 안에서였지.[2]

---

[1] 국화꽃 약속: 연인들이 서로 국화가 피는 가을에 다시 만나기로 한 약속.

[2] 사의 마지막에 저자는 연인의 거처만을 밝히고 연후에 갑자기 멈춤으로써 독자들에게 상상의 나래를 펼칠 수 있는 여지를 남겨놓았다. 이곳에 살고 있는 여인이 어떻게 그리움과 고독, 해마다 약속을 저버리는 실망에 시달리면서 먼 길을 떠난 임이 돌아오기를 학수고대하고 있는가를 직접 밝히지 않고도 알 수 있게 한다.

张　辑

生卒年不详，南宋词人。其词风雅婉丽、幽畅清疏，形成了独特的风格。

月上瓜洲
南徐多景楼作

江头又见新秋，
几多愁？
塞草连天，
何处是神州？

英雄恨，
古今泪，
水东流。
惟有渔竿，
明月上瓜洲。

장 집

장 집(張輯, 생졸년 미상), 남송(南宋)의 사인. 그의 사는 풍아하고 아름다우며 또한 그윽하면서도 유창하여 독특한 풍격을 이루었다.

월상과주
— 남서(南徐)의 다경루에서

강가에 또다시 가을이 찾아드니
(부푼) 시름 얼마나 많으랴?
변강의 초원은 하늘 끝에 닿았거니
(내 조국) 신주(神州)는 어디메뇨?

(예로부터) 영웅들의 한과
(참아온) 회한의 눈물
강물에 실려 동으로 흘러갔거늘.
오로지 강위에 드리운 낚싯대만
달빛어린 과주(瓜州)에 남아있어라.

严　仁

生卒年不详，南宋词人。好古博雅，工于词。代表作《玉楼春》以景物描写衬托思妇情怀，婉丽清新，为历代词家所赞赏。

玉楼春

春思

春风只在园西畔，
荠菜花繁蝴蝶乱。
冰池晴绿照还空，
香径落红吹已断。

意长翻恨游丝短，
尽日相思罗带缓。
宝奁明月不欺人，
明日归来君试看。

엄 인

엄 인(嚴仁, 생졸년 미상), 남송(南宋)의 사인. 옛 것을 좋아하고 박아하며 사에 능숙하였다. 대표작인《옥루춘(玉樓春)》은 경물을 통해 임을 그리는 여인의 정감 묘사가 아름답고 청신하여 역대 사인들의 찬상을 받았다.

옥루춘
— 봄날의 생각

봄바람은 이젠 정원 서쪽에만 불어
냉이꽃 한창이고 나비떼 춤을 추네요.
맑고 푸른 연못은 달빛아래 투명하고
그윽한 오솔길에 꽃잎이 쌓였어요.

정이 끈끈하여 짧은 버들가지 싫고
종일 그리움에 허리끈이 헐거워지네요.
거울은 달처럼 사람을 속이지 않나니
훗날 돌아오시면 임께서 보아주세요.

刘克庄

1187—1269年，南宋著名诗人、词人、诗论家。其词深受苏轼、辛弃疾的影响，多豪放之作。但他也写婉约词，而且糅豪放于婉约之中，更见其独具一格的豪放。

沁园春

梦孚若

何处相逢？
登宝钗楼，
访铜雀台。
唤厨人斫就，
东溟鲸脍；
圉人呈罢，
西极龙媒。
天下英雄，
使君与操，
余子谁堪共酒杯？
车千乘，

유극장

유극장(劉克莊, 서기 1187년~ 1269년): 남송(南宋)의 이름난 시인과 사인이며 시론가이다. 그의 사는 소식(蘇軾)과 신기질(辛棄疾)의 영향을 받아 대부분 호방한 작품에 속한다. 그러나 완약사도 써냈으며 호방한 가운데 완약함을 융합시켜 독특한 풍격의 호방함을 보여준다.

심원춘

— 꿈에 방부약(方孚若)[1]을 만나

우리가 만난 곳은 어디였던가?

나란히 보채루(寶釵樓)에 오르고

동작대(銅雀臺)에도 함께 갔어라.

요리사를 불러다

동해의 물고기로 요리 만들고

마부가 끌고온 준마는

머나먼 서역의 천리마였으니

천하의 영웅과 호걸은

오로지 그대와 조조 뿐이거늘

그 누가 우리와 함께 술잔을 기울이랴?

(문밖에) 늘어선 전차엔

---

[1] 방부약(方孚若): 방신유(方信孺)의 자이다. 그는 포전(浦田, 오늘의 복건성에 속함) 사람으로서 연 세 차례나 사신으로 금(金)나라에 파견되었었다.

载燕南赵北，
剑客奇才。

饮酣画鼓如雷，
谁信被晨鸡轻唤回。
叹年光过尽，
功名未立；
书生老去，
机会方来。
使李将军，
遇高皇帝，
万户侯何足道哉！[1]
披衣起，
但凄凉感旧，
慷慨生哀。

[1] 相传李广曾与匈奴作战70余次，以勇敢善战闻名天下。他虽有战功，却未得封侯。“使李将军”三句巧妙地借用了李广的典故，同时赋予这个典故新的含义：时局是如此危急，正该起用李广这样的名将，而现实情况却相反，贤才能臣却报国无门，这怎能不让人凄凉哀伤呢？

모두 중원땅 남북에서 온
검객과 기재(奇才)들일세.

취중에 잠들어 코를 골다가
닭울음 소리에 깨어나니 한마당 꿈이었네.
세월은 덧없이 흘러만 가고
공명(功名)은 상기도 이루지 못했거니
이 몸이 늙어버린 오늘에야
비로소 기회가 오는건가.
옛날 이장군[1]이
고황제를 만났더라면
만호후(萬戶侯)는 되고도 남았으리라.
옷을 걸치고 일어나
둘러보니 지난 일 마냥 처량하여
북받치는 감개와 슬픔 금할 수 없네.

---

[1] 이장군(李將軍): 즉 이광(李光)을 말함. 전설에 따르면 이광은 흉노와 70여 차례나 싸워 세상에 용맹을 크게 떨쳤다. '옛날 이장군' 세 구절은 이광의 전고를 교묘하게 차용함과 동시에 이 전고에 새로운 의미를 부여했다. 시국이 이처럼 위급한 때에는 바로 이광과 같은 명장들을 기용해야 할 것이지만 현실은 그와 반대로 현능한 인재들이 나라에 보답할 길이 없으니 어찌 슬프고 괴탄할 일이 아니겠는가?

清平乐

顷在维扬，陈师文参议家舞姬绝妙，赋此。

宫腰束素，
只怕能轻举。
好筑避风台护取，
莫遣惊鸿飞去。

一团香玉温柔，
笑颦俱有风流。
贪与萧郎眉语，
不知舞错《伊州》。[1]

[1] 词末两句为这首词的警策之语。“萧郎”泛指被女子爱恋的男子，此指作者自己，作者与舞姬眉目传情，舞姬竟然舞错了《伊州》曲。作者把自己融入其中，主观情感的融注，读来情思缠绵，韵味无穷。

청평악

—— 잠시 유양 (維揚) 에 머물며 진사문 (陳師文) 참의 (參議) 집 무희의 춤이 절묘하기로 이 사를 짓노라

흰 비단띠 두른 가느다란 허리
불면 날아갈 듯 가벼운 몸매
피풍대 (避風臺) 라도 지어야 지켜내리니
부디 놀란 기러기 꼴 되지 않게 해야지 .

향기와 온유 (溫柔) 로 가득 찬 그녀
웃어도 찌프려도 예쁘기만 하네 .
소랑 (蕭郞) 과 서로 눈짓을 탐하노라
'이주 (伊州)' 의 춤 잘못 춘 줄도 모르누나 .[1]

---

[1] 사의 마지막 두 구절은 기발한 문구로 꼽힌다 . '소랑 (蕭郞)' 은 여인에게 사랑받는 남자를 두루 일컫는 말로서 여기서는 저자 자신을 지칭한다 . 저자와 무희가 서로 눈으로 정을 나누노라 무희는 의외로 '이주 (伊州)' 곡의 춤을 잘못 춘 것이다 . 저자가 자신을 작품 속에 융합시켜 주관 정감을 주입함으로써 읽을 수록 서정이 일고 여운이 무궁하다 .

玉楼春[1]

戏林推

年年跃马长安市，
客舍似家家似寄。
青钱换酒日无何，
红烛呼卢宵不寐。

易挑锦妇机中字，
难得玉人心下事。
男儿西北有神州，
莫滴水西桥畔泪。

[1] 这首词是作者为规劝友人林推（姓林的节度推官）而写的。通过描写林推奢靡放纵的生活，来劝导林推应该忧国忘家，有所作为。

옥루춘 [1]

— 임추관(林推官)을 야유하여

해마다 말 타고 장안(長安) 거리 쏘다니며
객사가 집이요 집이 오히려 객사 같구려.
종일 엽전으로 술이나 마시며 빈둥거리고
밤이면 촛불 밝혀 노름으로 밤을 패는가.

베 짜는 아내의 사랑은 얻기 쉬워도
기녀의 속마음은 얻기 어려운 법이라.
장부의 뜻 서북쪽 신주(神州)에 두어야 하리니
부디 수서교(水西橋)에 눈물을 흘리지 말게나.

---

[1] 이 사는 저자가 친구인 임씨[林氏, 당시 절도추관(節度推官)으로 있었음]를 권고하여 쓴 것이다. 임씨의 사치하고 방종한 생활에 대한 묘사를 통해 임씨더러 망국의 한을 잊지 말고 나라에 유익한 일을 하라고 권하고 있다.

卜算子

片片蝶衣轻，
点点猩红小。
道是天公不惜花，
百种千般巧。

朝见树头繁，
暮见枝头少。
道是天公果惜花，
雨洗风吹了。

복산자

점점이 아릿다운 새빨간 꽃잎들이
나비마냥 너울너울 가볍게 날리네.
하늘이 정녕 꽃을 아끼지 않는다면
저들이 어찌 온갖 자태 꾸며내리오.

아침에 가지마다 무성했던 꽃들이
저녁엔 가지에 몇 송이 안 남았구나.
하늘이 과연 꽃을 아낀다면
저들이 어찌 비바람에 날려 가리오.

吴 潜

1196—1262年，南宋词坛重要词人、水利专家。自幼聪慧过人，才华出众，以诗文书法闻名乡里。历任太府少卿、右丞相兼枢密使等职。其词多抒发忧国的抱负与报国无门的悲愤，格调沉郁。

南柯子

池水凝新碧，
阑花驻老红[1]。
有人独立画桥东，
手把一枝杨柳系春风。

鹊绊游丝坠，
蜂拈落蕊空。
秋千庭院小帘栊，
多少闲情闲绪雨声中。

[1] 老红：枯萎而留在枝头的花朵。

오 잠

오 잠 (吳潛 , 서기 1196 ~ 1262 년), 남송 (南宋) 사단의 중요한 사인으로 수리전문가였다 . 어려서부터 남달리 총명하고 재능이 뛰어났으며 시문과 서예로 향간에 이름났다 . 벼슬로는 태부소경 (太府少卿), 우승상 (右丞相) 겸 추밀사 (樞密使) 등직을 역임했다 . 그의 사는 대부분 세상을 구제하고 나라를 위하려는 포부와 나라에 보답하지 못하는 비분을 토로하였으며 격조가 침울하다 .

남가자

(비 그은) 못물은 유달리 푸르고
지고 남은 꽃잎도 붉게 시들었는데
누군가 홀로 동쪽 다리목에 서서
버들가지 꺾어 봄바람 잡아매려네 .

까치는 (무심히) 버들가지 떨어뜨리고
꿀벌은 열심히 꽃술을 파고드누나 .
정원의 그네터 작은 창가에서
한가로이 빗소리 들으며 시름 달래네 .

吴文英

约 1200—约 1260 年，南宋著名词人。一生未第，游幕终身，布衣终老。其词风格雅致，长于修辞，精于乐理，在古今长调中享有极高声誉，广为后人传诵。

浣溪沙

门隔花深梦旧游，
夕阳无语燕归愁。
玉纤香动小帘钩。

落絮无声春堕泪，
行云有影月含羞。
东风临夜冷于秋。

오문영

오문영 (吳文英 , 약 1200 년 ~ 1260 년), 남송 (南宋) 의 이름난 사인으로 한 평생 과거에 급제하지 못하고 떠돌이 막료로 , 평민으로 보내었다 . 그의 사는 운치있고 아름답다 . 그는 수사에 능숙하고 악리에 정통하였으므로 고금의 장조 (長調) 에서 명성이 매우 높고 후세 사람들에게 널리 전송되었다 .

완계사

대문 밖의 무성한 꽃밭 꿈에 다시 보나니
석양은 말없고 제비는 수심안고 돌아오는데
섬섬옥수 향기 풍기며 문발 걷어올리네 .

소리없이 지는 버들개지 봄이 흘린 눈물이요
뜬 구름에 그늘이 짐은 달이 머금은 수줍음인가
밤에 부는 봄바람 가을보다 더 싸늘하여라 .

风入松

听风听雨过清明，
愁草瘗花铭[1]。
楼前绿暗分携路，
一丝柳，
一寸柔情。
料峭春寒中酒，
交加晓梦啼莺。

西园日日扫林亭，
依旧赏新晴。
黄蜂频扑秋千索，
有当时、
纤手香凝。
惆怅双鸳不到，
幽阶一夜苔生。

---

1 瘗花铭：指北周所作的《瘗花铭》，是悼念花的文字。瘗：埋葬。

풍입송

빗소리 바람소리 들으며 보내는 청명
시름 안고 꽃무덤에 묘비명[1] 지어보네.
누각 앞 이별길엔 녹음이 짙게 드리워
실버들 가지마다에
(그녀의) 부드러운 정 배어있어라.
싸늘한 봄 추위에 술 취해 있노라니
새벽꿈, 꾀꼬리소리 엇갈려 찾아드네.

서원(西園)에서 날마다 숲 속 정자 쓸면서
지금도 옛날처럼 아침 풍경 즐기노라
꿀벌이 때없이 그네줄에 날아드니
어젯날 섬섬옥수의 향기 배어서인가.
아쉽게도 그녀의 발길은 끊기고
호젓한 섬돌에 밤새 이끼만 돋았네.

[1] '꽃무덤에 묘비명': 북주(北周)가 쓴《예화명(瘞花銘)》으로 떨어진 꽃을 애도하는 글이었다. 예 '瘞' 는, 매장한다는 뜻이다.

唐多令

何处合成愁？
离人心上秋。[1]
纵芭蕉不雨也飕飕。
都道晚凉天气好，
有明月，
怕登楼。

年事梦中休，
花空烟水流。
燕辞归，
客尚淹留。
垂柳不萦裙带住，
漫长是、
系行舟。

[1] 词前两句一问一答，巧妙地点出“离愁”，将“愁”字拆分成“心上秋”，语带双关。此“秋”既是季节之秋，也是心灵之秋，离人悲秋即成愁，命意新颖。

당다령

시름 수(愁) 자가 어떻게 이뤄졌나 했더니
이별한 이의 마음(心)에 가을(秋)이 얹혔어라.[1]
파초잎은 비 없이도 바람에 설레며 울고
모두들 서늘한 저녁 날씨 좋다지만
밝은 달 비쳐져도
누각에 오르기가 두렵네.

꽃잎 지고 안개 속에 흘러간 물처럼
지난 일들 꿈같이 사라져버렸네.
제비는 갔다가 돌아온다지만
나그네는 아직도 타향에 머무누나.
버들은 가는 여인의 치마끈은 붙잡지 않고
부질없이 따라갈 배만 잡아묶누나.

---

[1] 이 사의 첫 두 구절은 일문 일답식으로 교묘하게 '이별의 슬픔' 을 집어내어 수(愁)' 자를 마음 심(心)자와 가을 추(秋)자로 분해함으로써 쌍관어를 이루었다. 여기서 이 '추(秋)' 는 계절로서의 가을임과 동시에 마음 속의 가을이기도 하여 수심 위에 수심이 더해진다. 이 점만으로도 기발한 아이디어가 아닐 수 없다.

醉桃源

赠卢长笛

沙河塘上旧游嬉。
卢郎[1]年少时。
一声长笛月中吹。
和云和雁飞。

惊物换，
叹星移，
相看两鬓丝。
断肠吴苑草凄凄，
倚楼人未归。

[1] 卢郎：即卢长笛，是词人老相识。

취도원

— 노적장 (盧長笛) 에게

옛날 사하당 (沙河塘) 에서 노닐던 때는
노랑[1] 의 어린 시절 .
달밤에 피리를 은은히 불면
구름 따라 기러기 따라 멀리 퍼졌었지 .

경물의 변화에 놀라고
세월의 흐름에 탄식하노니
우리 어느새 귀밑머리 세었구려 .
안타까운 오원 (吳苑) 의 쓸쓸한 풀밭이여
누각에 기대어 오지 않는 임을 기다리나니 .

---

[1] 노랑 (盧郎): 즉 노장적 (盧長笛). 저자의 오랜 친구이다 .

刘辰翁

1232—1297年，南宋末年著名爱国词人。曾任江西幕府，宋亡后隐居不仕，致力于文学创作和文学批评活动，著述甚丰，但主要成就在词作方面。他的词于沉痛悲苦中透发激越豪壮之气，真挚自然，流畅生动。

柳梢青

春感

铁马蒙毡，
银花洒泪，
春入愁城。
笛里番腔，
街头戏鼓，
不是歌声。

유진옹

유진옹(劉辰翁, 서기 1232년~ 1297년), 남송(南宋) 말년의 이름난 사인으로 한때 강서막부(江西幕府)로 있었고 송(宋)나라가 멸망하자 은둔생활을 하면서 문학 창작과 문학 평론에 정진하였다. 많은 저서를 집필했으나 사창작에서 성과가 컸다. 그의 사는 침통하고 비참한 가운데 격동적이고 호방한 기백을 발하고 있으며 진실하고 자연스러우며 유창하고 생동하다.

유소청
— 봄날의 느낌

모전 쓴 기마대(거리를 쏘다니고)

대보름날 연등불 눈물 짓는데

수심에 잠긴 도시에도 봄은 오는가!

피리소리 들리느니 오랑캐의 곡조요

거리에서 떠드는 건 잡극놀이라

(듣고 싶은) 고국 노래 하나도 없구나.

那堪独坐青灯，
想故国、
高台月明。
辇下风光，
山中岁月，
海上心情。[1]

[1] 词末三句简笔描写三种景象，但却含有不尽之意。“辇下风光”指故都临安宋亡前的繁华场景。“山中岁月”指自己隐居山中的寂寞岁月。“海上心情”指宋朝一部分爱国志士，在临安失守后在福建、广东一带继续进行抗元斗争的事情，以及作者对他们的挂念之情，但此时离宋室彻底覆亡已不远了，因此不再存在“海上”的抗元斗争。

홀로 등잔불 마주해 있노라니
(못견디게) 그리운 내 고향
달빛 어린 고대광실이여 !
(눈부시던) 황성의 풍광 등지고
산속에 숨어사는 외로운 신세
(어이 잊으랴),
바다에서 싸울 그들의 심정을 ![1]

[1] 사의 마지막 세 구절은 간결한 필치로 세 가지 정경을 묘사하여 사람들에게 연상할 수 있는 많은 공간을 제공한다 . '(눈부시던) 황성의 풍광 등지고' 는 고도인 임안 (臨安 , 오늘의 절강성 항주시) 의 망국 이전의 태평성세를 말하고 '산속에 숨어사는 외로운 신세' 는 저자 자신이 산속에 은거하여 적막하고 외로운 세월을 보내고 있음을 말하며 '어이 잊으랴 , / 바다에서 싸우는 그들의 심정을 !' 이라고 함은 송 (宋) 나라의 일부 애국지사들이 임안이 함락된 후에도 복건 , 광동 일대에서 계속 진행해온 항원 (抗元) 투쟁 , 그리고 그들에 대한 저자의 염려를 말하고 있다 . 그러나 이 사는 저자가 산속에 '은거' 해 있을 때 지은 것으로 그때는 송 (宋) 왕조가 멸망되기 직전이었으므로 아직은 '바다에서' 의 항원투쟁이 존재하지 않았다 .

兰陵王

丙子送春[1]

送春去，
春去人间无路。
秋千外、
芳草连天，
谁遣风沙暗南浦？
依依甚意绪，
漫忆海门飞絮。
乱鸦过，
斗转城荒，
不见来时试灯处。

春去，
最谁苦？
但箭雁沉边，
梁燕无主，

[1] 丙子送春：南宋德祐二年（1276年）二月，元军占领南宋京都临发（今杭州）。此词作于同年暮春，所谓“送春”，就是哀悼南宋灭亡。

난릉왕
— 병자(丙子)년 봄을 보내며 [1]

봄을 보내고파도
세상엔 봄이 돌아갈 길조차 없네.
그네터 밖으로는
방초가 멀리 하늘과 맞닿았는데
누가 황사를 일으켜 남포(南浦)를 어둡게 하느냐
봄을 아끼는 내 마음 어이 달래리오?
바닷가에 흩날리는 버들개지 떠올려보네.
까마귀 어지럽게 날아 설치고
도성은 삽시에 황폐해지니
지난날 화려했던 연등불 더는 안 뵈네.

봄이 가고나면
그 누가 가장 괴로울 거냐?
화살 맞은 기러기 변강에 떨어지고
대들보엔 주인 없는 제비만 남을 테지

---

[1] 남송(南宋) 덕유(德裕) 2년(1276년) 2월, 원(元)나라 군사가 남송의 수도 임발(臨發, 오늘의 항주)를 점령했다. 이 사는 같은 해 늦봄에 지었고 이른바 '봄을 보내며' 는 바로 남송의 멸망을 애도한 것이다.

杜鹃声里长门暮。
想玉树凋土，
泪盘如露[1]。
咸阳送客屡回顾，
斜日未能度。

春去，
尚来否？
正江令恨别，
庾信愁赋，
苏堤尽日风和雨。
叹神游故国，
花记前度。
人生流落，
顾孺子，
共夜语。

[1] 泪盘如露：传说汉代人相信神仙可以降露人间，饮服神露能使人长生不老。于是汉武帝在建章宫内建造神明台，再铸造铜仙人双手捧铜盘承接仙露。魏明帝命人把铜人从长安搬到洛阳，在拆御时铜人流下眼泪来。这里以铜人落泪表现亡国之痛。

두견새 울며 장문궁(長門宮)에 날이 저물고.
옥나무 시들어 흙속에 묻히니
눈물은 승로반[1]에 맺힌 이슬 되리라.
함양(咸陽)의 길손은 거듭 되돌아보고
저녁 해도(뉘엿뉘엿) 차마 저물지 못하누나.

봄은 가고나면
다시 돌아올 수 있을런가?
강엄(江淹)이 이별을 원망할 적에
유신(庾信)은 수심을 읊었거니
소제(蘇堤)[2]에는 종일 비바람 몰아치누나.
고국 땅 떠도는 이내 넋을
꽃만은(그래도) 예전 모습 기억하리라.
영락한 인생을 사는 떠돌이 신세
어린 녀석 돌보며
밤이 깊도록 이야기나 나누리.

---

[1] 승로반(承露盤): 이슬 받는 쟁반. 전설에 따르면 한(漢)대 사람들은 신선이 이슬을 인간세상에 내려보내는데 그 이슬을 마시면 장생불로한다고 믿었다. 그리하여 한(漢)무제는 건장궁(建章宮) 안에다 신명대(神明台)를 건조하고 또 신선이 두 손으로 구리쟁반을 받들고 선약의 재료가 될 이슬을 받는 모습의 동상을 주조해 놓았다. 그런데 위(魏)명제가 승로반을 장안(長安)에서 낙양(洛陽)으로 옮기려 하자 승로반을 들고 있는 동상이 눈물을 흘렸다고 한다. 여기서는 이 고사를 빌어 망국의 아픔을 표현하고 있다.

[2] 소제(蘇堤): 소식(蘇軾)이 항주(杭州) 서호(西湖)에 쌓은 언제.

邓 剡

1232—1297 年，南宋末年爱国诗人、词作家，第一个为文天祥作传的人。他与文天祥、刘辰翁是白鹭洲书院的同学。南宋理宗景定三年（1262 年）进士，官至礼部侍郎。

摸鱼儿

问庐陵、
米作何价。
棠阴[1]又绿今夏。
活人手段依然在，
独乐园中司马。[2]
初度也，
算几处篝香，
手额你多谢。
风亭月榭。
尽隐橘观棋，

---

[1] 棠阴：甘棠树的树荫。西周召伯常在甘棠树下治事，《诗经》有《甘棠》篇赞美，后因以甘棠、召棠等作为颂扬地方官的典故。

[2] “活人”二句：北宋司马光在民间威望极高，退职闲居洛阳时，他所到之处，老百姓拦在路上聚集围观，以至于马都不能通过，大家说：“您不要回洛阳了，就留下来辅佐天子，救活百姓。”独乐园，指司马光在洛阳的住处。

등 섬

등 섬 (鄧剡 , 서기 1232 ~ 1297 년), 남송 (南宋) 말년의 애국시인과 사인으로 문천상 (文天祥) 을 위해 처음으로 전기를 쓴 사람이다 . 그는 문천상 , 유진옹 (劉辰翁) 등과 모두 백로주 (白鷺洲) 서원의 동창이었다 . 남송 (南宋) 이종 (理宗) 경정 (景定) 3 년 (서기 1262 년) 에 진사에 급제하여 관직이 예부시랑 (禮部侍郎) 에 이르렀다 .

모어아

여릉 (廬陵) 의 쌀값 물어선 무엇하랴 ?

팔배나무 그늘은 올해도 녹음이 짙으리니 .[1]

백성 위한 수단에 변함이 없는 것은

독락원 (獨樂園) 에 사마광이 있기 때문이라네 .[2]

오늘은 당신의 생일이라

곳곳에서 감사와 축복의 향을 피우리니

정자와 무대는 음풍명월로 흥겹고

귤나무 밑에서는 바둑놀이 한창일테지 .

---

[1] 원문에서의 '당음 (棠陰)': 팥배나무 그늘을 말함 . 서주 (西周) 의 소백 (召伯) 은 늘 팥배나무 아래서 정무를 처리했었고《시경 (詩經)》의 '팥배나무' 편에서 그를 찬미하였으므로 후에 팥배나무 등으로 지방관리를 찬양하는 전고로 씌었다 .

[2] '백성을 위한' 두 구절 : 북송 (北宋) 의 사마광 (司馬光) 은 민간에서 신망이 매우 높았다 . 그가 퇴직하여 낙양 (洛陽) 으로 돌아갈 때 , 그가 이르는 곳마다에 백성들이 몰려들었으므로 그가 탄 말이 지나갈 수 없었고 백성들은 한결같이 "부디 낙양으로 돌아가지 마시고 남아서 천자님을 보좌하시며 백성들을 살려주옵소서 ." 라고 했다 . 독락원은 낙양에 있는 사마광의 거처를 말한다 .

折荷筒酒，
花竹秀而野。

阶庭树[1]，
满目鱼鱼雅雅。
千金难买清暇。
纷纷征榷尘如梦，
谁有似公闲者。
天怎舍。
趁绿鬓朱颜，
须入凌烟画。
海天不夜。
管岁岁安期[2]，
采蒲为寿，
高宴碧桃下。

[1] 阶庭树：相传晋朝时期，太傅谢安问众子侄："你们又何尝需要过问政事，为什么总想培养你们成为优秀子弟呢？"大家都不说话，只有车骑将军谢玄回答说："这就好比芝兰玉树，总想使它们生长在自家的庭院中啊！"这里用"芝兰玉树"的典故，代指子女优秀。

[2] 安期：即安期生，是古代长生不老的仙人。

연잎 따서 술잔을 삼을 제
정원의 꽃과 대나무 아름답고 울창하리.

가문의 훌륭한 자제분들은[1]
저마다 모두 끌끌한 모습이어라.
천금을 주고도 살 수 없는 청렴한 복록이여
세간의 관리들은 가렴주구에 혈안인데
그 누가 당신처럼 한가하리오?
하늘이 어찌 현량을 저버리리까.
아직 건장하신 때이라 능연각(凌煙閣)에 오르소서.
동해의 선산은 밤이 따로 없거니
안기[2]도 해마다 향포를 캐어
(당신의) 장수를 빌며
벽도나무 아래서 축연을 베풀리라.

[1] '가문의 훌륭한 자제분들은': 전설에 따르면 진(晉)대에 태부 사안(謝安)은 여러 아들과 조카들에게 물었다. "너희들은 어찌하여 정사에 관여할 필요가 있으며 또 무엇 때문에 내가 늘 너희들을 우수한 자제로 양성하려는 거지?" 아무도 대답이 없자 거기장군 사현(謝玄)이 대답했다. "그것은 지란옥수(芝蘭玉樹)가 자기 집 정원에서 자라기를 바라기 때문이지요!" 여기서는 '지란옥수'라는 전고를 빌어 자녀들의 우수함을 보여준다.

[2] 안기(安期): 즉 안기생(安期生), 고대의 장생불로 신선.

周　密

1232—1298年，号草窗，南宋词人、文学家。曾任义乌令，宋亡不仕，定居杭州。擅长诗词，与吴文英（号梦窗）齐名，时人称为“二窗”。其词作典雅清丽，格律严谨，字句精美。

闻鹊喜

吴山观涛

天水碧，
染就一江秋色。
鳌戴雪山[1]龙起蛰，
快风吹海立。

数点烟鬟青滴，
一杼霞绡红湿，
白鸟明边帆影直，
隔江闻夜笛。

[1] 鳌戴雪山：传说古代渤海东面有五座山，常随波涛浮动。天帝命15只巨鳌用头顶着，山才固定不动。

주 밀

주 밀(周密, 서기 1232년~1298년), 호(號)는 초창(草窗)이며 남송(南宋)의 사인과 문학가이다. 한때 의오령(義烏令)의 관직에 있었으나 송(宋) 왕조가 멸망하자 벼슬을 그만두고 항주에 정착했다. 시와 사 창작에 뛰어나 오문영[吳文英, 호가 몽창(夢窓)]과 어깨를 겨루었으므로 당시 사람들은 그들을 '이창(二窓)'이라고 불렀다. 그의 사는 격률이 엄격하고 구조가 치밀하며 풍격이 우아하고 구절이 정미하다.

문작희
— 오산(吳山)에서 조수를 구경하다

하늘과 강물이 함께 푸르니
강 위에 온통 가을빛 물들었네.
자라가 설산을 업고[1] 용이 잠을 깬 듯
거센 바람 강물을 곤두 세우누나.

멀리로 산봉들은 여인의 흑발같고
하늘가의 붉은 노을 물 먹은 명주런가
흰 물새 날아예며 돛배와 어우르고
강 너머 어둠 속에 피리소리 들려오네.

---

[1] '자라가 설산을 업고(鰲戴雪山)': 전설에 의하면 옛날 발해의 동쪽에 5개의 산이 있었는데 항상 파도에 밀려 움직이므로 옥황상제가 15마리의 자라를 시켜 머리로 산을 받들게 하여 산들을 고정시켰다고 한다.

一萼红[1]

登蓬莱阁有感

步深幽，
正云黄天淡，
雪意未全休。
鉴曲寒沙，
茂林[2]烟草，
俯仰千古悠悠。
岁华晚、
飘零渐远，
谁念我、
同载五湖舟[3]？
磴古松斜，
崖阴苔老，
一片清愁。

---

[1] 这首词借物抒怀，以登临蓬莱阁所见的阴沉凄凉的冬景表达作者对故国的眷恋和忧思。

[2] 茂林：指兰亭。王羲之《兰亭序》："此处有崇山峻岭，茂林修竹。"

[3] 五湖舟：传说吴越灭亡后，范蠡归隐江湖，与西施泛舟五湖，浪迹天涯，过起了平凡的生活。

일악홍[1]
— 봉래각에 올라 느낀 바 있어

터벅터벅 (봉래각) 찾아가는 길에
구름 덮인 하늘은 을씨년스럽고
눈 내릴 조짐은 가시지 않는데 .
감호 (鑒湖) 의 차가운 모래
무림 (茂林)[2] 의 안개 자욱한 대나무숲
천고 (千古) 의 유유함을 떠올리누나 .
저무는 인생에 멀리 떠도는 신세
누가 나와 함께 오호 (五湖) 에 배 띄우리오 ?[3]
퇴락한 돌층계에 소나무 기울고
음침한 벼랑에 이끼만 덮여 있어
가슴 한가득 시름이 차넘치네 .

---

1 경물을 빌어 정감을 표현한 이 사는 봉래각에 올라 눈앞의 음침하고 쓸쓸한 겨울풍경을 보고 고국에 대한 저자의 미련과 우려를 토로하였다 .

2 무림 (茂林): 난정 (蘭亭) 을 말함 . 왕희지 (王羲之) 의《난정서 (蘭亭序)》에 "이곳 숭산준령에 수풀과 대나무가 무성하다 ." 는 구절이 있다 .

3 '오호 (五湖) 에 배 띄우리오': 전설에 의하면 오 (吳) 와 월 (越) 이 멸망한 후 범려 (范蠡) 는 강호에 은거하여 서시 (西施) 와 함께 오호에서 배를 띄우기도 하고 천하를 돌아다니기도 하며 평범한 생활을 했다고 한다 .

回首天涯归梦，
几魂飞西浦，
泪洒东州。
故国山川，
故园心眼，
还似王粲登楼[1]。
最负他、
秦鬟妆镜，
好江山、
何事此时游！
为唤狂吟老监[2]，
共赋消忧。

[1] 王粲登楼：王粲于东汉末年避乱荆州作《登楼赋》。

[2] 狂吟老监：指贺知章。贺知章晚年放荡不羁，自称“四明狂客”，又因其诗豪放旷放，人称“诗狂”，且曾任秘书监的职务，故称。

돌아보면 아득한 꿈의 고향
넋은 몇 번이나 서포(西浦)로 돌아가
뜨거운 눈물 동주(東州)에 뿌렸던가.
고국 산천은 여구(如舊)하고
고향 그리는 마음 변함없나니
왕찬의《등루부》와 다를 바 없어라.[1]
무엇보다 잊지 못할 진망산(秦望山)이여
하필이면 왜 이런 때에 찾아온 거냐?
저승 간 노감[2]을 불러다 싫도록 마시며
함께 시를 읊고 시름도 풀어나볼까.

[1] 왕찬의 '등루부': 왕찬(王粲)은 동한(東漢) 말년에 난을 피해 형주(荊州)에 가서《등루부(登樓賦)》를 지었다.

[2] 노감(老監): 즉 하지장(賀知章). 만년에 걷잡을 수 없이 방탕했던 하지장은 스스로 자신을 '사명광객(四明狂客)'이라고 했다. 그의 시는 호방하고 시원스러웠으므로 '사람들은 그를 '시광(詩狂)'이라고 일컬었다. 그는 한때 비서감(秘書監)의 벼슬을 살았으므로 노감이라고도 한다.

文天祥

1236—1283年，宋末政治家、诗人、文学家。官至右丞相，后在抗元斗争中被俘，凛然就义。工诗词，多抒发慷慨之情。在词坛充满哀叹和悲观气氛的时候，他的词宛如沉沉夜幕中的一道闪电和一声惊雷，让人们在绝望中看到一丝希望之光。

酹江月

和友驿中言别

乾坤能大，
算蛟龙元不是池中物。
风雨牢愁无着处，
那更寒蛩四壁。
横槊题诗[1]，
登楼作赋，
万事空中雪。
江流如此，
方来还有英杰。

---

[1] 横槊题诗：曹操平定北方后，率百万雄师，饮马长江，与孙权、刘备联军决战，是夜明月皎洁，他在大江之上置酒设乐，欢宴诸将。酒酣，曹操取槊立于船头，慷慨而歌。

문천상

문천상(文天祥, 서기 1236 년~ 1283 년): 송(宋)대 말의 정치가와 문학가, 애국 시인으로 벼슬은 우승상(右丞相)에 이르렀다. 후에 항원(抗元)투쟁 중 포로되어 영용하게 희생되었다. 시와 사에 능숙했던 그는 애국적인 강개한 심정을 대부분 시와 사로 표현했다. 사단(詞壇)에 애통과 비관의 분위기가 넘치고 있을 때 그의 사는 마치 침침한 어둠 속의 한 줄기 번개와 뇌성마냥 절망에 사로잡힌 사람들에게 희망의 빛을 보여주었다.

장강월

—— 역참에서 친구와 작별하며

건곤(乾坤)은 광대하거늘

교룡(蛟龍)이 어찌 늪 속의 속물에 속하리오.

비바람 사나워 머물 곳 걱정이라

사방 귀뜨라미 더더욱 구슬피 우네.

(조조는) 긴창 내들고 시를 읊었고[1]

(왕찬은) 누각에 올라 부(賦)를 지었건만

만사가 눈 녹듯 사라져버렸구나.

강물이 이렇듯 세차게 흐르듯이

언젠가는 영걸들도 다시 일떠서리라.

---

[1] '긴창 내들고 시를 읊었고(橫槊賦詩)': 조조(曹操)는 북방을 평정한 후, 100 만 대군을 이끌고 장강 기슭에 이르렀다. 손권(孫權)과 유비(劉備)의 연합군을 상대한 결전을 앞두고 조조는 교교한 달밤에 장강의 배 위에서 주연을 베풀어 여러 장수들과 함께 즐겼고 술이 거나해지자 그는 긴 창을 집어들고 뱃머리에 나서서 소리 높이 시를 읊었다.

堪笑一叶漂零，
重来淮水，
正凉风新发。
镜里朱颜都变尽，
只有丹心难灭。
去去龙沙，
江山回首，
一线青如发。
故人应念，
杜鹃枝上残月。[1]

[1] 词末两句，词人用杜鹃的悲鸣，来表达自己的一腔忠愤：即使为国捐躯，也要化作杜鹃归来，看望祖国。激昂慷慨，苍凉悲壮。

우습게도 낙엽같은 신세되어
다시 찾은 회하 기슭
싸늘한 가을바람 한창이구나.
거울속 홍안은 가뭇없이 사라지고
오로지 일편담심 변함 없네
머나먼 장성밖 사막길에서
고국 산천 못잊어 고개 돌리나니
아득히 한 줄기 청산만 보이누나.
벗들은 나를 못 잊어 외우리라.[1]
두견새 우는 가지에 걸린 그믐달을.

[1] 사의 마지막 두 구절은 두견새의 구슬픈 울음소리로 저자의 충성과 분노, 설사 나라를 위해 죽는 한이 있더라도 두견새로 변해 고국으로 돌아오리라는 결심을 표현했다. 구절마다 격앙되고 감개하며 처량하고 비장하다.

王沂孙

生卒年不详，南宋末年著名词人。工于词，风格含蓄深婉。其词章法缜密，尤其善于咏物词，在宋末词人中，王沂孙的咏物词最多，也最精巧。代表作有《眉妩》《齐天乐》等。

齐天乐

蝉

一襟余恨宫魂断，
年年翠阴庭树。
乍咽凉柯，
还移暗叶，
重把离愁深诉。
西窗过雨，
怪瑶佩流空，
玉筝调柱。
镜暗妆残，
为谁娇鬓尚如许！

왕기손

왕기손(王沂孫, 생졸년 미상), 남송(南宋) 말년의 이름난 사인으로 사에 능숙하며 풍격이 함축적이고 완약하다. 그의 사는 구성이 치밀하다. 특히 영물사(咏物詞)에 뛰어나 송(宋)대 말 사인들 중에서 왕기손의 영물사가 가장 많고 가장 정교하였다. 대표작으로《미무(眉妩)》,《제천락(齊天樂)》등이 있다.

제천락
— 매미

여한을 품고 죽어 (매미가 된) 왕비의 넋
해마다 정원의 푸른 나무그늘 찾아와
서늘한 나무가지에서 목메어 울다가
나무잎 뒤로 옮겨가서는
또다시 이별의 한을 호소하누나.
서창 밖에 가을비 지나갈 때면
괴이하게 옥패소리 울리고
쟁을 타는듯 듣그러워라.
거울은 어둡고 화장은 지워졌어도
누굴 위해 귀밑머리 아직도 어여쁜 거냐?

铜仙铅泪似洗，
叹移盘去远，
难贮零露。
病翼惊秋，
枯形阅世，
消得斜阳几度？
余音更苦。
甚独抱清商，
顿成凄楚。
漫想薰风，
柳丝千万缕。

금동(金銅)선인이 흘리는 눈물도
어이하랴 , 승로반을 멀리 옮겨갔으니
이슬로 모으기 어려운 것을 .
병약한 매미는 다가오는 가을이 두렵고
앙상한 몸으로 세상사 겪노라면
지는 해를 몇 번이나 더 보게 되리오 ?
(애잔한) 울음소리 차마 듣기 괴롭구나
홀로 고결한 뜻을 품고 있었건만
어찌하여 갑자기 '처량한 신세' 된 거냐 !
생각해 보면 (한때) 훈풍 속에서
천만 가지 실버들 춤추지 않았던가 .

眉妩

新月

渐新痕悬柳，
淡彩穿花，
依约破初暝。
便有团圆意，
深深拜，
相逢谁在香径？
画眉未稳，
料素娥、
犹带离恨。
最堪爱、
一曲银钩小，
宝帘挂秋冷。

千古盈亏休问，
叹慢磨玉斧[1]，

[1] 磨玉斧：指玉斧修月。传说唐朝太和年间，郑仁本的表弟上嵩山游玩，看见一个人枕着一块璞玉睡觉，就问这人从哪里来的。那人笑着说："你知道月亮是七宝合成的吗？月亮的造型好像一个弹丸，它的影子，是太阳照到它的凸起处形成的，一般有八万二千家修理它，我就是其中一个。"说着就剖开璞玉，有斧子、凿子等几件工具。后来就有了"玉斧修月"这个说法。

무 미
— 초승달

초승달 서서이 버들가지에 걸려
담담한 달빛이 꽃 사이를 뚫고
살며시 황혼의 어둠을 가시누나.
만월처럼 다 같이 모이고 싶어
(아녀자들) 달을 향해 정성껏 빌건만
꽃길에서 누구와 만날 수 있을런가.
눈썹조차 제대로 그리지 못한 것은
상아가 이별의 한을 품었기 때문이리라.
다행히 초승달은 작은 은갈고리되어
싸늘한 가을 하늘에 주렴을 걸어놓았네.

천고에 달이 차고 이즈러짐을 묻지 마라
옥도끼를 벼른들 무슨 소용이랴[1]

---

[1] '옥도끼 벼른들 무슨 소용이랴': 전설에 따르면 당(唐)대 태화(太和) 연간에 정인본(鄭仁本)의 외사촌 동생이 숭산(嵩山)에 가서 놀다가 웬 사람이 옥돌을 베고 자는 것을 보고 어디서 왔느냐고 물었다. 그 사람은 웃으며 하는 말이 "당신은 달이 칠보가 합쳐진 것임을 아시오? 달의 양상은 탄환과 같이 생겼고 그 그림자는 태양이 그의 두드러진 부분을 비치어 이루어진 것이라오. 일반적으로 8 만 2 천 가구가 함께 그것을 수리하는데. 내가 바로 그 중의 하나요." 하고는 그 옥돌을 빠개 보이는데 그 속에 도끼, 끌 등 여러 가지 도구가 들어 있었다. 그 후부터 '옥도끼로 달을 수리한다' 라는 설이 있게 되었다.

难补金镜。
太液池犹在，
凄凉处、
何人重赋清景。
故山夜永，
试待他窥户端正。
看云外山河，
还老尽桂花影。

깨진 거울은 다시 때우기 어렵거니.

태액지(太液池)는 지금도 남아있건만

처량한 곳에서 누가 맑은 밤경치 다시 읊으랴

고국 산천에 밤은 (깊고) 길어도

창문을 엿보는 둥근 달 기다리노라

구름 밖의 산하를 바라다보니

달 속의 계수나무도 어느덧 늙었어라.

汪元量

1241—1317年，南宋末诗人、词人、宫廷琴师。宋恭宗德祐二年（1276年）临安陷落，随三宫入燕。后出家，终老湖山。其前期词多描写宫廷生活，辞采华美，结构缜密；后期词多写被俘苦楚和故国之思，不事雕琢，孤寂忧怀，感情深挚。

忆王孙

上阳宫里断肠时，
春半如秋意转迷。
独坐沙窗刺绣迟。
泪沾衣。
不见人归见燕归。

왕원량

왕원량(汪元量, 서기 1241년~ 1317년), 남송(南宋) 말의 시인과 사인이며 궁전의 해금연주자이다. 송(宋) 공종 덕우(德祐) 2년(서기 1276년), 임안(臨安)이 함락되자 삼궁(三宮)을 따라 연(燕)나라로 갔다. 후에 출가(出家)하여 호산(湖山)에서 일생을 마쳤다. 그의 사를 보면 전기에는 궁전생활을 많이 다루었으며 문자가 화려하고 구성이 치밀하였다. 후기에는 포로된 처지의 어려움과 고국에 대한 그리움을 많이 표출했는데 수식을 가하지 않고 진지한 감정으로 외로움과 그리움을 표현했다.

억왕손

상양궁에서 그리움에 애간장 태울 제

봄은 반나마 가을 같아 마음을 걷잡지 못하네.

홀로 창가에 앉아 느릿느릿 수를 놓노라니

눈물이 옷자락 적시누나.

사람은 아니 오고 제비만 돌아오다니.

蒋 捷

约 1245 年—？，南宋末年词人。咸淳十年（1274 年）进士，南宋亡后，深怀亡国之痛，隐居不仕，人称“竹山先生”。其词多抒发故国之思、山河之恸，风格多样，而内容多以悲凉清俊为主。

一剪梅

舟过吴江

一片春愁待酒浇。
江上舟摇，
楼上帘招。
秋娘渡与泰娘桥，
风又飘飘，
雨又萧萧。

何日归家洗客袍？
银字笙调，
心字香烧。

장 첩

장 첩(蔣捷, 약 1245년~ ?), 남송(南宋) 말 사인으로 함순(咸淳) 10년(서기 1274년)에 진사에 급제했다. 남송(南宋)이 멸망하자 망국의 아픔을 안고 벼슬을 버리고 은거생활을 하였으므로 사람들은 '죽산(竹山) 선생' 이라고 불렀다. 그의 사는 대부분 고국에 대한 그리움, 산천에 대한 사랑을 토로한 것으로 풍격이 다양하면서도 처량하고 청순하며 소상함이 주를 이루었다.

일전매
— 배 타고 오강을 건너며

봄날의 시름을 술로나 지워보랴.
배는 강물 위에서 흔들리고
주기는 누각 위에 펄럭이네.
추낭(秋娘) 나룻터와 태낭(泰娘) 다리 지나니
바람은 산들산들
봄비는 주룩주룩.

언제면 집에 돌아가 객지의 옷 빨리오?
은(銀)자 적힌 생황줄 고르고
심(心)자 박힌 향불을 태우노라.

流光容易把人抛，
红了樱桃，
绿了芭蕉。[1]

[1] 词末三句非常精妙，“红了樱桃，绿了芭蕉”，一“红”一“绿”，将春光渐渐消逝的过程充分表现出来。芭蕉叶绿，樱桃果红，花落花开，回黄转绿，大自然一切可以年年如此，可是绿肥红瘦对人来说却意味着青春不再。再进一步推去，家国一旦破败，还能重见吗？生动地描写，抒发了年华易逝、人生易老的感叹，极富人生哲理。

흐르는 세월이 쉽게 사람을 버리듯이

앵두가 붉게 익자

파초잎이 푸르구나.[1]

[1] 사의 마지막 세 구절은 매우 정묘하여 "앵두가 붉게 익자 / 파초잎이 푸르구나" 라는 구절의 '붉은 것' 과 '푸른 것' 으로 점점 사라져가는 봄빛을 충분히 표현하였다. 파초잎이 푸르고 앵두가 붉게 익으며 꽃이 피었다 지고 노란 빛갈이 푸르게 변하듯이 대자연의 모든 것은 해마다 이러하다. 하지만 푸른 것이 살찌고 붉은 것이 여위어가는 것은 사람으로 말하면 청춘이 다시 오지 않음을 의미한다. 한 걸음 더 나아가 나라가 일단 망하고 나면 다시 회복될 수 있겠는가? 생동한 묘사로 세월은 쉽게 흘러가고 인생은 쉽게 늙음에 대한 감개를 표출함으로써 인생의 철리를 밝히고 있다.

虞美人

听雨

少年听雨歌楼上，
红烛昏罗帐。
壮年听雨客舟中，
江阔云低断雁叫西风。

而今听雨僧庐下，
鬓已星星也。
悲欢离合总无情，
一任阶前点滴到天明。[1]

[1] 蒋捷的这首词，以他一生的遭遇为主线，由少年歌楼听雨，壮年客舟听雨，写到寄居僧庐、鬓发星星。结尾两句更越过这一顶点，展现了一个新的感情境界。“一任”两个字表达了听雨人的心情。这种心情，在冷漠和决绝中透出深化的痛苦，可谓字字千钧。虽“一任点滴到天明”，却也同时难掩听雨人心中的不平静。身在僧庐，无法真正与世隔绝，也不能真正忘怀人生。

우미인
— 빗소리 들으며

소시적엔 기루에서 빗소리 들으며
휘장 안 촛불이 희미해지는 줄 몰랐네.
중년 들어 뱃전에서 빗소리 들을 때는
넓은 강물 위에 구름이 낮게 떠가고
외기러기 서풍 따라 구슬피 울었었지.

이제는 사찰에서 빗소리 듣노라니
어느새 귀밑머리 하얗게 세었구나.
만나고 헤어짐은 언제나 무정한 법
싸늘한 섬돌에 맡긴 채
빗방울소리 똑똑 밤을 새우누나.[1]

[1] 장첩의 이사는 평생의 조우를 줄거리로 하여 소시적엔 빗소리를 기루에서 들었고 중년에는 배 타고 들었으며 이제는 사찰에 기거하며 귀밑머리마저 세었다고 한다. 마지막 두 구절은 정점에 이르러 새로운 정감세계를 펼쳐보인다. 특히 '맡긴 채' 라는 말로 빗소리를 듣는 저자의 심정을 드러내고 있는데 그것은 냉담과 결별에서 우러나는 고통이어서 글자마다 무겁게 안겨온다. 비록 '싸늘한 섬돌에 맡긴 몸이라 빗방울소리 똑똑 밤을 새운다' 고 하지만 듣는 이의 마음은 결코 편안치가 않다. 몸은 사찰에 있어도 진정으로 속세와 떨어질 수 없고 또 진정으로 인생을 잊을 수가 다는 것이다.

霜天晓角[1]

人影窗纱，
是谁来折花？
折则从她折去，
知折去，
向谁家？

檐牙，
枝最佳。
折时高折些。
说与折花人道：
须插向，
鬓边斜。

[1] 这首词是一首很别致的小令，它通过对日常生活中一件小事的描述，通过女主人公和折花人爱花、爱美的思想行为，表现出词人近乎童心的情趣和对生活的热爱。

상천효각[1]

창문 밖에 웬 사람 그림자
누가 와서 꽃을 꺾으려나?
꺾으려거든 마음대로 하시구려.
꺾어서는 뉘 집에 가져가려나?

처마 끝에 피어난
그 꽃이 가장 탐스러우니
되도록 가지를 길게 꺾으시라.
내 꺾는 이에게 알리나니
"부디 살쩍에 비스듬이 꽂으세요."

[1] 이 사는 아주 색다른 소령(小令)이다. 일상 생활의 사소한 일에 대한 묘사를 통해, 그리고 여주인공과 꽃을 꺾는 사람 모두가 꽃을 사랑하고 아름다움을 추구하는 이념과 행위를 통해 동심에 가까운 저자의 정취와 사랑을 표현하고 있다.

张 炎

1248—约1320年，南宋最后一位著名词人、著名词论家。贵族后裔（循王张俊六世孙）。南宋亡后，家道中落，贫难自给，落魄而终。他精通音律，在词作方面主张“清空”“骚雅”，尤长于咏物词，常以清空之笔，写沦落之悲，带有鲜明的时代印记。

解连环 [1]

孤雁

楚江空晚，
怅离群万里，
恍然惊散。
自顾影欲下寒塘，
正沙净草枯，
水平天远。
写不成书 [2]，

[1] 此词是一首著名的咏物词。它构思巧妙，描写较为细腻。在写其外相的同时，又寄寓了深微的含意，这首咏物词借孤雁寄托词人在宋亡后的伤感，寓意深远。

[2] 写不成书：雁飞行时行列整齐如字，孤雁而不成字，只像笔画中的“一点”，故云。

장 염

장 염(張炎, 서기 1248 ~약 1320 년), 남송(南宋)의 마지막 유명 사인이며, 이름난 사론가(詞論家)이다. 귀족의 후예 [순왕(循王) 장준(張俊)의 제 6 대손임] 였던 그는 남송(南宋)이 멸망된 후 가문이 몰락하여 생계조차 어려웠으므로 실의 끝에 일생을 마쳤다. 음률에 정통한 그는 사창작에서 '청공(淸空)' 과 '소아(騷雅)' 를 주장하였으며 특히 영물사에 뛰어나 항상 청공의 필치로 영락된 슬픔을 토로함으로써 선명한 시대 흔적을 보여준다.

해련환[1]
— 외기러기

초나라 강천에 어둠이 깃들고
만 리 길에 무리 잃은 외기러기
외톨이 신세에 놀라 허덕이누나.
제 그림자 돌아보며 찬 못에 내리려니
모래는 깨끗하고 풀은 시들었고
잔잔한 수면은 멀리 하늘가에 닿았구나.
홀로는 글자를 이루지 못하니[2]

---

[1] 이 사는 이름난 영물사(咏物詞)로서 구상이 교묘하고 형체 묘사가 비교적 섬세하며 사물의 외모를 묘사함과 동시에 깊은 우의를 담고 있다. 이 영물사는 외기러기를 빌어 송(宋) 왕조가 멸망한 후 저자의 슬픔을 표현하고 있어 우의가 심원하다.

[2] '홀로는 글자를 이루지 못하니' : 기러기떼가 날 때면 정연하게 줄을 지은 양상이 글자 같은데 외기러기는 글자를 형성하지 못하고 필획의 한 '점' 에 불과함을 이르는 말이다.

只寄得相思一点。
料因循误了，
残毡拥雪[1]，
故人心眼。

谁怜旅愁荏苒？
谩长门夜悄，
锦筝弹怨。
想伴侣犹宿芦花，
也曾念春前，
去程应转。
暮雨相呼，
怕蓦地玉关重见。
未羞他、
双燕归来，
画帘半卷。

[1] 残毡拥雪：苏武被匈奴强留，毡毛和雪而吞食，幸免于死。这里喻指困于元统治下有气节的南宋人物。

겨우 한 점의 그리움을 전할 뿐이네.
내 그만 머뭇거리다 일을 그르쳤구나.
해진 담요와 눈덩이로 살아가는[1]
옛 친구들의 고충을 헤아리지 못했으니.

그 누가 알아주랴, 나그네의 한없는 시름을.
장문궁의 고요한 밤 깊어만 가는데
원한에 찬 쟁소리 은은히 울려퍼지네.
길벗들은 갈밭속에 묵어가며
봄이 오기도 전에 벌써
돌아갈 길 생각하고 있을 테지.
저녁비 속에서 서로 부르며 찾노라면
옥문관에서 다시 만날지도 모르니.
나무라지 마라
쌍을 지어 돌아온 제비
반쯤 걷힌 주렴 안을 날아들어도.

[1] '해진 담요와 눈덩이로 살아가는'은 소무(蘇武)가 흉노에게 강제로 억류되었을 때 해진 담요와 눈덩이로 연명하며 다행히 죽지 않았음을 말한다. 여기서는 원(元)나라 통치하에서도 절개를 지킨 남송(南宋) 인사들을 비유하고 있다.

清平乐

采芳人杳，
顿觉游情少。
客里看春多草草，
总被诗愁分了。

去年燕子天涯，
今年燕子谁家？
三月休听夜雨，
如今不是催花。

청평악

꽃을 꺾던 처녀들 사라져버리니
들놀이 재미 아예 없어지누나.
타향살이 신세라 구경은 하나마나
시를 쓰고 또 써도 시름만 쌓이네.

작년 제비 아득히 먼데로 가더니
올해 제빈 어느 집에 깃들이려나?
춘삼월 꽃시절에 밤비소리 듣지 마라
꽃 피라 재촉하는 약비가 아니란다.

八声甘州

记玉关踏雪事清游，
寒气脆貂裘。
傍枯林古道，
长河饮马，
此意悠悠。
短梦依然江表，
老泪洒西州。[1]
一字无题处，
落叶都愁。

载取白云归去，
问谁留楚佩[2]，
弄影中洲？
折芦花赠远，

[1] “短梦依然”两句：西州，古城名，在今南京市西。传说晋谢安死后，其外甥羊昙醉至西州门，恸哭而去。此处借用谢安的典故来说自己虽已回到南方故土，屈辱经历也已过去，但还是老泪洒落、无欢可言。

[2] 楚佩：《楚辞》中有湘夫人因湘君失约而捐玦遗佩于江边的描写，后人因此用“楚佩”喻深切的情谊。

팔성감주

기억하노니, 옥문관 눈길에서 노닐던 일
추위에 담비옷마저 얼어붙었지.
낙엽 진 숲속의 옛 길을 따라 걷고
황하에서 말을 물 먹였거니
추억은 끝없이 이어지누나.
꿈을 깨고 보니 여전히 강남에 있어
늙은 몸은 눈물을 서주에 뿌리노라.[1]
시는 한 글자도 써내지 못하니
낙엽마다 모두 시름겹기 때문이라네.

흰 구름 잡아타고 돌아가고 싶어도
묻노니, 누가 내게 초패옥[2] 남겨
모래톱에서 반짝이게 한 거냐?
갈대꽃 꺾어 멀리 계신 임께 보내노니

---

[1] '꿈을 깨고 보니' 두 구절: 서주(西州)는 옛 도시 이름으로 오늘의 남경(南京)시 서쪽에 있다. 전설에 따르면 동진(東晉)의 사안(謝安)이 죽은 후 그의 조카 양담(羊曇)이 술에 취해 서주의 성문까지 왔다가 통곡하고 돌아갔다. 여기서는 사안의 전고를 빌어 자신은 이미 남방 고향으로 돌아왔으므로 굴욕의 경력은 지나갔어도 여전히 눈물을 금할 수 없고 즐거울 일도 없음을 설파한 것이다.

[2] 초패옥: 《초사(楚辭)》에 상부인(湘夫人)이 약속을 저버린 상군(湘君)을 기다리다가 패옥을 물가에 던지는 이야기가 묘사되어 있다. 후세 사람들은 '초패옥(楚佩玉)'을 깊은 정을 노래한 전고로 적용했다.

零落一身秋。
向寻常野桥流水，
待招来不是旧沙鸥。
空怀感，
有斜阳处，
却怕登楼。

초라한 이 몸은 시들어버린 가을이라고.
넓은 들, 작은 다리, 흐르는 물가에서
불러도 옛 갈매기는 아니 오리라.
가슴엔 부질없이 수심만 쌓이나니
저녁해 저무는 이 곳에서
누각에 오르기조차 주저되누나.

역자 안의운

1940년 5월, 중국 길림성 훈춘(琿春)에서 태어나 1965년 8월, 중앙민족대학 중문학과를 졸업하고 외문출판사에 입사하여 2000년 8월, 정년 퇴직하기까지 조선어번역편집실에서 번역, 심열, 주임을 역임. 정년 퇴직 후 중국번역가협회 베테란 회원으로 계속 한국어 번역 및 심열 작업과 대외출판 관련 업무에 정진하고 있음.

번역작품으로 《홍루몽》(전 7권, 공역), 《서유기》(전 6권), 《모택동시사선집》(공역), 《당송사백수》, 《송사선집》(전 2권, '대중화문고'에 포함), 《아Q정전》 등 문학작품 다수;《중국의 꿈은 어떤 꿈인가?》, 《중국의 길과 중국의 꿈》, 《중국 공산당을 알게 하는 100개 키워드》, 《중국의 가치관》 등 대외 홍보물 다수; 《중국》(연감식 시리즈 2006~2015, 전 9권), 《중국에서 제일 아름다운 곳들》(대형 화첩), 《중한시사용어사전》, 《현대 중국어》(교과서 전 3권) 등 다수가 있음.

图书在版编目(CIP)数据

宋词选：汉韩对照 /（宋）柳永等著；安义运译.
—北京：外文出版社，2017
（大中华文库）
ISBN 978-7-119-10897-1
I. ①宋… II. ①柳… ②安… III. ①朝鲜语—汉语—对照读物
②宋词—选集 Ⅳ. ①H559.4：I

中国版本图书馆CIP数据核字（2017）第171964号

出版策划：胡开敏
责任编辑：曹晓娟
特约编辑：张秀琴
韩文审校：崔玉实

大中华文库
宋 词 选

本书编选组 编选
安义运 译

出 版 人：徐 步
出版发行：
外文出版社
(中国北京百万庄大街24号)
邮政编码 100037
http://www.flp.com.cn
电话：008610-68320579（总编室）
008610-68995852（发行部）
008610-68327750（版权部）
制 版：
北京杰瑞腾达科技发展有限公司
印 刷：
深圳市碧兰星印务有限公司
开 本：960mm × 640mm 1/16 **印 张**：44.75
2017年9月第1版第1次印刷
（汉韩）
ISBN 978-7-119-10897-1
（精装）
定价：150.00元（全2卷）
